本著作获茅台学院学术著作出版资助，为茅台学院高层次人才科研启动经费项目“国内国际双循环背景下中国制造业转型升级研究”成果

中国制造企业服务化转型研究

童俊 著

WUHAN UNIVERSITY PRESS
武汉大学出版社

图书在版编目(CIP)数据

中国制造企业服务化转型研究/童俊著.—武汉：武汉大学出版社，2023.4(2023.11 重印)

ISBN 978-7-307-23539-7

Ⅰ.中…　Ⅱ.童…　Ⅲ.制造工业—工业企业管理—服务经济—转型经济—研究—中国　Ⅳ.F426.4

中国国家版本馆 CIP 数据核字(2023)第 013352 号

责任编辑:郭　静　　　责任校对:汪欣怡　　　版式设计:马　佳

出版发行：**武汉大学出版社**　(430072　武昌　珞珈山)

(电子邮箱：cbs22@whu.edu.cn　网址：www.wdp.com.cn)

印刷:武汉邮科印务有限公司

开本:720×1000　1/16　印张:17.5　字数:258 千字　插页:1

版次:2023 年 4 月第 1 版　　2023 年 11 月第 2 次印刷

ISBN 978-7-307-23539-7　　定价:68.00 元

前　言

随着经济知识化、全球化和网络化的加速发展，世界经济正在经历一场变革。世界各国都想在新的国际分工中获取机会，全球制造业也将随着比较优势的转化面临挑战。新兴市场国家争夺中低端制造转移的同时，发达国家也在提倡制造业回流，这对中国制造业来说机遇与挑战并存。在这种特殊环境下，竞争使得一些有经济实力的企业，特别是制造企业，为了生存和发展，必须寻求新的竞争手段。制造企业启动服务化战略的潮流，引发了社会各界极大的兴趣。如何实现中国制造业的振兴？不仅要发展技术的创新，还要在企业运营模式上下工夫。

从人均 GDP、三次产业结构、农业从业人口比例、城镇化率等指标判断，中国已经处于工业化中后期阶段。“再工业化”战略通过效率提升和服务转型，对后发国家的资源禀赋和比较优势造成重大冲击，并很有可能封堵“雁行理论”的赶超路径。中国的新型工业化建设面临着严峻的挑战，急需快速发展制造业服务化和生产性服务业。

现阶段，IT 服务、云计算服务、移动服务等新领域迅速发展，推动了发展中国家工业化与信息化的融合，为制造企业服务化的发展提供了机会。从制造业看，智能和互联网技术的应用提升了资源配置效率，优化了运营模式和生产方式，促进了平台经济的发展。从制造业发展的供求关系看，一方面是全球市场需求升级态势明显，消费者不仅仅是购买企业生产的产品，更重视伴随购买产品的差异化供给和个性化服务；另一方面是企业普遍重生产、轻服务，经营模式过于单一，供给与需求错位的问题日益凸显，急需转变制造业发展方式。因此，在继续加大物质形态投入的同时，既要从产品的研发设计和服务创新等关键点入手，来提升生产环节的品质和效益；也要向高附加值环节延伸，才能有效推动中国制造的“三大转变”，实现可持续发展。

服务化战略可以融合服务和制造，使制造企业的产品拥有与众不同且难以模仿的特性，给企业带来更多的价值和更高的利润；同时，服务可以丰富和扩大有形产品的使用价值，提高企业整合价值链的社会能力和水平，让服务成为企业提高绩效和获取价值的重要途径。尽管制造企业服务化战略在发达国家广泛实施，但是中国的制造企业并没有都发展服务化，仅有半数以上的企业开展了服务化。服务化在提升产品销售、企业能力和竞争优势的同时，针对不同背景的制造企业选择何种路径才能带来积极效应呢？

针对上述研究背景，本成果清晰地描述了中国制造企业服务化的现象，更从历史的角度阐述了这一模式的重要意义，也从理论上对其给予了社会制度的解释，并通过实证研究证实了服务化模式对中国制造企业的积极作用。此外，作为社会经济结构的基本变革，制造业服务化对整个社会都将产生深远影响。主要内容以中国沪深两市上市制造企业为研究对象，对中国制造企业服务化现状及趋势进行分析，分析服务化水平对企业能力的影响，探讨制造企业服务化对企业竞争优势的影响机理。

本成果的创新点在于：识别出制造企业服务化战略的不同分类和特征，为避免制造企业服务化转型的盲目性和防范转型风险提供理论指导；采用人工检索上市公司年报的方法，对中国制造企业服务化现状及发展趋势进行了深入的分析；揭示了制造业服务化对企业竞争优势影响的作用机理，构建了两者之间产生影响的理论模型；提出制造企业开展服务化有利于提升企业能力的观点，以及企业能力对提升竞争优势起到的中介作用；改进研究方法，采用实证研究使研究结论更具科学性和针对性。

目　　录

第三部分　战略篇

第四部分　未来研究的讨论

第一章　绪　　论

第一节　研究背景与意义

一、研究背景

20世纪末期至21世纪初期，全球信息技术不断发展，新技术革命不断加速，世界经济乏力、面临不确定因素，发展不平衡的状态对各国影响极大，特别是经济领域的冲击逐步显现，不平衡、不协调的局面日益增大。鉴于此状态，全球大多数国家，特别是发达国家反应迅速，开始了新一轮调结构、转型升级的工业革命——制造业向服务化转型是其一。通过文献记载，20世纪90年代制造业服务化转型在全球有诸多大型企业和公司，较典型的如国际商用机器公司(IBM)、施乐(XEROX)等跨国公司实施服务化转型后①，企业绩效日益提升、扭亏为盈，成为全球最赚钱的公司；还有在全球较有名气的罗尔斯—罗伊斯(ROLLS-ROYCE)航空发动机公司、通用电气公司(General Electric Company)、轮胎制造商米其林(Michelin)、体育用品制造商耐克(NIKE)、工程机械制造商卡特彼勒(Caterpillar)等制造业企业通过增值服务，实施战略转型，业务收入快速递增，具备了新的

① 周大鹏，制造业服务化研究——成因、机理与效应[D]. 上海：上海社会科学院，2010.

竞争优势。

同时，从全球经济发展环境看，知识经济对经济增长方式起到了决定性的作用，知识的投入提高了产品价值，知识要素的融入形成了无形资产，知识的渗透促进了创新驱动，制造业正在迅速提供越来越多的服务活动。《财富》杂志在20世纪90年代初对世界两类500强企业的排名方法的改变(制造业和服务业不分别排名)，体现了世界经济发展从量变到质变的过程。创新变得越来越重要，而产品的价值更多取决于无形的要素，如品牌或是与产品有关的各种服务。经济活动主体的竞争力更多体现在能够将新的知识要素与传统要素相结合，从而创造出新的更高的价值①。

在当今的商业生态系统中，国际竞争日益激烈，技术和市场的不确定性因素也不断增加。服务化——作为产品供应商将服务引入其所经营的产品范围的一种战略措施，已经成为制造业企业未来的发展趋势(Carlborg et al.，2014；Guajardo et al.，2011；Neely，2008；Ostrom et al.，2010；Vandermerwe & Rada，1988)。Suarez等学者(2013)表示，服务化其实是组织商业模式创新的过程，将会提高企业绩效和客户满意度并且增强企业的竞争优势。Baines和Lightfoot(2013)指出，服务化是企业增强其价值增值能力的一种独特且可持续的方式，更易于捍卫在低成本经济下的竞争优势并且能够以产品和服务创新的方式汇聚客户。此外，关于产品服务系统(Product-Service System)的研究表明，PSS以其创新性和收敛性可以使企业更具灵活性，增强企业抵御市场高强度的竞争、分散的客户需求以及创新加速所引起的刚性状况的能力(Almeida et al.，2008；Beuren et al.，2013；Park et al.，2012)；同时，产品服务系统(PSS)可以提高客户满意度并且通过产品的循环再利用谋取可持续发展(Cleary，2010)。

在研究制造业服务化的过程中，很多学者以资源基础观理论和企业能力理论为基础进行研究(Mathieu，2001；Fang，2008；Martinez et al.，2009；Kelly，Ratchev，2009；Elif & Tether，2010；Malik et al.，2012)。如Fang等(2008)认为，企业资源冗余对制造业服务化绩效有着正向的调节作用，并且企业基础资源的冗余程度对制造企业服务化成功转型发挥着至关重要的作用。Oliva和Kallenberg(2003)提出，企业必须要建立一套与传统制造业企业不同的企业能力，这种新的企业能力能推进服务化战略成功实施。Kelly 和 Ratchev(2009)通过研究发现，企业综合能力是制造企业成功实施服务化的重要条件之一。Martinez 等(2009)的研究也表明企业的交付能力也在服务化战略实施过程中起到不可忽视的作用。Malik 等(2012)认为服务能力对制造企业绩效有显著的调节作用。基于上述众多过往服务化研究文献的研究观点，笔者认为，企业资源和能力对制造企业服务化成功转型的影响，已受到实业界和学术界的广泛关注和重视。

中国是世界大国，从站起来到富起来、强起来经历了70年时间，要实现伟大复兴必须再奋斗、再改革、再创新。改革开放以来中国经济保持高速增长，跨入了世界经济大国行列，但也出现了一些负面效应，如人口红利减弱、劳动力生产要素成本增长、土地资源浪费严重、生态环境受损等，给经济的持续发展带来了诸多结构性障碍，如主要经济指标间的联动性出现背离，经济增速放缓，消费价格指数持续低位等。这些现象的产生表明经济出现了结构性矛盾，特别是工业作为国民经济的主体，必须调结构、转方式、抓重点、改难点、化焦点，改革体制、机制，改革供给侧需求。

在经济全球化、市场一体化趋势越来越强化的格局下，世界各国都想在新的国际分工中获取机会，全球制造业也将随着比较优势的转化面临挑战。新兴市场国家争夺中低端制造转移的同时，发达国家也在提倡制造业回流，这对中国制造业来说是机遇与挑战并存。如何实现中国制造业的振兴？不仅要发展技术的创新，还要在企业运营模式上下功夫。因此，从企业管理的角度，笔者认为：制造企业开展服务化，可以增加绩效、提升能力，也是提高企业竞争优势的一种策略。

二、研究意义

（一）理论意义

基于资源依赖理论，外部环境对企业有重要的影响，环境发生变化会促使制造企业改变其战略。全球制造业版图将被重新划分，为了获取竞争优势，制造企业将生产的重心向服务转移。服务化战略可以融合服务和制造，使制造企业的产品拥有与众不同且难以模仿的特性，给企业带来更多的价值和更高的利润；同时，服务可以丰富和扩大有形产品的使用价值，提高企业整合价值链的社会能力和水平，让服务成为企业提高绩效和获取价值的重要途径。因此，制造企业服务化的相关研究也成了学术界关注的重点。

从研究内容上来看，目前国内外学者针对制造企业服务化的大部分研究都是以定性研究为主，少量的定量研究也是分析服务化与企业绩效的关系。而本书研究服务化水平对企业能力的提升，拓宽了制造业服务化生成的研究思路，还能够从本质上进一步理解制造企业服务化过程中，制造企业所处的特殊环境对服务化转型的影响，以及企业能力在提升制造企业竞争优势过程中扮演的重要角色。

从研究视角上来看，本书以经济知识化、全球化和网络化快速发展为背景，将制造企业服务化如何对其竞争优势构成影响作为研究视角，来探讨制造企业服务化的作用机制。本视角的研究不仅将有助于丰富和补充现有关于制造企业服务化的相关理论，还能够进一步反映出服务化对制造企业竞争优势影响的深层原因。

从研究方法上来看，通过实证的研究方法确定了制造企业服务化对其竞争优势的影响存在，而探讨这两者之间关系的实证研究相当缺乏。在研究制造企业服务化水平对竞争优势的作用机制时，通过文献演绎法归纳出相关的理论模型，而且还采用面板数据的收集、截面数据的分析和多元回归分析等方法，分析了制造企业服务化与竞争优势的关系，探讨了企业能力的中介作用和组织特征的调节作用，使研究的结论更为科学。

（二）实践意义

中国制造业面临着资源、能源、环境保护及产能过剩的多重压力，还面临日益激烈的竞争和越来越高的客户要求；通过扩大生产规模以降低成本的潜力已经非常小。若要走出困境，出路只有服务转型。

第一，国际环境和外部市场的要求。20 世纪 60 年代以来，发达国家开始步入以服务业为主导的“后工业化社会”，生产性服务业迅猛发展，成为产值、利润和就业增长最快的部门。国际产业结构调整的趋势就是从制造向服务转移。许多跨国企业开始寻求新的竞争手段，逐步向知识密集型、技术密集型、服务密集型的方向调整，将经营模式转移到以服务为中心，制造与服务融合已成为许多发达国家的新战略。

我国人口红利时代即将终结，低劳动力成本将不复存在；高环境负荷对制造业形成压迫，生产制造的环境成本越来越难以外部化；外部环境的转变将迫使我国制造业重心由生产制造向生产服务转移，而服务化转型是我国制造业走出困境的有效途径。

第二，企业自身发展的必然要求。在激烈的市场竞争中，企业面临市场的优胜劣汰，竞争已经渗透到各个环节和各个方面。生产技术趋同，产品趋同，不同企业的利润水平也趋同。企业的竞争优势已经很难在产品的质量和价格上体现。通过服务转型赢得服务利润，将是传统制造企业新的利润增长点和未来重要的利润来源。

我国传统制造企业应加强延伸和协同，转变服务理念，增强服务意识，建立与上下游合作伙伴的战略合作机制；对产品进行深加工，提升产品的附加值和企业的服务水平，促进由生产商向服务商的转变；推进产业结合，推广产品应用，鼓励企业建立服务中心，联合下游企业开发新产品，为用户提供全方位的解决方案，实现行业和下游行业的互利共赢；积极发展咨询服务、技术中介、电子商务服务，积极开展维修、仓储、物流等服务，实现企业经营理念、管理模式和方法的有效改善，大力开展企业的服务业务，提高企业的管理水平。

第三，缓解环境和资源压力的要求。国际经验表明，产品生产所创造的价值约占产品整体价值的 1/3，其余 2/3 为相关服务所创造的价值。传统制造业对能源、资源等要素依赖程度高，对环境的污染也较大，发展受到制约并且不可持续；同时，全世界的能源和资源是有限的，世界各国的环保要求越来越高，可持续发展的意识越来越强，这就迫使一些高耗能、高污染的制造企业发展服务化。

企业通过服务转型，实现内需和外需平衡发展，减轻对原材料的依赖程度；改善出口商品结构，提高产品的附加值，力争摆脱依靠低价格获取竞争优势的局面；推动生产供给侧的改革，减少贸易摩擦，转变外贸增长方式，促进服务贸易与货物贸易的协调发展。

第四，扩充就业的要求。制造业服务化具有资源消耗低、产业附加值高和吸收就业人口多等优势。发展服务化是缓解我国日益严峻的就业压力的有效途径。

我国制造业正在从“埋头生产”变为“抬头问路”，从简单外延式增长向内涵式发展转型，目前从事生产线上普通操作的工人比例很高，人工成本沉重，适时发展深加工、物流、商贸及其他产业，通过进行深加工方式向下游用户提供服务，可以分流部分人员从事生产性服务，以缓解压力。这些产业链的延伸都能够解决大量人员就业问题。

因此，研究制造企业服务化转型相关问题，对于传统制造企业在产业升级进程中成功转型具有重要的理论和现实意义。

第二节 主要内容、基本思路及研究方法

一、主要内容

本研究将基于资源依赖理论和服务主导逻辑的研究成果，综合运用这些领域的理论和方法，以中国沪深股市上市制造企业作为研究样本，探讨制造企业服务化水平与其竞争优势的关系，并构建完整的服务化通过提升企业能力对企业竞争优势影响的理论模型，阐明组织特征在制造企业服务化中对企业能力的调节作用，以提升企业竞争优势，并分析获取这种竞争优势的过程和机理。为制造企业服务化转型提供理论指导，有效地提升制造企业的竞争优势。

由此，本书构建了如图 1-1 所示的研究框架。

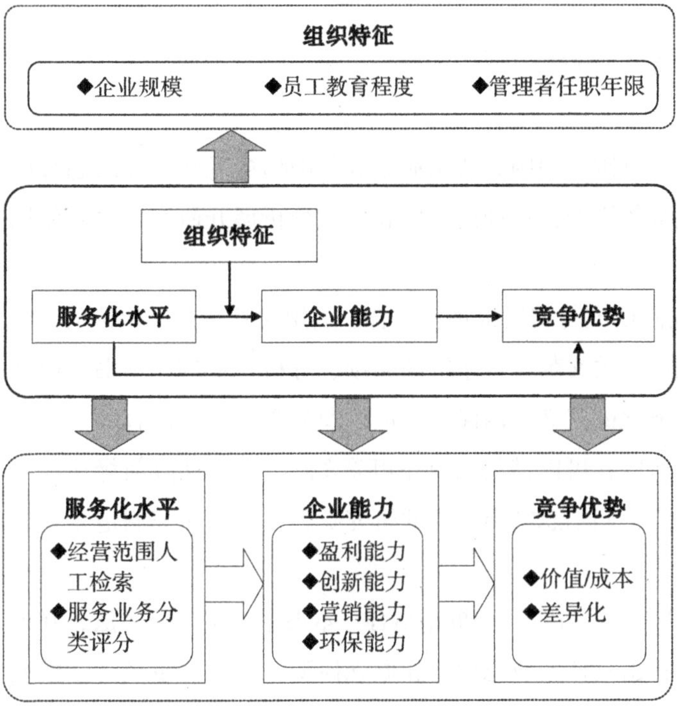

图 1-1　研究框架

二、基本思路

在研究工作中，坚持理论分析和实证研究相结合的原则。首先，在文献查阅和梳理的基础上，深入剖析相关理论，并在此过程中进行实地访谈，以不断修正理论分析的不足和缺陷。其次，在资料收集、理论分析之后，构建研究模型并提出假设，随后进行数据收集和整理，并对得到的数据进行严格规范的统计分析，并结合实际进行系统理论研究，进一步系统分析制造业服务化及其对企业竞争优势的影响机制，考察模型和假设的合理性和科学性。最后，得出本研究的结论，并总结归纳本书的学术价值和实践意义，提出促进我国制造业服务化发展的相应对策建议。

三、研究方法

本书重点围绕中国制造企业服务化的历史现状、发展趋势以及其对企业竞争优势的影响，从理论层面和实证分析展开研究，主要使用如下三种方法：

1. 文献研究与逻辑推理相结合。运用文献检索、阅读的方法，对研究问题涉及的相关文献进行系统的阅读、分析和梳理。本书的研究领域涉及制造业服务化的定义、内涵、特征以及分类，这些内容的研究成果较丰富和成熟。所以，可以借鉴国内外相关文献，通过文献演绎法找准研究的方向和切入点，归纳总结出前人的研究贡献，提炼研究制造企业服务化的理论依据。

2. 理论推导与实证分析相结合。本书通过文献演绎法，在前人的研究基础上，提出具体的研究假设和概念模型，采用计量经济学模型对截面数据和面板数据进行分析验证，探讨了制造企业服务化对竞争优势的影响机理。通过理论推导和实证分析相结合的方法，分析了中国制造业服务化的现状和发展趋势，揭示出不同特征的制造企业在开展服务化时应选择多种不同的路径。

3. 截面数据与面板数据分析相结合。制造企业服务化对其竞争优势的影响是个动态管理过程，要长时间的积累才能体现出来，必须不断跟踪时间序列数据。分析时间序列数据，关注截面数据变化，采取同行业不同企业之间的横向比较，要收集有代表性的多个行业多家企业的数据进行分析。所以，本书将采用中国沪深两市制造企业的时间序列数据，将截面数据和面板数据结合起来进行分析，更能揭示研究结论的有效性。

第一部分　理论篇

第二章　系统界定服务及服务化的概念与内涵

第一节　制造业与服务业的相关概念

一、制造业的内涵

制造业是指“通过加工把原材料转化为产品的工业”。但是人们根据不同的需要，从不同角度提出了不同的定义。从统计与国际比较的角度，联合国的《标准业分类 ISIC 第 4 版》①、我国的《2017 国民经济行业分类(GB/T 4754—2017)》②以及欧洲的《欧共体内部经济活动一般产业分类》(NACE)③的一级目录中，制造业是指在工业领域中除了采掘业、建筑业和水、电、气的供应行业以外的其他所有行业。但从产业研究的角度，常常指广义的制造业，也就是整个第二产业，包括采掘业和建筑业。如 Neely (2007)根据美国标准产业分类体系(US SCI)所选取的制造业样本中就包括了采掘业和建筑业。另外，从我国经济实践领域看，与制造业相关的名词

---

① ISIC REV4. *International Standard Industrial Classification of All Economic Activities Revision* 4[S]. New York: United Nations Publication, 2008.

② GB/T4754-2017. 国民经济行业分类 2017[S]. http://www.stats.gov.cn/tjbz/, 2017-09-29.

③ NACE REV2 [EB/OL]. http://ec.europa.eu/environment/emas/pdf/general/nacecodes_en.pdf, 2014-11-08.

还有新兴战略性产业和装备制造业。装备制造业这一概念是符合我国国情的特有名词。主要指资本品制造业，是满足各经济部门发展需要以及保障国家安全而制造各种技术装备的产业的总称，包括专用设备、通用装备和交运设备制造，金属制品、电器装备、电子和通信设备制造以及文化办公用装备制造等。① 新兴战略性产业指新能源、新材料、信息网络、生命科学、空间、海洋和地球等资源性产业。

本书对制造业的定义和分类，以我国国民经济行业分类与代码(GB/4754—2017)为准。在后续实证分析的章节中，鉴于本书的研究主题是制造企业的服务化，将重点探讨我国国民经济行业分类与代码(GB/4754—2017)中的C13—C43，包括农副食品加工业，食品制造业，酒、饮料和精制茶制造业，烟草制品业，纺织业，纺织服装、服饰业，皮革、毛皮、羽毛及其制品和制鞋业，木材加工和木、竹、藤、棕、草制品业，家具制造业，造纸和纸制品业，印刷和记录媒介复制业，文教、工美、体育和娱乐用品制造业，石油、煤炭及其他燃料加工业，化学原料和化学制品制造业，医药制造业，化学纤维制造业，橡胶和塑料制品业，非金属矿物制品业，黑色金属冶炼和压延加工业，有色金属冶炼和压延加工业，金属制品业，通用设备制造业，专用设备制造业，汽车制造业，铁路、船舶、航空航天和其他运输设备制造业，电气机械和器材制造业，计算机、通信和其他电子设备制造业，仪器仪表制造业，其他制造业，废弃资源综合利用业，金属制品、机械和设备修理业等31个制造行业。②

二、服务业的内涵

服务是具有无形特征却可给人带来某种利益或满足感的可供有偿转让的一种或一系列活动。而服务业是指从事服务产品的生产部门和企业的集

---

① 百度百科．装备制造业[EB/OL]．http：//baike.baidu.com/view/350294.htm，2015-02-15.

② GB/T4754—2017．国民经济行业分类 2017[S]．http：//www.stats.gov.cn/tjbz/，2017-09-29.

合。服务产品与其他产业产品相比，具有非实物性、不可储存性和生产与消费同时性等特征。服务业被视为第三产业，是指在国民经济行业分类中除了第一产业、第二产业之外的其他行业。服务业通常是以生产和经营服务产品为主营业务的行业，其中服务产品包括生产性服务（如交通运输、批发、信息传输、金融、租赁、科研）、消费性服务（如零售、餐饮、房地产、娱乐、居民服务）或者公益性服务（如卫生、教育、公共管理）等多种类型，它们连接着国民经济各个部门以及社会生活的方方面面。在我国国民经济行业分类与代码（GB/4754—2017）中，主要包括：批发和零售业，交通运输、仓储和邮政业，住宿和餐饮业，信息传输、软件和信息技术服务业，金融业，房地产业，租赁和商务服务业，科学研究和技术服务业，水利、环境和公共设施管理业，居民服务、修理和其他服务业，教育，卫生和社会工作，文化、体育和娱乐业，公共管理、社会保障和社会组织等①。

服务业与其他产业具有显著区别。服务业的产品是服务，而非实物产品。服务具有无形性，多变性，易逝性，不可储存性，以及生产与消费同时性等特征（Vargo & Lusch，2004）。

三、制造业服务化与其他产业的互动

随着企业服务化进程的不断深化，生产性服务业逐渐作为独立的生产部门从制造业中分离出来。而且，生产性服务业和制造业的产业关联越来越紧密。虽然，不同类型的制造业对生产性服务业需求的类型存在明显差异，但总的来说，制造业生产所需的生产性服务投入占比不断上升。

学界已有很多成熟的理论从产业层面解释了生产性服务业和制造业产业之间的互动关系，如社会分工理论、交易成本理论以及社会网络理论

① 百度百科：服务业[EB/OL]. http：//baike. baidu. com/link？url = WGnIprp36olATn67T6d0AiwIReu61wy5SX6fl8MfHjtad0kSUn1NSg6-ChUwT-ShYzDls7hWvHlwLucb-199Jq，2015-02-15.

等。还有一些学者从交互创新和产业共生的视角对生产性服务业与制造业的互动机理进行了深入的剖析。事实上，越来越多的学者都认为，在生产性服务业与制造业逐步走向相互融合的道路上，会碰撞出更加丰富的产业共生观点。制造业亚群落和生产性服务业亚群落之间是相互交融的，两者之间存在典型的共生关系。此外，还有学者提出相似观点，认为生产性服务业与制造业之间存在相互促进的产业关联。其中，地理距离特征等因素是影响生产性服务业和制造业之间产业关联的重要中介变量。不过这种观点尚未得到合理的理论解释。

目前，学界关于空间层面上生产性服务业与制造业的协同集聚作用的研究还比较少。在理论研究方面，比较经典的是马歇尔的外部经济理论以及克鲁格曼的中心—外围模型。Villar 和 Rivas 在前人的研究基础上增加了生产性服务业部门，最终得了出生产性服务业和制造业集聚在区域分布上的“中心—外围”空间分布状态。Andersson 则通过联立方程模型，对生产性服务业与制造业之间的关系进行了探究，认为两者的供应商与需求者的关系在空间区位选择过程中是相互作用的，不过在其方差模型中对控制变量的选取缺乏一定的理论支撑。江曼琦和席强敏在前人的基础上，通过对生产性服务业和制造业的经济属性和空间属性进行分析，揭示了影响生产性服务业与制造业之间的空间集聚因素并不是投入产出关系，生产性服务业与制造业的融合性也不是特别显著，只有部分技术密集型的制造业与生产性服务业有着较强的空间协同集聚倾向。

第二节 服务化的相关概念

自从 Vandermerwe 和 Rada(1988)揭示了制造环境下的服务化现象，并将服务化定义为“增加提供更全面的客户所关注的商品，服务，支持，自助服务和知识的组合，以增加核心产品的价值。并且他们认为“服务是执行，没有生产，基本上是无形的”，Wise 和 Baumgartner(1999)强调要将企业下游的价值研究稳步推进。

在这些研究的基础上，服务化的概念被建立起来。服务化是为制造商创造收入流的过程(Johnstone et al.，2009；Baines & Lightfoot，2013；Smith et al.，2014)。一个制造商可以提供各种服务，包括那些优质的客户支持(Mathieu，2001；Eggert et al.，2014)。这些大致可以分为基础层(例如货物和配件)，中间层(例如服务、培训、维护、维修)，高级服务(例如客户支持协议和结果的合同)(Baines & Lightfoot，2013)。企业提供高级服务的成功案例也被学者们作为研究的对象，包括阿尔斯通和ABB(Miller et al.，2002；Davies，2004)，Thales的训练和模拟(Mulholland，2000；Davies，2004)，劳斯莱斯航空(Howells，2000)。越来越多的服务受到了学者们的关注(Spring and Araujo，2009；Baines and Lightfoot，2013)。

随着服务化现象的出现，众多学者使用不同的术语来描述先进的服务化(Baines et al.，2009)，尽管这些概念的界限有些模糊(Hou & Neely，2013)。一系列与服务化相似的关键词应运而生，包括服务运营，服务一体化，服务转型，服务经济，综合解决方案，产品相关的服务，售后，服务科学等。

下面对与服务化相关的几个概念进行解释。

一、服务转型

营销和战略领域的研究都认为制造企业应从纯粹的产品制造商转型为服务提供商。服务具有无形性、与顾客共同创造、难标准化、高知识强度、高附加价值等特点(Vargo & Lusch，2004)，可以提升定价权、构建转换壁垒、获得高顾客忠诚，从而使企业在激烈的全球化和商品化竞争中获得更多的竞争优势和市场份额(Wise & Baumgartner，1999；Sawhney，Balasubramanian & Krishnan，2004；Vargo & Lusch，2004)。这种战略的再定位被称作是服务转型(Fang，Palmatier & Steenkamp，2008)。

“服务转型”这个概念首先由Fang，Palmatier和Steenkamp(2008)正式提出，指企业从提供产品转变为提供服务或整体方案战略转型或重新定位。制造企业在产品业务之外，开拓服务业务(服务与产品业务相关或者不相关)，由“以产品为中心”转变为“以服务为中心”。服务转型特指制造业从单纯的产品生产商转变为服务提供商的战略转变，以获得竞争优势和更大的经济利益。

二、服务创新

服务创新是指服务的创新。服务创新研究的一个核心问题是，服务创新是否与制造相关的创新(产品创新和技术创新)有本质区别。以往创新的相关研究，倾向于关注制造业的技术创新、产品创新和流程创新(Drejer，2004；Toivonen & Tuominen，2009；Vries，2006)，而忽略了服务创新及其潜在机会。这种偏向性可能源于服务的传统观念，即学者们认为服务是一项创新频率很低的活动(Pavitt，1984；Pavitt，Robson & Townsend，1989)。服务业和制造业相比，对外部知识资源的依赖性更高(Cainelli et al.，2006；Tether & Tajar，2008；Hipp，2010)。服务型企业与顾客和供应商之间的合作和互动更加频繁(Tether，2003)。在发达国家，服务在整个国民生产总值中占重要地位，并且它所占的比例在逐年增加(Gallouj & Djellal，2010；Gallouj & Windrum，2009)。因此，服务和服务创新将驱动经济发展(Gallou，2002)。

鉴于上述几个概念的区别，本书将制造企业服务化定义为：制造企业为了适应新的竞争环境，从单纯的提供产品逐步发展成为提供产品和服务的综合体。在这一战略转化的过程中，以服务主导逻辑和客户需求为导向，将产品与服务有机结合起来，对制造企业的资源模式、组织结构以及工作流程等进行改进，建立新的商业模式，来获取竞争优势。

第三节　竞争优势的相关概念

竞争优势(competitive advantage)的概念源于E. Chamberlin(1939)的著

作《垄断竞争理论》，所谓竞争优势就是企业相对于其他企业在竞争的过程中表现出的优越性。Porter(1985)认为竞争优势源于企业以较竞争对手更低的价格满足顾客相同的利益，或是向顾客提供他们愿意额外加价的特殊利益。提出存在两种基本的竞争优势：成本领先(cost leadership)和差异化(differentiation)。

企业在竞争市场的表现如何，竞争优势是核心。Porter(1991)选择把企业活动的角色和定位作为发展动态战略理论的成功场所。保持产业结构不变，一个成功的公司就是一个具有吸引力的相对位置。无论是选择低于竞争对手的成本基础，还是企业提供差异化产品的能力，以及高于额外成本积累的溢价，都可能产生这种结果。

有的学者从资源和能力的角度对企业的竞争优势进行解释。Edith Penrose(1959)认为一个企业能否获得高于平均收益水平的投资收益率很大程度上取决于企业的内部特点。企业动态能力无疑已经在一段时间内取得竞争优势。然而，由于全球经济一体化的进一步发展，发明、创新和制造业的来源在地理和组织上更加多样化(Teece，2000)，而且必须结合多项发明才能实现市场的成功(Somaya & Teece，2007)。实现进化适应性比今天更加困难。此外，监管和体制结构必须经常为新市场的出现而重塑：正如后文所讨论的那样，“平台”无处不在现在必须得到承认(Evans，Hagiu & Schmalensee，2006)。尽管无形资产、智力资本的发展和管理创新越来越被认为是持续企业竞争优势的核心，但对这些因素为什么会如此重要的理解依然不明朗，并且不受正统框架的处理。有些学者提出了一个新的商业和经济分析框架。Teece 等(1997)指出，“我们只是勾画出一个动态能力方法的概念”。各种动态能力的性质被确定，将动态能力的影响因素与能力本身分开。换句话说，在组织和管理过程、程序、体系和结构之间作出了重要的区分，这些过程、程序、体系和结构是强化了每一类能力和能力本身的。动态能力影响因素的确定是不完整的，否则可持续竞争优势将会随着动态能力概念的有效交流和应用而受到削弱。

另一些学者从企业创新角度对企业的竞争优势进行定义。Porter

(1997)认为企业取得竞争优势有两个核心问题。第一个核心问题是企业盈利能力。决定企业是否能盈利的基本要素是行业吸引力(industry attractiveness)。不是所有的行业都能为企业提供赢利机会，而所在行业的相对机会是决定企业赢利的重要环节。第二个核心问题是企业在行业内的相对地位。地位决定了企业的赢利能力在整个行业的水平，即使行业的整体赢利能力不强，相对地位较高的企业也能够赢得高利润率。D'aveni(1994)提出的超级竞争(Hypercompetition)理论模型，认为企业的竞争优势来源于创造性的破坏。在动态的竞争环境下，任何竞争优势都是短暂的，且不能长期拥有的；只有及时地建立新优势才是解决问题的关键。

还有一些学者认为竞争优势是企业内部化的优势。企业的新古典理论使用局部均衡来分析预测企业在输入市场上的购买决策以及在输出市场上的供应决策。组织理论讨论了新古典经济学忽视的一些方面，把企业作为单一的决策者，把企业认定为一个包含多个个体的复杂组织，组织理论分析企业的内部结构以及组织单位与部门之间的关系。Teece 和 Pisano(1994)以及 Teece(1997)等学者从组织和管理的过程提出了：协调/整合、学习和重构是动态能力的核心要素。这些进程是支持感知、获取和管理威胁的一组子进程，它们可以一起被认为是资产“编排”过程。管理的一个关键战略功能是在企业内部、企业之间以及与企业外部的支持机构中寻找新的增值组合。由于企业内部许多最有价值的资产都是与知识有关的，因此是不可交易的，这种资产的协调和整合产生了无法在市场上复制的价值。这为管理者在经济理论和经济体系中确立了独特的作用。管理者通过调整公用资产来寻求新的组合(Teece，2007)，需要感知和抓住机遇，并在发生变化时重新配置，需要对资源和资产进行分配、重新分配，组合和重新组合。这是高管的关键战略职能。事实上，用于识别和利用互补性和人员专业化的技能是很少的。如何通过使用企业拥有的资产来增加价值，就需要了解企业资产基础的细微结构，填补必要的空白，以提供卓越的客户解决方案。填补空白可能涉及建立新的资产，如收购或与战略对手形成合作伙伴关系(Ettlie & Pavlou，2006)。最后，持续的竞争优势并不意味着它将

"永远持续下去"，而只是表明它不会通过其他公司的应对努力而被淘汰。一个行业经济结构未知的变化，可能使得曾经是一个企业的持续竞争优势变得不再有价值，从而也不会成为任何竞争优势的来源。

将上述学者对竞争优势的定义进行总结，本书认为：企业竞争优势来源于企业独特的资源和能力，其表现形式是企业获得超过成本的巨大利润，是一种市场表现并且可被衡量，是一种排他性的经济行为。竞争优势是企业在激烈的市场竞争中，运用特有资源提供优于竞争对手的高价值产品和服务，抢占市场份额或者获得超过行业平均利润，处于相对有利的地位。

第二章　服务的分类与特征

第一节　制造业服务化的定义

制造业服务化是学术界研究中的一个热门议题。目前，关于制造业服务化的内涵，学者们尚未达成一致意见。在此，本文将其基本的定义和内涵从不同视角进行归纳和分析。

一、制造业服务化的内涵

服务化的概念最早是由 Vandermerwe 和 Rada 在 20 世纪 80 年代末期提出的，他们将制造业服务化(servitization of manufacturing)定义为“制造业企业由仅仅提供物品向提供完整的物品—服务包转变，整个‘包’不仅包含物品，还包含相关的服务、支持、自我服务和知识等”。其中，服务是价值增值的主要来源。他们认为，服务本质上是无形的；企业进行服务化演进主要基于以下三个理由：(1)获取竞争优势；(2)留住顾客；(3)增强差异化水平。

Reiskin 和 White 等学者指出服务化(servicing)是制造商由生产产品向提供服务转变的动态过程。从上述定义可以看出，制造业企业所扮演的角色已经逐渐由“产品制造者”向“服务提供者”转变。也就是说，制造业服务化是一种“功能经济”，服务化的过程是物品功能逐渐凸显化的过程。Fishbein 以及 Makower 等人也认为服务化过程意味着企业由出售物品本身转为出售物品功能或者是服务。随后，Szalavetz 从内部服务效率和外部服务效率两个层面分析了制造业服务化的必要性。总的来说，这些学者关于制造业服务化的定义基本上是在 Vandermerwe 和 Rada 的定义的基础上进行了扩展或延伸。

在产品服务系统(PSS)的文献中，服务化则被视为一种特定类型的产品——服务供给。服务化和 PSS 相关研究之间存在许多相似之处，两方面的研究都表明制造业企业应该把重点放在销售集成解决方案或产品—服务系统上。Fang，Y. 等人将 PSS 纳入服务化的概念中，将服务化重新定义为"企业由仅仅出售商品向提供商品—服务系统转变，完成组织能力和流程的变革以更好地创造共同价值"。

国内关于制造业服务化的研究起步较晚，关于对其含义的探讨，比较经典的是刘继国和李江帆对制造业服务化概念的总结。他们将制造业服务划分为两个层次，即投入服务化和业务服务化，后者也可称作产出服务化。前者指的是服务要素在制造业的全部投入中的地位日益提升；而后者则是指服务产品在制造业的全部产出中的地位日益提升。国内还有一些学者从其他视角对制造业服务化的概念进行了定义，如从制造业与服务融合的角度、价值链的角度、服务价值的角度以及企业供给内容等角度对制造企业从产品提供者向服务提供者转变的动态过程进行了定义，在此不再赘述。

二、产品主导向服务主导逻辑的转变

服务在制造业中发挥的作用在不断增长(bustinza et al.，2015)。服务化是由 Vandermerwe 和 Rada(1988)揭示的一个制造环境下的服务化现象，现在被广泛认为是通过向产品添加服务来创造价值的过程。自 20 世纪 80 年代后期以来，很多学者研究了其作为竞争性制造战略的应用，设法去了解这一概念的发展和影响(Wise & Baumgartner，1999；Oliva & Kallenberg，

2003；Slack，2005）。通过文献可以发现，学术界、商业和政府对这个话题越来越感兴趣（Hewitt，2002），其中大部分是基于这样一个信念：朝着服务化的方向是为传统制造商创造额外的增值能力的一种手段。而这些集成的产品-服务供给品具有独特的、长期的、更容易抵御低成本经济体的竞争力。

当然，服务是价值增值的主要来源。Vandermerwe 和 Rada（1988）将服务定义为“增加提供更全面的客户所关注的商品、服务、支持、自助服务和知识的组合，以增加核心产品的价值”。在这里，他们认为“服务是执行，没有生产，基本上是无形的”，企业进行服务化演进主要基于以下三个理由：（1）获取竞争优势；（2）留住顾客；（3）增强差异化水平。从上述定义可以看出，制造业企业所扮演的角色已经逐渐由“产品制造者”向“服务提供者”转变。也就是说，制造业服务化是一种“功能经济”，服务化的过程是物品功能逐渐凸显化的过程。Fishbein（2000）以及 Makower（2001）等人也认为，服务化过程意味着企业由出售物品本身转为出售物品功能或者是服务。Desmet 等（2003）学者则把制造业服务化描述为制造企业向市场的提供物中，服务成分所占比重越来越高的趋势。

服务化的概念在涉及产品和服务集成的一系列主题中被隐含地涵盖。例如，服务业务扩张（Vandermerwe & Rada，1989；Wise & Baumgartner，1999；Martin & Horne，1992；Oliva & Kallenberg，2003；Brax，2005；Gebauer et al.，2004；Gebauer & Friedli，2005），解决方案提供（Foote et al.，2001；Galbraith，2002；Miller et al.，2002；Davies，2004；Windahl et al.，2004；Davies et al.，2006；Windahl & Lakemond，2006），售后服务（Cohen et al.，2006；Cohen，2007）和服务利润率（Coyne，1989；Samli et al.，1992；Anderson & Narus，1995；Gebauer et al.，2006；Gebauer & Fleisch，2007）等。

综上所述，相关定义如表 3-1 所示。

表 3-1　制造业服务化的相关定义

学者	制造业服务化的定义
Vandermerwe & Rada (1988)	增加提供更全面的客户所关注的商品、服务、支持、自助服务和知识的组合，以增加核心产品的价值
Tellus Institute (1999)	基于产品的服务的出现，使制造业与传统服务业难以区分
Verstrepen & Berg (1999)	在核心产品中附加服务组件
White (1999)	制造商的角色由物品提供者向服务提供者转变，是一种动态的变化过程
Reiskin et al. (2000)	企业从以生产产品为中心向以提供服务为中心的转变
Makower (2001)	企业由出售物品本身转为出售物品功能或者是服务
Robinson et al. (2002)	货物和服务的一体化
Desmet et al. (2003)	制造企业出现的提供越来越多的服务组件的趋势
Lewis et al. (2004)	使产品的功能向市场传递时发生改变的战略
Ward & Graves (2005)	制造商增加提供服务的范围
Baines et al. (2009)	企业通过由卖产品向卖产品服务系统的转变，以此来创造多重价值的组织能力和业务流程的创新

三、价值链视角

很多学者对制造业服务化从价值链的角度进行评述。Wise 和 Baumgartner(1999)将企业利用服务开发下游的机会，允许将传统下游服务嵌入产品中的嵌入式服务(例如，霍尼韦尔的 AIMS 用于飞行中发动机系统的监控)、综合服务(如 GE 资本的融资活动)、公司超越传统产品基础来评估客户的整体需求(例如诺基亚转向网络基础设施解决方案)的集成解决方案、可口可乐在其大批量低利润中占据超市货架空间的分销控制。Howell(2000)通过 Rolls-Royce 从其航空发动机提供保证飞行时间的案例分析，以及 Mont(2001)描述了施乐从提供复印机到提供“文件管理”的案例，都探讨了服务化的采用为客户提供功能结果。Miller(2002)和 Davies(2004)描述了提供综合解决方案的例子，并将这些视为“为客户量身定制的产品和服务的综合组合”。Davies(2004)的研究认为，资本货物供应商正在向价值流的不同位置转变为综合解决方案，例如阿尔斯通的运输解决方案、爱立信的移动网络和 Thales 的培训解决方案等。此外，还有一些企业具有强大的系统集成能力，这体现为向客户提供“由客户实施”服务的举措。

国内关于制造业服务化的研究起步较晚，对制造业服务化问题的关注大概可追溯到 20 世纪 80 年代初，且国内学术界还没有一个统一的定论。其中最具代表性的观点莫过于刘继国和李江帆(2007)提出的“两个层次”的观点。他们认为，从服务化的重点来看，制造业服务化有两个层次，一是投入服务化，即服务要素在制造业的全部投入中占据着越来越重要的地位；二是业务服务化，也可称为产出服务化，即服务产品在制造业的全部产出中占据越来越重要的地位。他们这一观点相比较而言还算全面。齐二石(2010)等学者指出，制造业服务化是将服务贯穿企业的整个产业链，企业最终的目标是使客户的需求最大化。林光平(2009)等学者描述了制造企业建立服务价值和服务创新的过程，这是站在服务价值角度进行论述的。

其他学者对于制造业服务化的定义也各有不同的侧重点。例如，何哲(2010)等从制造业与服务互动融合的角度对制造业服务化的概念进行了定义，并对其概念的演化阶段进行了描述。孙林岩(2007)等指出，服务型制造是一种新的产业形态，是将制造业和服务业互动融合发展的，这种产业既提供产品，还提供给客户产品服务系统，即产品整个生命周期的服务。冯泰文(2009)等学者重新定义了这个概念，认为服务型的制造企业和竞争优势之间可以建立一种关系模型。还有一些学者指出，制造企业开展服务化的原因是运营方式的转变、满足客户的需求、环境的可持续性、跨企业竞争合作及服务模式转变(朱春燕，2010)。

四、小结

综上所述，通过分析整合学者们对制造业服务化内涵的解释，根据本书的研究视角，将制造企业服务化的研究范围确定为提供以核心产品为基础的服务。制造业服务化不是“去制造业”，从价值链的角度来看，是指服务在企业价值链中所占有的比重不断增加，产品的附加值和企业的品牌效益也在不断提高的过程。实际上，制造业服务化的内涵是十分丰富的，企业产品的附加价值主要体现在设计和销售环节，即更多地体现在两端，因此不仅包含了企业产出提供的一系列服务，也包括制造业投入服务化，这也是企业发展所必需的。此外，随着社会经济和科技的不断进步与发展，产业链两端所包含的服务也会不断变化而且会变得形式多样，服务化的理论也会变得更加丰富。制造企业将服务业务延伸到产品的整个生命周期，提供许多方面的集合体，包括产品、支持、服务和自我服务等。此外，制造业服务化的类别也非常多样，比如研发设计、咨询服务、整体解决方案、回收再制造和供应链的管理优化等。

第二节　制造业服务化的特征及分类

一、服务化的特征

从 Wise 和 Baumgartner(1999)开始研究服务化至今，人们越来越强烈地意识到服务对制造商的重要性。这种服务化战略的实施会影响到制造企业的绩效，但两者的关系复杂(Bigdeli et al.，2016)，非线性和有界(Gebauer et al.，2005；Neely，2009)，企业内的组织变革是增强了制造商提供服务的必要性(Davies et al.，2007)。

服务化战略的一个关键特征是以客户为中心。客户不仅需要提供产品，而且需要提供更加定制的“解决方案”。这些为特定客户或客户群提供了所期望的结果，即使这需要采用来自其他供应商的产品(Miller et al.，2002；Davies，2004)。Alstom公司对列车和信号系统的维护、升级和操作以及类似于Rockwell的现场资产管理(用于自动化产品的维护和维修)，这是使用“多厂商”产品提供以客户为中心的解决方案的例子。Oliva和Kallenberg(2003)认为这种客户导向由两个单独的元素组成：第一，将服务提供从面向产品的服务转变为“面向用户的过程的服务”。第二，将客户交互的性质从基于交易的转变为基于关系的(即从销售产品转变为建立和维持与客户的关系)。

目前存在各种形式的服务化，其中每个的特征不同(见图3-1)。很多学者指出了沿着所谓的“产品服务一体化”的潜在应用(Oliva & Kallenberg，2003；Gebauer & Friedli，2005；Neu & Brown，2005；Gebauer et al.，2008)。这是传统制造商的一个发展模式，从企业只提供服务作为他们产品的附属品，到通过服务提供商，公司提供服务作为他们的价值创造过程的主要部分。正如一些学者认为，公司必须发现自己在不同层次的“服务投入”的独特机会和挑战，并有目的去寻找所处的位置(Gebauer et al.，2008)。这被设想为一个动态的过程，公司随着时间的推移和提高服务优势而重新定义他们的位置。

二、服务化的分类

制造企业在进行服务化战略时，可以选择进入不同的服务业务。LaLonde & Zinszer(1976)以及Samli等学者(1992)根据消费者购买时间，区分为售前服务(比如沟通顾客政策)，交易服务(比如订货周期)以及售后服务(比如维修)。Frambach等(1997)参照他们的分类准则，增加了与其他企业合作创新而产生的关系型产品服务。Mathieu(2001)将制造企业提供的服务区分为支持产品的服务、支持顾客的服务，以及其他不相关服务。

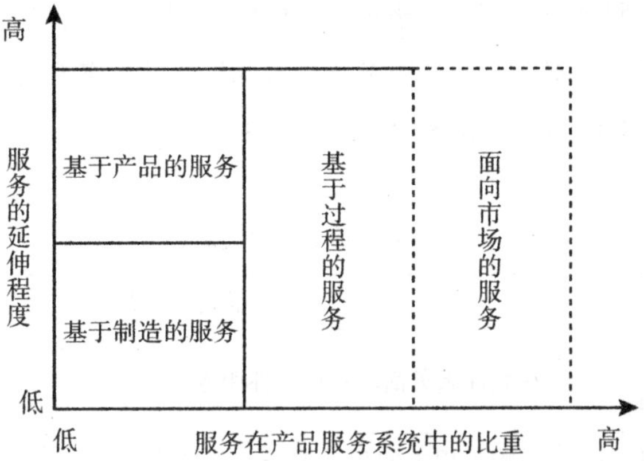

图 3-1 制造业服务的特征类别

Tukker(2004)根据制造业企业服务化从初级向高级阶段的演化过程，将服务划分为三种类型：产品导向服务化(Product oriented PSS)、使用导向服务化(Use oriented PSS)和结果导向服务化(Outcome oriented PSS)。Antioco等学者(2008)借鉴Mathieu的分类，将制造企业的服务导向区分为支持产品的服务导向和支持顾客的服务导向，并进一步探讨了这两类服务导向对产品和服务销售的影响，以及影响这两类服务导向的驱动因素(如高管的承诺和跨部门沟通等)。Gebauer等学者(2010)指出，从服务过程的角度分为四类：顾客服务、售后服务、顾客支持服务、外包商。Ulaga & Reinartz(2011)将服务区分为产品生命周期的服务、资产效率服务、产品支持服务以及过程授权服务。与之不同，Brown等(2011)依据企业提供的服务与产品之间的关联性，将服务区分为与产品相关的增值服务，与产品不相关服务和引导型解决方案。

国内学者胡查平(2014)借鉴上述学者的分类，将制造企业的服务分类分为支持顾客产品的服务和支持顾客行为的服务。把支持顾客产品的服务提供定义为产品供应商企业(制造业企业)为了保证顾客所购产品(技术、知识含量高的产品)发挥恰当的功能或者是便于顾客操纵所购产品而向顾客提供的相关服务。王丹、郭美娜(2016)将制造业企业服务化的类型分为

"一体化导向"服务化、"职能导向"服务化和"集成导向"服务化等三种类型。陈漫(2016)将制造企业的服务化区分为嵌入式服务和混入式服务。

根据相关文献整理，服务的分类如表3-2。

表3-2 服务的分类表

学者	服务分类
Cunningham & Roberts，(1974)	便利性服务活动；可靠性服务活动
Frambach，Wels-Lips & Gundlach(1997)	与购买相关的售前服务；与使用相关的售后服务；关系型服务
Mathieu(2001)	支持产品的服务；支持顾客的服务；其他服务
Homburg et al.(2003)	咨询服务；与业务相关的服务；与技术安全相关的服务；支持合作过程的服务
Oliva & Kallenberg(2003)	基本的安装服务；保修服务；专业化服务；操作服务
Gebauer et al.(2010)	顾客服务；售后服务；顾客支持服务；外包服务
Brown et al.(2011)	与产品相关的增值服务；与产品无关服务；引导型解决方案
Ulaga & Reinartz(2011)	产品生命周期的服务；资产效率服务；产品支持服务；过程授权服务
胡查平(2014)	支持顾客产品的服务；支持顾客行为的服务
陈漫、张新国(2016)	混入式服务；嵌入式服务
王丹、郭美娜(2016)	一体化导向；职能导向；集成导向
闵连星(2016)	咨询服务；软件开发服务；租赁服务；外包与运营服务；废旧物资回收服务；金融服务；财产与投资服务；解决方案服务；设计与开发服务；采购服务；安装与执行服务；维修和保养服务；销售服务；物流服务；进出口服务

第四章　服务化的理论基础及影响因素

关于制造业企业采取服务化的动因，国外大多数学者从财务、战略（竞争优势）以及市场三个方面对其进行了归纳（Mathieu，2001；Olivan & Kallenberg，2003；Gebauer et al.，2005；Gebauer & Fleisch，2007）。国内学者刘继国和李江帆（2007）、周艳春和赵守国（2010）、简兆权和伍卓深（2011）等人的研究成果指出，制造业企业之所以采取服务化转型，主要基于市场环境、顾客需求、竞争优势、经济收益以及环境绩效等方面的考虑。在此，我们基于资源依赖理论的分类方法，将制造业服务化的影响因素归纳为内部资源和外部资源两大方面：

第一节　外部资源

一、一体化的营销方式

营销机会通常被理解为使用服务来销售更多的产品（Mathe & Shapiro，1993；Gebauer et al.，2006；Gebauer & Fleisch，2007）。服务这一组件，众所周知的影响采购决策并评估其重要性，这在营销相关研究中是一个重要主题（Gebauer & Fleisch，2007）。在组织市场中更是如此，客户对服务的需求越来越多，对服务质量的要求也逐步提高。这些因素的原因是压力：创造更灵活的企业，核心能力的聚焦和更高的技术复杂性。这些往往导致对外包服务的压力增加（Lewis et al.，2004；Auramo & Ala-Risku，

2005；Slack，2005）。服务也是为了提高客户的忠诚度，以至于客户更加依赖于供应商。服务通常被当作诱饵促使重复购买，通过加强与客户的联系机会，可以使供应商处于提供其他产品或服务的适当位置（Mathieu，2001；Malleret，2006）。最后，通过提供服务，公司深入了解客户的需求，并能够开发更多定制产品。

市场环境的变化不仅使企业的竞争更加依赖于产业链的竞争，也使消费环境发生了改变。以往简单的实体产品已经越来越难以满足消费者的需求，如今消费者更加追求产品的“功能”和服务的质量。在市场环境发生重大改变的背景下，服务的提供有助于提高企业的市场销售额并为企业赢得更优的营销机会（Gebauer & Fleisch，2007），尤其是在 B2B 市场或是消费者服务需求不断增长的产业市场中更是如此（Vandermerwe & Rada，1988；Oliva & Kallenberg，2003；Auramo & Ala-Risku，2005；Slack，2005）。制造业企业应直面变革与转型，认识到服务对消费者购买决定的重要影响（Mathieu，2001；Gebauer & Fleisch，2007），通过把握与客户接触的机会诱导销售来逐渐拓展营销市场（Mathieu，2001；Mallaret，2006）。

二、个性化的顾客需求

顾客需求的变化在很大程度上促进了制造业企业的服务化进程。随着经济的发展，消费者对物品品质和功能的追求日益增加。因此，传统的通过核心业务活动满足顾客需求的做法不再适用，向顾客提供物品——服务包，更加符合顾客的期望（Vandermerwe & Rada，1988）。服务的提供能够使企业更加了解顾客需求，进而开发定制符合顾客需要的产品（Fang et al.，2014）。这就要求企业逐渐将侧重点放在建立和维系与顾客的关系上来（刘继国、李江帆，2007），用服务留住客户并赢得客户忠诚（Vandermerwe & Rada，1988；Correa et al.，2007）。服务化过程促使企业将其服务活动逐渐向分销链延伸，并将关注对象逐渐转为产品的最终使用者（刘继国、李江帆，2007）。

很少有研究提供指导方针、工具或技术，用于集成产品和服务的设计。现有研究主要由 Coyne(1989)倡导服务设计应该使用一组坚实的商业决策，采用与开发产品相同的严格态度，而不是简单地考虑这是一个变化的营销组合。通过将标准服务的基本包与由个人客户重视的特定服务选项相结合，可以实现有效的定制和灵活的服务提供(Anderson & Narus，1995；Neu & Brown，2005)。同样，其他学者(Mille et al.，2002；Davies，2004；Davies et al.，2006)观察到，在提供集成解决方案时，需要将服务设计为可以"混合和匹配"不同的组合以满足特定客户和市场的要求。这种产品服务组合被 Rasgado(2004)等学者称为功能产品，因此建议采用一般服务的设计过程是不适当的。所以，具有个性化的产品和服务往往可以给客户带来独特的体验，提升客户的满意度，从而为企业竞争优势的构建、差异化策略的实施创造有利条件。

三、差异化的竞争优势

服务化最重要的推动力就是它能够为企业创造竞争优势。增加服务的元素可以创造制造业产品的差异化优势，并为企业提供重要的竞争机会(Mathieu，2001；Gebauer & Fleisch，2007)。通过服务获取的竞争优势往往不外显，具有很大的劳动依赖性和难以模仿等特质，因而更具可持续性(Oliva，2003；Gebauer et al.，2005)。因此，很多企业将服务视为创造新商机的途径和创造差异化的工具，以延伸产品的生命周期，使企业免遭淘汰。

这些使用服务元素来区分制造产品，从而提供重要的竞争机会(Mathieu，2001；Gebauer & Fleisch，2007)。通过服务实现的竞争优势通常更具可持续性，因为更不明显和更依赖劳动，服务更难以模仿(Gebauer et al.，2006)。在讨论这些方面时，许多作者反映了市场商品化的增加，其中基于产品创新，技术优势或低价格的差异化战略，正在变得难以维持(Mathieu，2001；Gebauer & Fleisch，2007)。Frambach 等(1997)指出，服务的增值可以提高客户价值到某一高度，当个性化同质的产品被包装成为个性定制的，那么这些附加值会成为竞争对手的障碍(Mathieu，2001b)。

四、高利润的财务绩效

随着产业链价值重心的转移，企业活动逐渐向“微笑曲线”两端延伸以创造更多的价值，这是当今全球产业发展的一个突出特征。目前已有很多学者指出，在一些部门中服务所创造的价值远大于新产品销售所带来的收益(Wise & Baumgartner，1999；Slack，2005)。此外，微笑曲线理论也表明，制造业和该产业所包含的组装加工的环节为企业创造的附加值相对较少，而在其上下游产业如研发、设计、咨询、售后、品牌、营销等服务环节，所创造的附加值占比则相对较高①。

最主要的财务驱动因素是利润率和收入的稳定性(Gebauer & Friedli，2005)。Wise 和 Baumgartner(1999)认为，对于具有高安装产品基础的制造商(例如航空航天、机车和汽车)，某些部门的服务收入可能比新产品销售高一倍甚至两倍。Slack(2005)指出，在这些部门中可能存在更高的收入潜力。Sawhney(2004)通过实证分析的方法发现一些公司(如 GE、IBM、西门子等)在其销售额下降的时期仍可通过服务确保收益的稳定。Ward 和 Graves(2005)强调，许多现代复杂产品(如飞机)生命周期的增加，正在将下游最重要的收入推向服务支持。这些产品服务组合往往对基于价格的竞争不那么敏感(Malleret，2006)，因此与提供有形产品相比(Frambach et al.，1997)，这些产品服务组合倾向于提供更高水平的盈利能力。最后，产品服务销售往往是反周期性的或更能抵抗影响投资和商品购买的经济周期(Oliva & Kallenberg，2003；Gebauer & Fleisch，2007)。这可以帮助确保正常收入并平衡成熟市场和不利经济周期的影响(Brax，2005；Malleret，2006)。

① 简兆权，伍卓深．制造业服务化的路径选择研究——基于微笑曲线理论的观点[J]．科学学与科学技术管理，2011(12)：137-143.

第二节 内部资源

一、员工的技能

组织员工技能对制造企业服务化战略的成功实施具有重大影响。Weeks(2011)等学者认为，制造业这种新生产范式的推出成功与否与其员工技能存在有强相关关系。对于顾客而言，员工代表的是企业，负有向顾客传递企业良好形象的责任。正如 Weeks 和 Plessis(2011)研究指出，从纯生产制造到服务化战略的实施需要一套特殊技能，比如服务技能、建立关系的技能，以及恰当展现企业意图的技能等，所以组织员工技能对制造企业服务化战略成功转型影响巨大。企业的管理者和员工对服务化的支持是企业推进服务化进程的重要动力因素(赵勇等，2012)。国内学者綦良群，赵少华和蔡渊渊(2014)也指出，高层管理者的管理水平代表了高层管理者的科学决策能力和前瞻意识。管理水平高的管理者面对服务经济的发展通常会主动开发服务市场并培养员工的服务意识，在企业中更容易形成以顾客为中心的企业文化。

同样，Steyn(2008)研究发现：员工拥有的技能是一个项目实施成功、失败的决定性因素，尤其是在服务化程度比较高的产品交付中显得尤为突出。Martin(2012)也用数据证明制造业服务产出密度与服务就业比例密切相关，服务从业人员中的管理人员、专业服务人员、技术人员的比例与制造业服务密度显著正相关。以往的研究显示：员工的技能会影响产品和服务的交付。特别是员工对服务过程的恰当把握，要让顾客感知满意度提升，则对竞争对手形成威胁，建立介入壁垒成为一种潜在的可能(Weeks，2011)。在此背景下，员工技能的高水平展现可以为企业赢得竞争优势。因此，组织员工技能将对制造业企业服务化战略成功实施影响重大。

二、组织结构的调整

通过研究服务化的过程和内容，确定了组织变革的重点。研究发现，演示了如何从商业模式的角度服务分类((Kindström，2010；Barquet et al.，2013；Storbacka et al.，2013)并进行组合分析((Kastalli et al.，2013)。特别是，Gebauer(2013)认为应该为延伸服务的制造企业提供一个过程模型。Kindström 和 Kowalkowski(2009)认为，制造企业应该集中精力发展服务产品组合。对企业来说，忠诚的、核心的客户应该首先为其制定服务策略。

决定采用服务化战略的制造企业必须要有适应的组织结构和过程(Mathieu，2001b；Gebauer & Friedli，2005；Oliva & Kallenberg，2003；Gebauer & Fleisch，2007)。与此同时，为了保持客户忠诚，在制定组织战略时存在挑战，需要提供产品和服务的组合(Wise & Baumgartner，1999)。采用向产业链下游延伸的方式，例如提供安装的基础服务，组织必须面向服务和价值服务(Oliva & Kallenberg，2003)。这些组织通过产品服务组合提供解决方案，并倾向于以客户为中心，并提供围绕特定能力和客户要求的定制服务，从而使客户得到理想的结果(Miller et al.，2002)。Windahl等(2004)学者的案例研究支持这一观点，强调了客户合作的重要性，并扩大了提供综合解决方案的能力。然而，Mathieu(2001b)则认为服务管理原则常常与传统制造实践不相符。

由于制造企业服务化战略的实施，是组织新生产范式的选择，必将对组织内部各结构力量的均衡予以打破，以致组织将面临新的制度压力。其组织结构为适应组织战略的需要须进行重大调整。① 而制造业服务化过程，也是企业战略的调整，在很大程度上要将对原有组织的框架或安排重新整合，甚至是颠覆性的打破。赵勇、齐讴歌等(2012)将服务化的保障因素归

① 胡查平．制造业企业服务化战略的生成逻辑与作用机制[D]．武汉：武汉大学，2014.

纳为组织战略和文化、组织结构和流程、组织资源和能力等方面。其中，组织战略和文化决定了组织对顾客服务的重视度以及组织成员以顾客为中心并将服务化付诸行动的氛围，这在很大程度上影响了组织对市场客户的认知和开拓能力；组织结构和流程的变化和调整则影响了组织服务化的效率以及其高端经营能力；而组织资源和能力代表了组织人员是否有意愿和能力进行有效的服务化，制造业内部人员的知识储备和专业化水平对于企业未来的发展潜力起到决定性作用(綦良群等，2014)，尤其是其技术研发团队的资源配置和整合能力会对整个企业的服务化效果产生重要影响。

三、组织服务文化的构建

在以创新技术、波动的顾客偏好和动态竞争为特征的市场中，企业是否应该改变，在哪里、如何以及在什么方向上改变都不是问题(Meyer，2007)。基于企业的基本设置和环境属性(Rajagopalan & Spreitzer，1997)，组织变革的代表形式和组织文化的调整，不同的质量和状态都随着时间的推移(Van de Ven & Poole，1995)。不断更新组织结构和能力是为了满足不断变化的客户需求。

试图将传统制造商转变为实现有效服务所需的组织战略，对企业构成了特殊的挑战。Vandermerwe 和 Rada(1988)的研究指出，制造业企业实施服务化战略将给组织带来显著的组织文化适应等方面的挑战。服务文化与传统的制造文化不同(Mathieu，2001)，而且需要转变企业心态，并优先考虑更持久的竞争优势来源(Coyne，1989；Oliva & Kallenberg，2003；Slack，2005)。这将需要对长期的做法和态度做出重大改变(Vandermerwe & Rada，1989；Foote et al.，2001)。例如，放弃以产品为中心的结构，采用以客户为中心的理念(Foote et al.，2001；Galbraith，2002；Windahl & Lakemond，2006)。实施这些变化，企业很可能遇到组织内部不了解服务战略或者担心内部结构改变的部门的抵制(Mathieu，2001b)。创建面向服务的环境并为服务维度寻找合适的人才是成功的关键。当制造企业在提供服务时，管理者必须相信人是他们的主要资产（Mathieu，2001b）。然而，许多制造企业向服务化转型，但并没有得到相应的高回报（Coyne，1989；Neely，2007）。Gebauer 和 Friedli（2005）将其称为“制造企业中的服务悖论”，并将其与组织和文化障碍相关联。

研究发现，一旦组织成员的行动被重复和被自我及他人赋予相似意义的时候，就说明组织文化起作用了。组织文化是一种符号学概念，人是一种困在自己编织的意义之网里的动物，而文化就是这张网（Geertz，1973）。一般来说，拥有强大传统制造文化的组织是战略转型的重大障碍。因为制造企业服务导向的文化明显不同于传统制造业文化（Mathieu，2001），两者营销哲学的基本立足点存在根本性的差异。如嵌入产品的制造业文化（强烈的技术、产品及工程制造导向）将阻止组织向服务化转型。其中一些现象表现为员工对顾客的需求缺乏理解，甚至置之不理（Veronica et al.，2009）。诸多制造企业服务化的实施没有得到预期的收益，其中最主要的原因就是企业服务文化的营造和组织结构的调整没有得到合理的处置（Gebauer & Friedli，2005）。

Gebauer 和 Fleisch（2007）调查了一些制造企业成功的案例，发现企业的行为过程在某些方面可能阻碍高管对服务投资。Gebauer 和 Friedli（2005）还指出培训和授权人们提供服务的重要性，使他们能够有效和高效。他们观察到，只有员工建立服务文化的心态，才能实现这种授权。许多作者（Oliva & Kallenberg，2003；Gebauer et al.，2006；Gebauer & Fleisch，2007）将独立的服务组织确定为创造服务文化的方式，和相关的基本规范和价值观相联系，而不替代制造价值观。这可以帮助避免主导制造文化与服务相关的反文化之间的冲突。

四、企业资源和能力的差异

基于资源和能力的视角，将资源和能力看作一切企业行为的动力和源泉，在研究服务转型的前因时，关注战略定位的变化以及资源、结构和激励方式的改变等关键问题(Neu & Brown，2005)。Matthyssens 等(2009)从资源—能力观点出发，剖析了服务化过程中应具备的能力。同样的，Ulaga 和 Reinartz(2011)总结了服务化中应具备的资源和能力类型。产品制造商与纯粹服务提供商不一样，必须通过连接产品和服务，创造增长收入的独特方式，所以应利用独特的资源构建独特的能力。研究表明，制造型企业将业务转变为提供产品和服务—产品系统提供商时，需要新的能力和管理活动，或者对现有能力进行重新配置(Brax & Jonsson，2009)。

较为主流的是资源与动态能力观点(Kindström & Kowalkowski，2014)。这些综合观点认为，企业构成了支持战略行动和竞争地位的资源和能力束。因此，研究集中在哪些资源和能力以产品为中心的公司需要开发和部署高级服务。Luis(2012)利用西班牙技术创新池(TIP)数据对制造企业的服务创新进行实证研究，发现制造企业产品创新、服务创新和流程创新对技术、培训、市场、研发组织、竞争者以及行业特性等影响因素的依赖程度不同。

国内学者基于中国国情，对这个问题也进行了探讨。李刚、孙林岩(2009)等认为制造企业的价值创造是通过对分散的制造和服务资源的整合而实现的，通过提高效率减少产品生产和使用过程中的浪费，并从源头上降低自然资源的消耗而形成的绿色价值创造。赵昌文和许召元(2013)通过实地考察和问卷调查两种方式，发现制造企业转型主要受技术和研发投入、营销投入、人力资源投入以及管理水平提高等多方因素的共同影响和作用。邓少军等(2011)通过案例研究发现，企业只有具备与环境相适应的动态能力(如环境感知能力)才能获得转型的成功。庞贵(2013)认为装备制造企业在转型过程中，通过实现资源和服务的高度整合而创造价值。

第五章　制造企业服务化研究的相关理论

第一节　制造业服务化与企业能力的关系

一、企业能力

学者们在战略领域已经进行了大量的尝试来理解、定义、预测和衡量企业能力如何形成竞争优势，虽然能力影响战略的概念可以追溯到Andrews(1971)的研究，但在以往的研究中，将“能力本位”战略正式化的尝试才开始形成。特别是，Teece 和 Pisano(1994)提出“动态能力”的概念引发了对这一话题的讨论。随后，Porter(1980)“五力模型”竞争战略框架的形成，填补了一系列的理论空白。但同一行业的许多公司采取类似的策略后，表现截然不同。

在20世纪80年代及90年代初，一些学者研究发现，产品开发和运营绩效会促使一些企业工作做得更好，创造和发展这些能力，导致持续的竞争优势(Abernathy et al.，1983；Garvin，1988；Hayes & Clark 1986；Clark & Fujimoto，1990；Pisano，1996；Iansiti，1998)。此外，这一系列的工作表明，一些公司更有能力更新他们的技能和建立新的能力，所以说资源不是静态的。因此，一个企业的成功不仅仅因为其拥有丰富的资源，还可能因为其拥有隐藏在企业资源背后的特定能力，譬如配置、开发、利用和保护资源的能力。

企业动态能力的要素是资源、能力和策略。资源有其重要的特点：有价值的、稀缺的、不可模仿及替代。资源包括雇员、设备、建筑物和无形资产。许多资源是通用的，如果需要，可以通过市场交易来替换它们。资源往往是无形的(例如，一个有价值的品牌)，无形资产不好界定产权，因此无形资产很难获得(Teece，2015)。

资源是形成持久竞争优势的基础，而根据核心能力理论观，企业是能力的独特集合体，企业的长期竞争优势主要来自企业的核心能力(Prahalad & Hamel，1990)。同时他们也认为企业的核心能力来源于企业内部知识的积累和培养，是企业获得和维系持续竞争优势的关键。对资源的概念已经被用来论证战略资源的所有权和管理是企业获取竞争优势的关键，而资源可能包括至少一部分的能力。

能力、资源和战略构成了一个相互依存的系统，从而共同决定一个企业的竞争力。在企业内部，作为资源，组织系统和公司内部目标没有任何参考的一种商业模式，它也必须符合组织的战略(Teece，2014)。因此，企业内部组织能力是解释企业获得超额收益和保持企业竞争优势的关键性变量。企业能力是制造企业彼此间差异的重要影响因素。

二、服务化和企业能力的关系

根据企业能力理论，在制造企业实施服务化过程中，要针对客户的业务需求来开发服务，确定提供服务的类型，并且这些服务能成功生产或交付。制造企业开展的服务类型必须与企业所拥有的特定能力保持一致性，这样才能够获得高于预期的绩效。特别是当客户组织业务情境发生变化时，具有较高能力的企业可以从容面对衍生出的特定变化，所以企业能力可以解释制造企业服务提供类型对服务化绩效产生的不同影响。所以，具有不同能力的制造企业，在服务提供类型上要与自身匹配，这样才能提高服务化的绩效。

在制造企业服务化进程中，增加或者减少服务业务应该是慎重的、探索性的和渐进性的，地区政策和行业环境等外部因素会对服务化战略的发展产生影响(Kowalkmvski et al.，2011)。以企业能力为基础的企业持续竞争优势获取的研究逐渐成为热点问题(Grant，1991；Prahalad & Hamel，1990；Weerawardna et al.，2004)，研究的重点在于企业有意识与系统的行为，是如何利用独特的能力来获取竞争优势的(Penrose，1959；Wemerfelt，1984；Helfat & Peteraf，2003)。

也有学者以特定产业为研究样本，构建了制造企业评价指标体系，并对特定产业进行评价。刘佳(2006)提出了新型装备制造业的概念和内涵，并构建了新型装备制造业竞争力评价体系。袁长跃(2007)构建了辽宁省装备制造业新型能力评价体系，构建了包括装备制造业信息化、资源利用、科技含量、经济效益、环境保护、人力资源利用和开放性指标7个主指标以及20个子指标的评价指标体系应用层次分析法，构建了装备制造业新型能力综合评价模型。张静(2009)对电子及通信设备制造业技术创新能力进行了评价研究，将电子及通信设备制造业技术创新能力划分为创新环境指标、创新潜在资源指标、创新投入能力指标、创新产出能力指标4个一级指标和15个二级指标，对中国电子及通信设备制造业的技术创新能力进行综合评价。

综上所述，要解决的问题是：制造企业应该具备怎样的能力才能有效感知和利用服务机会提高竞争力？探讨企业能力对于制造企业获取竞争优势是否有积极作用？对于制造业这个特殊行业而言，企业能力是企业将内外部资源进行合理配置，在动态环境下盈利能力、创新能力、营销能力与环保能力的有效结合，是一种综合实力的表现。其中，盈利能力是企业获取利润的能力，对盈利能力的分析可以发现经营管理环节出现的问题，也是对企业利润率的深层次分析；创新能力是一种综合能力和实力体现，是企业在经营过程中管理制度、营销方式、技术研发、产品与服务等方面的创新表现；营销能力是指在动态环境下，企业利用内外资源满足目标市场消费者的需求，对于企业的生存和发展有实质意义；环保能力可以反映制造企业的持续发展能力和长期效益，为制造企业可持续发展发挥积极作用。

第二节　制造业服务化与竞争优势的关系

一、企业竞争优势

企业竞争优势的理论研究还在进一步丰富中。本部分对竞争的相关概念及定义进行总结归纳，对企业竞争优势的内涵和来源进行分析，系统地分析了企业竞争优势的测量指标及方法，为后续的评价分析奠定了理论基础。

(一)竞争的定义

竞争是市场经济发展和成熟的基本特征。从经济学的角度来看，资源的稀缺性是产生竞争的直接原因，是在一定客观条件下为获得某种稀缺资源而进行的争夺和角逐活动。当下无论是子女的学习、企业的生存发展，还是国家建设等方面都在谈论竞争，比如：子女升学的"学习竞赛"、企业强调盈利的核心竞争力、国家注重综合国力的竞争。各方人士在使用"竞争"一词时把其当作一个理所当然且无须解释的概念，然而对其具体内涵却不求甚解，并将竞争与竞争力、竞争优势、竞争方式等概念等同。《辞海》中对竞争的定义是：为自己方面的利益而跟别人争胜。达尔文的"物竞天择，适者生存"强调的是自然生态中不同物种为获得生存资源以不断繁衍的竞争。细究而言，竞争需要具备四个条件：竞争主体、竞争原因、竞争目的和竞争范围。Barney(1991)认为："竞争系个人(或集团或国家)间的角逐；凡两方或多方力图取得并非各方均能获得的某些东西时，就会有竞争。"并且竞争具有排他性。本文认为：竞争是指在一定范围内不同主体为获取稀缺资源以获得利益的博弈行为、现象或状态。竞争可以根据主体、形式、范围和结果被划分为不同类别。人类社会发展至今，经济竞争是企业、国家采用的主要竞争方式。本文所要探讨的正是企业之间的竞争。

(二)企业竞争优势的内涵

许多学者在研究企业竞争优势时，会把其作为熟知且无须解释的概念。但是，对研究概念做精确定义是研究的必要条件。竞争优势概念最早可追溯于 1939 年英国经济学家张伯伦(Chamberlin)发表的《垄断竞争理论》。后来，学者霍弗(Hofer)和申德尔(Schende)把其引入战略管理领域，Porter 在 1985 年正式提出了可持续竞争优势的概念，并探讨两种获取长期竞争优势的基本测量——低成本和差异化，但是他并未指出其具体含义。Barney 在 1991 年将可持续竞争优势的概念定义为“一个企业的竞争优势就是企业实施的竞争对手在一段时间内未能采取的某种价值创造战略”，并提出了有价值、稀缺性、不完全模仿和难以替代性是可持续竞争优势的必备条件。也有学者以利润作为竞争优势的衡量标准，认为当企业获得超过行业平均利润时，其就会有竞争优势。国内学者蒋学伟(2002)在《持续竞争优势》中指出企业竞争优势就是指企业在有效的竞争市场中提供优于竞争对手的产品或服务，并有利于赢得市场份额和超过平均水平的利润。

(三)企业竞争优势的来源

学者们对企业竞争优势来源的探讨已久，并随着经济社会发展而不断更新。不同理论流派对企业竞争优势的理解也有不同。战略规划学派对企业竞争优势的来源进行深入探讨，战略规划学派的“SWOT”模型对企业竞争优势的获取进行了说明，但只做一般说明，没有具体解释与竞争优势的内在关系。新企业理论认为交易成本通过影响企业行为(特别是竞争与合作行为)来影响组织绩效，这对取得竞争优势十分重要。演化理论代表人物是 R. Nelson 和 S. Winter，他们在 1982 年发表的《经济变迁的演化理论》中指出企业发展有自身的惯例，D. North 通过研究发现了“路径依赖”。他认为企业的发展也受到历史决策等因素的影响。在诸多解释企业竞争优势来源的理论流派中，最具代表性和被广大学者认可的是企业竞争优势外生论（产业结构论）和企业竞争优势内生论。

1. 企业竞争优势外生论。

产业结构学派学者贝恩（Bain）和梅森（Mason）在总结以往竞争理论的基础上提出产业组织理论的基本分析范式：市场结构（Structure）—市场行为（Conduct）—企业绩效（Performance），也就是通常所说的 SCP 分析范式。Porter 利用 SCP 范式研究了产业环境对竞争优势的影响，并构建了“五种力量模型”；还认为产业结构、产业吸引力以及企业自身定位在很大程度上决定企业竞争优势。后来，Porter 提出价值链来弥补“五力模型”的不足，指出企业的价值链在竞争范围上与竞争对手不同，可以通过成本领先战略和差异化战略获得竞争优势。Porter 的竞争理论对于帮助企业获得超额利润提供了分析框架，但是会吸引企业家进入与自身毫不相关的行业，这未必有利于企业发展。另外，这种理论未能解释同一行业内的利差问题。Rumelt（1982）研究发现同一产业内不同企业存在利差，而且比其他产业的利润差距更大。有的企业在没有吸引力的产业仍然获得可观利润，而有些企业即使在有吸引力的产业中，经营业绩却很差。Hansen 和 Wernerfelt（1989）等学者的研究也支持这一观点。产业结构理论具有特定的时代背景，伴随着经济的深入发展，它对许多经济现象的解释力度不够。

2. 企业竞争优势内生论。

第一，以资源为基础的竞争优势理论。1984 年，沃纳菲尔特发表《企业资源基础论》一文标志着资源基础学派的正式诞生。他认为企业是资源的集合体，企业资源对企业的绩效有重要影响。Day 和 Wensley（1998）认为企业竞争优势来源于技术和特别资源。Prahalad 和 Hamel（1990）认为企业通过组合技术和资源以获得核心竞争力。Barney（1991）指出并不是所有的资源都能带来竞争优势，需要具备稀有性、价值性、不可模仿和不可替代等四个条件。Wernerfelt（1984）认为拥有异质性资源的企业拥有先行者资源优势障碍，在一些领域资源拥有者相对于市场第二位、第三位进入者有相对的优势，并且这种先行者资源优势障碍有利于产生高额回报，并进一步转化为市场进入障碍。Barney（2001）指出企业的许多生产要素实际上没有供给弹性，这意味着市场中此类资源和能力在短期或较长时期内不会增加供给，而拥有这些资源的企业能够产生超额利润。这种没有弹性的资源供给是可持续竞争优势的来源(Peteraf，1993)。Barney(2001)认为竞争企业之间存在异质性资源，而且这种差异长期存在，这就是为什么一些企业长期优于其他企业的原因所在。

第二，以核心能力为基础的竞争优势理论。企业内存在着“自我积累”的机制，企业依此积累而形成企业的“核心能力”。Prahalad 和 Hamel(1990)遵循企业竞争优势内生论的研究思路，认为企业竞争优势的来源在于企业内生的“核心能力”，核心能力的定义是：“组织中的积累性学识，特别是如何协调不同的生产技能和有机结合多种技术流的学识。”这一定义包含三种能力：(1)以生产技能和知识形成的核心能力；(2)企业的组织结构，即如何运作、协调企业生产以最高效率保证企业能力和资源的发挥；(3)能力不是短期性的，而是在实践中不断增强。这说明企业的积累性知识会造成决策惯例，也有可能阻碍企业的发展。

第三，以动态能力为基础的竞争优势理论。动态能力理论的前提与企业竞争优势内生论一致，并解释了如何在快速变化的动态环境中获取竞争优势。Teece，Pisano 和 Shuen(1997)认为“动态能力是指企业通过整合、学习和重构内外部能力，以便适应快速变化的环境的一种能力”。整合包括内部整合(管理者协调活动)和外部整合(整合外部的活动和技术)；学习是认识并接受新的生产机会；重构是指重构企业资产结构，实现内外部职能的转变。总之，以动态能力为基础的竞争优势论特别关注外部竞争市场的变化，并注重内外资源的整合。

(四)企业竞争优势的测量

通过梳理文献发现一些学者通过盈利作为企业竞争优势的测量指标，如总资产净利率(Hidayati et al.，2011)、投入资本收益率(Tang & Liou，2010)、毛利率(张会丽、吴有红，2012)。Spanos 和 Lioukas(2001)指出度量企业竞争优势的指标应包括盈利和(产品)市场两个维度。刘冀生等

(2001)尝试用经济学的分析方法和工具，分析了竞争优势的经济学含义与衡量标准，提出了企业的竞争优势取决于可察觉收益对成本之比，只有创新才能维持企业竞争优势。Kaplan 和 Norton(2005)提出使用平衡记分卡来度量企业竞争优势，包括财务、顾客、管理和创新学习四个维度进行测量。这是因为平衡记分卡强调四个维度对企业竞争优势都十分重要，从综合的角度来衡量竞争优势。Walter、Auer 和 Ritter(2006)在研究网络化能力与企业竞争优势之间的关系时，采用顾客满意度、创造技术诀窍、成本三个指标测量了企业竞争优势。国内很多学者在进行企业竞争优势研究时，往往根据相关理论开发自己的测量标准。李存芳等(2006)构建了关键资源、核心技术、协整能力和新鲜知识等来测量企业核心竞争力。朱秀梅等(2010)通过创业导向、网络化能力、知识资源外部获取和内部创造四个方面来测量新创企业的竞争优势。陈占夺等(2013)将竞争优势的维度细分为产品性能、产品成本、产品质量、生产效率、市场占有率和新产品开发六个方面。汪金祥等(2014)将中国上市公司作为研究样本，以成长性、盈利能力和创新能力三种不同指标来度量企业的竞争优势。

学者们按照自己对企业竞争优势的理解提出了竞争力的测量维度，虽然在维度上多少都存在一些差别，但在总体逻辑思想上都还是一致的，即通过企业竞争力的外在表现——企业绩效、利润等，来测量企业竞争优势。

本文考虑到数据的可获取性，采用学者们一致认同的指标(价值、成本)来测量企业竞争优势。原因是反映企业竞争优势的指标有多个，采用企业在不同角度下聚焦的主要指标，得出的评价结果更具客观合理性，是评价企业竞争优势的较好选择，也更能有针对性地提升企业竞争优势。

二、服务化和企业竞争优势的关系

很多大型的制造企业希望通过开展服务化来满足客户的需求，提高客户的满意度，给企业带来更多的利润；同时服务业务的开展还能增加产品的附加值，降低环保的压力。但是，在重视服务化的同时，也不能忽视有形产品的质量和工艺，只有整合内外部资源，将产品与服务有机结合提高共同创造的价值，才能获取竞争优势。

Vandermerwe & Rada(1988)认识到，许多公司正在寻求通过增加其服务组合来提高竞争力和营业额，他们将此变革过程定义为“服务化”，即当公司有意识地将业务发展成“增值”服务时，就会发生这种情况。根据作者的理论和研究背景不同，服务化已经以多种方式被定义，包括：作为管理理念的变化，服务被重新评估为商品交易过程中重要的组成部分(Toni et al.，1994)；作为和供应商/客户关系进行区分的能力，从产品供应商的成本领导战略中摆脱(Robinson et al.，2002)；作为组织能力和过程的创新，从销售产品转向销售服务，更好地创造互惠价值(Neely et al.，2008)；作为制造业企业提供货物和服务而不是单独的货物(Baines et al.，2009)。因此，服务化背后的共同意图是：通过把注意力集中在服务提供上来谋求提高竞争地位。在这方面，Oliva 和 Kallenberg(2003)认为应该向产品制造商建议将服务纳入其核心产品。他们确定了服务化的强有力论据：来自基础产品的创收；来自服务合同的稳定收入来源；潜在的利润更高；服务难以模仿等竞争优势。

服务化通常在企业和消费者中进行研究。Håkansson 和 Shehota(1995)认为，B2B 交易流程可作为建立在相互依赖的活动以及合作和交流过程之上的更长期价值链的一部分(Hedvall et al.，2016)。从关系视角来看，学者们将服务化作为构想国际关系变化的一种方式(Penttinen & Palmer，2007；Kindström & Kowalkowski，2014)，用户和生产者在一起合作，并趋向长期合作(Håkansson，1993；Kamp，2005)。因此，服务化挑战了企业在公平竞争的市场中所采取的对抗性立场(Williamon，1985)，这和 Johanson 等(1987)关于工业系统组织间关系的研究结论相同。他们认为业务之间的经常互动创造了相互依存关系，因此，跨国公司的交流有助于 B2B 的稳定和合作关系。这支持了这样的假设：服务化加强并巩固了用户和生产者之间的长期合作关系，为客户价值创造提供了空间(Mathieu，

2001）和风险回报共享（Allmendinger & Lombreglia，2005；Baines & Lightfoot，2014）。因此，服务化促进了对客户使用价值的理解和鉴别（MacDonald et al.，2011）。

许多学者尝试创建和解释服务过程的模型，对服务流程的提供有不同的见解。Brax 和 Vistin(2017)提供了一个框架，在这个框架内整合了许多服务模式及其组成部分，使得它们可以被描述和理解。他们发现了九十四种不同的服务化模式，并将其视为数据点，以开发概念性元模型。本文通过研究服务化的复杂性，表明评估服务质量不仅仅是从服务指标的转变来看待。

第三节　企业能力与竞争优势的关系

企业能力与企业竞争优势密切相关，二者吸引了无数学者。如前文所述：竞争是指在一定范围内不同主体为获取稀缺资源以获得利益的博弈行为、现象或状态。竞争优势是企业在竞争市场中运用特有资源，采取差异化战略提供优于竞争对手的高价值产品和服务，获得超出行业平均利润的一种行为。竞争优势理论最具代表性的是"竞争优势外生论"(产业结构理论)和"竞争优势内生论"(经历了以资源、核心能力、动态能力为基础等阶段)①。通过对企业能力的研究文献进行梳理，其大致经历了资源基础论、核心能力论、知识基础论和动态能力理论等不同阶段。这些理论都是从如何获取企业竞争优势的角度来定义企业能力，只是对企业的哪些能力能够带来竞争优势的具体认识不同。两者密切相关，但仍有区别。张笑楠等(2011)指出企业能力来源于企业内部的"能力"和"资源"，影响因素来自企业内部；而企业竞争力受到企业能力和外部环境的影响。另外，企业能力蕴含于企业内部，具有长期性和稳定性等特点；企业竞争优势(竞争力)

① Porter，M. E. *Clusters and the New Economics of Competition*[J]. Harvard Business Review，1998，76(6)：77.

是一种相对能力（相对于竞争对手的优势），虽主要来自企业内部，但受外部因素影响大。

另外，企业能力并不总与企业竞争优势相一致，比如：在企业初期发展阶段，企业未能充分发挥所具有的资源和能力，所以其竞争优势不太明显。张笑楠等(2011)指出企业竞争力是企业能力、企业外部环境和企业经营管理的函数。大多数的研究证明企业能力与企业竞争优势正相关，准确来讲是企业能力论与企业竞争优势内生论相一致。

第一，资源基础论与企业竞争优势。Penrose(1959)认为企业利用其特有的稀缺资源生产低成本、高质量的优质产品从而获得竞争优势。Wernerfelt(1984)拥有异质性资源的企业拥有先行者资源优势障碍，在一些领域资源拥有者相对于市场第二位、第三位进入者有相对的优势。并且这种先行者资源优势障碍有利于产生高额回报，并进一步转化为市场进入障碍。Day和Wensley(1998)认为企业竞争优势来源于技术和特别资源。

第二，核心能力论与企业竞争优势。C. K. Prahalad和Gary Hamel(1990)认为企业所拥有的稀缺资源是竞争优势的基础，但纯粹的资源本身并不能产生竞争力，企业竞争优势取决于企业如何最大效率地使用所拥有的稀缺资源。他们指出企业是各种能力和技术的集合，并将核心能力定义为："组织中的积累性学识，特别是如何协调不同的生产技能和有机结合多种技术流的学识。"

第三，知识基础论与企业竞争优势。能力是企业竞争优势的依托，能力背后更重要的是知识。余光胜(2002)认为企业的知识存量和知识结构决定了企业如何识别和发现市场机会并将其转换为竞争优势。当今许多企业都倡导建设学习型组织，企业的学习能力和由此而来的难以模仿的知识是其竞争优势的源泉。

第四，动态能力论与企业竞争优势。Teece、Pisano和Shuen(1990)对20世纪80年代高科技企业进行研究，发现对外部环境变化的反应能力是解释企业成功发展的关键。这种对外部环境的适应能力是企业竞争优势的来源。

如前文所言，本文认为企业创新能力和环保能力是企业动态能力的体现。面对快速变化的激烈竞争环境，传统的商业模式和生产技术不能使企业"长寿"，当今的商业竞争已不是单个企业的竞争，而是企业联盟、价值链的竞争。在国家鼓励"大众创业、万众创新"的背景下，企业的创新能力是其生存和发展的重要力量。邓英(2009)认为企业之间的网络营销能力具有异质性并且难以复制，这对企业竞争优势产生重要影响。彭伟、符正平(2010)认为企业在联盟网络中占据有利地位对竞争优势会有积极影响。世界范围内的环境问题引起了各国人民的广泛关注，大众如今更偏爱绿色环保的商品。另外，我国"十三五"规划、"十四五"规划强调进行生态文明建设，发展绿色低碳经济。所以，企业的环保能力和社会责任意识对今后的企业发展相当重要。前文中已有阐明：企业的环保能力是社会责任意识的体现。已有学者提出"绿色管理"概念，绿色管理是企业以经济、社会和环境协调发展为目标，通过有效的产品、流程优化和商业化减少污染和节约资源而实施的战略行为(Shu C.，Zhou Z. & Xiao Y.，2016)。虽然企业的绿色管理或者承担更多的社会责任会增加短期成本，但是有利于树立企业的良好形象，建设企业品牌。企业竞争优势的重要来源之一是顾客对企业的积极认知，是通过企业的绿色产品和服务而产生的。在探究企业创新能力、营销能力和环保能力与企业竞争优势的同时，不能忽视衡量企业的重要核心标准是企业绩效——企业的盈利能力，这是企业能力和竞争优势的基石。

第四节　制造业服务化的动力分析

关于制造业企业采取服务化战略的动因，国外大多数学者从财务、战略(竞争优势)以及市场三个方面对其进行了归纳。国内学者刘继国等人的研究成果指出，制造业企业之所以采取服务化战略，主要基于市场环境、顾客需求、竞争优势、经济收益以及环境绩效等方面的考虑。在此，我们借鉴赵勇等学者的分类方法，将制造业服务化的动力因素归纳为内部动因和外部动因两大方面，并对服务化过程中的保障因素进行总结。

一、外部动力因素

(一)市场方面

市场环境的变化不仅使企业的竞争更加依赖于产业链的竞争，也使消费环境发生了改变。以往简单的实体产品已经越来越难以满足消费者的需求，如今消费者更加追求产品的“功能”和服务的质量。在市场环境发生重大改变的背景下，服务的提供有助于提高企业的市场销售额并为企业赢得更优的营销机会，尤其是在B2B市场或是消费者服务需求不断增长的产业市场中更是如此。制造业企业应直面变革与转型，认识到服务对消费者购买决定的重要影响，通过把握与客户接触的机会诱导销售来逐渐拓展营销市场。

(二)顾客需求方面

顾客需求的变化在很大程度上促进了制造业企业的服务化进程。随着经济的发展，消费者对物品品质和功能的追求日益增加。因此，传统的通过核心业务活动满足顾客需求的做法不再适用，向顾客提供物品——服务包，更加符合顾客的期望。服务的提供能够使企业更加了解顾客需求，进而开发定制符合顾客需要的产品。这就要求企业逐渐将侧重点放在建立和维系与顾客的关系上来，用服务留住客户并赢得客户忠诚。服务化过程促使企业将其服务活动逐渐向分销链延伸，并将关注对象逐渐转为产品的最终使用者。

(三)竞争者方面

服务化最重要的推动力就是它能够为企业创造竞争优势。增加服务元素可以创造制造业产品的差异化优势并为企业提供重要的竞争机会。通过服务获取的竞争优势往往不外显，具有很大的劳动依赖性和难以模仿等特质，因而更具可持续性。因此，很多企业将服务视为创造新商机的途径和创造差异化的工具，以延伸产品的生命周期，使企业免遭淘汰。

(四)产业链价值方面

在前面一章我们提到，随着产业链价值重心的转移，企业活动逐渐向“微笑曲线”两端延伸以创造更多的价值，这是当今全球产业发展的一个突出特征。目前已有很多学者指出，在一些部门中服务所创造的价值远大于新产品销售所带来的收益。Sawhney 通过实证分析的方法发现一些公司(如GE、IBM、西门子等)在其销售额下降的时期仍可通过服务确保收益的稳定。此外，微笑曲线理论也表明，制造业和该产业所包含的组装加工的环节为企业创造的附加值相对较少，而在其上下游产业如研发、设计、咨询、售后、品牌、营销等服务环节，所创造的附加值占比则相对较高。

二、内部动力因素

(一)员工的推动与支持

企业的管理者和员工对服务化的支持是企业推进服务化进程的重要动力因素。国内学者綦良群等人也指出，高层管理者的管理水平代表了高层管理者的科学决策能力和前瞻意识。管理水平高的管理者面对服务经济的发展通常会主动开发服务市场并培养员工的服务意识，在企业中更容易形成以顾客为中心的企业文化。

(二)改善环境绩效

研究发现改进产品的环境性能也是一些制造业企业进行服务化变革的重要推动力量。Tukker 认为服务化所形成的商品——服务系统使顾客由购买资产所有权转为购买资产使用权，这在一定程度上可以减缓经济迅速增长所带来的环境压力。服务化战略能够降低企业资源的消耗并且减少对环境的污染，很多化工企业纷纷采用了这一战略。不过，值得说明的是，改善环境绩效除了受企业内在驱动力的推动外，还受到环保法律的外在推动。其实，这在一定程度上也催生了化学品管理服务等服务类型的产生。

三、保障因素

赵勇等学者将服务化的保障因素归纳为组织战略和文化、组织结构和流程、组织资源和能力等方面。其中，组织战略和文化决定了组织对顾客服务的重视度以及组织成员以顾客为中心并将服务化付诸行动的氛围，这在很大程度上影响了组织对市场客户的认知和开拓能力；组织结构和流程的变化和调整则影响了组织服务化的效率以及其高端经营能力；而组织资源和能力代表了组织人员是否有意愿和能力进行有效的服务化，制造业内部人员的知识储备和专业化水平对于企业未来的发展潜力起到决定性作用，尤其是其技术研发团队的资源配置和整合能力会对整个企业的服务化效果产生重要影响。

第五节　制造业服务化的演进阶段及路径分析

一、制造业服务化的演进阶段

关于制造业服务化的演进阶段，较为经典的主要有以下几种观点。

Vandermerwe 和 Rada 等学者认为，制造业企业由物品提供者向物品—服务包提供者的转变过程大致可以分为三个阶段，即由仅仅提供物品到提供物品和附加服务再到提供物品—服务包三个阶段。White 等学者在 Vandermerwe 和 Rada 的三阶段理论进行了延伸，他们认为制造业企业向顾客提供“基于物品的服务”是服务化演进的最终阶段。据此，他们将制造业企业服务化的过程分为"物品——物品和附加服务——物品—服务包——基于物品的服务或功能"四个阶段。此外还有一些学者根据服务化的具体过程对其进行了划分，如 Oliva 和 Kallenberg 将服务化过程可分为强化与服务相关的产品、进入与产品相关的服务市场、扩展与产品服务相关的基于关系的服务以及集中于过程的服务、接管最终使用者的运行四个阶段。Davis 等则将服务化划分为系统集成服务、咨询服务、金融服务、一体化解决方案四个阶段。

Fishbein 等学者提出了物品—服务连续区的观点，将服务化的过程视为从只生产产品到只提供服务的连续区。很多学者对此观点表示赞同，认为服务化路径始于"仅出售产品"的经营模式，即只提供产品和强制性保证或备件；接着在其商业模式中会逐渐包含与产品相关的服务(例如维护，维修，检修)从而进入"产品导向型"商业模式；之后企业通过逐渐增加实用型和结果导向型服务转至"客户导向型"商业模式。在这个过程中，服务所占比重不断增加。

不过也有学者对这种连续区的观点表示怀疑，认为服务的增加与服务化变革路径并不总是保持同步。如 Turunen 就发现了有些企业在服务化过程中直接从"仅生产产品"直接跳跃到"客户导向型"商业模式而不经过中间的过渡阶段。还有一些实例表明，企业也可以先提供"客户导向型"服务再转型为提供产品相关的服务。

二、制造业服务化的路径分析

目前国内外关于制造业服务化的路径选择问题的系统研究尚不多见。针对制造业服务化的模式和路径，学术界主要采用了理论模型和案例相结合的方式对其进行讨论。简兆权和伍卓深在前人研究的基础上从微笑曲线理论着手，对制造业服务化的模式、策略和路径演进规律进行了探讨，根据服务化过程中企业价值链延伸规律归纳出四种制造业服务化可供选择的路径，即下游产业链服务化、上游产业链服务化、上下游产业链服务化、完全去制造化，并对不同路径所适用的企业及所蕴含的风险状况进行了探讨。其所归纳的四种典型的路径分别为：

（一）下游产业链服务化

下游产业链服务化由 Wise 和 Baumgartner 提出，指的是制造业企业增加其在产业链下游环节的介入力度。制造业企业通过介入营销、品牌管理以及产品的延伸服务等环节来增加自己的核心竞争力。

（二）上游产业链服务化

Davies 指出，企业还可介入研发、设计、规划等产业链上游环节以提高企业产品的研发和设计水平，为企业未来实现更高级服务化提供技术支撑。这条路径与下游产业链服务化一样，适用于那些没有服务化经验的企业。通过该路径，企业可以逐渐积累技术力量。但是该路径对制造业企业的技术和资金要求比较高，此外还需承担研发和设计失败的风险。

（三）上下游产业链服务化

Davies 认为，制造业企业在转型时，其投入服务化和产出服务化也可以同时进行，即企业可以同时向上下游产业链移动。在增加生产性服务投入的同时，也增加业务产出的服务。这条路径是前两条路径的结合和延伸，其服务化程度较为彻底，属于制造业服务化的高级路径。上下游产业链服务化对于企业的战略、组织结构、运营模式和核心竞争力所带来的变革幅度较大，风险水平更高，一般由比较成功的大型制造业企业所采用。

（四）完全去制造化

完全去制造化指的是制造业企业将低附加值的制造环节完全分离出去，只从事附加值较高的服务环节，这是对第三条路径的进一步深化。在企业对整条产业链具备掌控能力时，可以将制造环节完全外包，重新塑造企业的核心能力。这条路径通常要在第三条路径的基础上实施，且面临较大风险。

第六节　制造业服务化研究的整合模型及展望

一、整合模型

通过对现有文献的分析和梳理，我们构建了制造业服务化整合模型(参见图5-1)。在该模型中，引发制造业企业服务化的动力因素大体可以归纳为内部动因和外部动因两个方面。其中，内部动因是指企业内部的管理者以及各部门员工对服务化的支持以及基于改善环境绩效的目的；而外部动因则包含市场环境、顾客需求、创造竞争优势、获取产业链价值等各方面的因素。这些因素都会对制造业企业服务化模式和路径的选取产生影响。关于制造业服务化的过程，我们借鉴了简兆权、伍卓深对制造业服务化的路径划分以及赵勇、齐讴歌等人对制造业企业服务化过程的四阶段划分——目标定位、分析论证、内容设计以及执行实施。

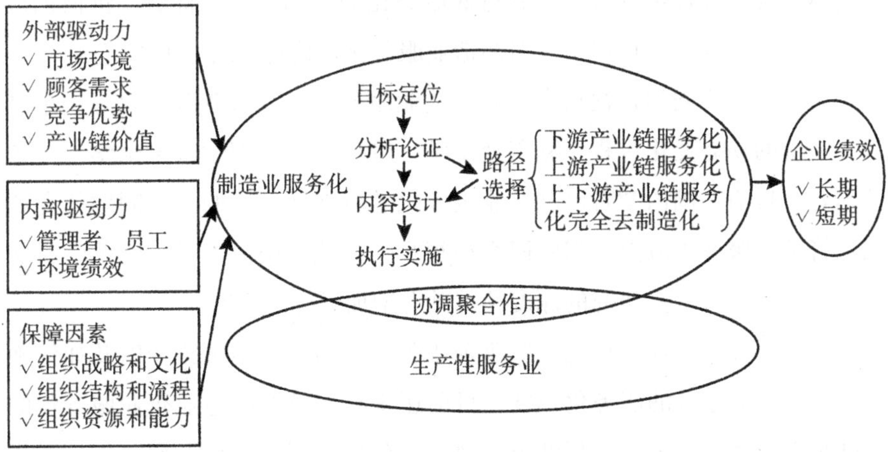

图5-1　制造业服务化整合模型

关于服务商业模式的选取对企业价值创造及企业绩效影响的方向，实证研究结果并不明朗。最初，服务化被誉为促进企业发展、提高盈利能力和维持经济稳定的有效途径。然而，最近的一些相关研究则发现了服务化对企业绩效所造成影响的矛盾结果。有研究指出服务化和绩效之间呈非线性关系，只有当企业完成了大量的服务，服务化对绩效的正向影响才趋于显著。

二、未来研究展望

从近年来国内外关于制造业服务化的研究我们可以看出，关于该领域的研究正在不断升温。制造业服务化已经成为学界的一个研究热点。相对而言，国外关于制造业服务化理论方法的研究更加成熟，已形成较为成熟的研究体系；而国内在该领域的研究则主要局限于对国外相关经验的借鉴及总结归纳，创新性不强。具体来说，未来的研究可以重点关注以下几个方面：

第一，目前国内关于制造业服务化的研究大多聚焦于对服务化动机、路径和过程的归纳和总结，缺乏现实案例和实证数据的支持。未来的研究应多运用统计和计量的方法对制造业服务化的机制、竞争优势、价值创造等问题进行更深入的探讨，并对制造业服务化理论进行有益的补充。

第二，从不同学科视角来研究制造业服务化。制造业服务化是一个复杂、系统的动态变化过程，涵盖经济学、管理学、心理学等多个学科领域的内容。目前，国内学者对制造业服务化学科交叉领域的一些问题研究如服务管理、服务供应链等问题研究得很少。因此，国内学者应注重学科交叉融合，在拓展现有研究的深度的基础上增加研究的广度。

第三，进一步探讨传统制造业企业服务化的具体实施路径以及如何确定不同企业最适合的服务化程度。目前还未有文献对制造业企业服务化的程度是否最优进行评估。帮助企业制定具有竞争优势的产品-服务供应最优组合，对于制造业服务化的实践来说具有极大的指导意义。

第四，探讨不同产业的制造业服务化的实施对企业的人才、知识、技术、资金等储备的需求差异以及实施过程中可能遇到的障碍。比如，还需明确什么类型的技能和行为能够提高服务质量并促进服务化战略的落实。

第五，进一步探讨服务化对企业绩效的影响以及开放服务创新和产品创新之间的因果关系。目前，学界关于服务化对企业绩效的影响的相关研究存在很多矛盾的结论，并且对于开放服务创新和产品创新的因果关系解释得并不明晰，未来还需进一步研究和探讨。

第二部分　实证篇

第六章 中国制造企业服务化现状与趋势分析

第一节 中国制造企业服务化发展的战略背景

从生产型制造向服务化的转变，是现代产业分工不断细化、生产组织方式高度协同的必然趋势，也是消费升级的客观要求。但是即使是发达国家，制造业服务化领域的企业实践和理论研究也尚处于探索阶段，新模式新业态不断涌现，我国在这方面更是刚刚起步。所以，研究我国经济“新常态”下制造业服务化的发展，有着深刻的背景和意义。

首先，工业化中后期和发达国家“再工业化”叠加。从人均 GDP、三次产业结构、农业从业人口比例、城镇化率等指标判断，中国已经处于工业化中后期阶段。国际经验表明，该阶段往往是曲折和极富挑战性的。在这一阶段，经济增长从主要依靠资本投入转向主要依靠技术进步，专业分工细化对生产性服务的需求明显增加，制造企业的服务占收入和利润的比重明显增加。同时也要看到，发达国家的“再工业化”进程和中国进入工业化中后期形成了叠加。2008 年金融危机以后，一些发达国家开始重视发展实体经济，重振制造业。倡导将制造与信息化、服务化、智能化相融合，重新塑造制造企业的竞争优势。“再工业化”战略通过效率提升和服务转型，对后发国家的资源禀赋和比较优势造成重大冲击，并很有可能封堵“雁行理论”的赶超路径。中国的新型工业化建设面临着严峻的挑战，急需快速发展制造业服务化和生产性服务业。

其次，新一轮科技创新和技术革命的发展。20 世纪 90 年代初期，在信息技术发展不完善的情况下，一些跨国企业依靠核心竞争力，创新运营模式，探索出服务化转型的路径。现阶段，IT 服务、云计算服务、移动服务等新领域迅速发展，推动了发展中国家工业化与信息化的融合，为制造企业服务化的发展提供了机会。从制造业看，智能和互联网技术的应用提升了资源配置效率，优化了运营模式和生产方式，促进了平台经济的发展。虽然中国在制造业的硬件智能化、软件一体化、工业自动化领域和发达国家尚有一定差距，但在利用信息技术改造制造业和发达国家几乎处在同一起跑线，一些电子信息和互联网企业在生产规模、业态创新和市场应用等方面和国际先进企业几乎可以比肩。用好“互联网+”的优势，进一步加速“两化”深度融合，切实助力制造业服务化，不仅可以摆脱全球产业价值链的低端锁定，也能为中国制造业迅速弥补差距、实现跨越式发展找到可行路径。

最后，增长方式的转变和消费模式的升级。改革开放以来，中国经济连续 30 多年保持了 10%左右的增速，经济社会发展取得了举世瞩目的成就。其中，第二产业特别是制造业可谓功不可没，其增加值超越美国令我国成为全球制造第一大国，支撑和保障了载人航天、探月工程、载人深潜、北斗卫星导航系统、超级计算机、高速铁路等一系列国家重点项目和重大工程。但是，中国制造业总体仍处于国际产业链的中低层，存在着严重的“高端不足、低端过剩”现象，转型升级迫在眉睫。从制造业发展的供求关系看，一方面是全球市场需求升级态势明显，消费者不仅仅购买企业生产的产品，更重视伴随购买产品的差异化供给和个性化服务；另一方面是企业普遍重生产、轻服务，经营模式过于单一，供给与需求错位的问题日益凸显，急需转变制造业发展方式。从劳动生产率指标看，中国制造业人均增加值大概是发达国家的 5%，制造业的附加值率也只有发达国家的 50%，存在巨大的提升空间。因此，在继续加大物质形态投入的同时，既要从产品的研发设计和服务创新等关键点入手，来提升生产环节的品质和效益；也要向高附加值环节延伸，才能有效推动中国制造的“三大转变”，实现可持续发展。

第二节　文献回顾

如上一章所述，国内外关于服务化的实证研究文献很少，一部分学者们从产业层面获取数据来进行研究，还有一部分学者从企业层面进行研究。从企业层面研究主要采用问卷测量法、案例研究法等方法对服务化水平进行测量研究。

一些学者基于产业层面，从投入产出的角度对服务化水平进行度量。刘继国(2006)采用行业投入产出表计算出不同行业对不同细分服务产业的依赖程度。陈洁雄(2010)选取中美两国制造行业为对象，以 OSIRIS 数据库中 2008 年的数据作为样本，研究表明中国企业的服务化对其经营绩效存在显著的倒 U 形关系，而美国企业只有显著的正向线性关系。黄群慧、霍景东等(2014)采用 1995—2009 年主要制造业国家的投入产出数据，分析了服务化水平及其影响因素，相对生产率、经济自由度、人力资本水平、创新能力、制造部门进口和出口比重等对制造业服务化具有明显的推动作用。姜铸、张永超、刘妍等(2014)利用投入和产出服务化来衡量制造企业服务化程度，研究制造企业组织柔性与企业绩效之间的关系。簒良群等(2016)利用《中国统计年鉴 2012》《中国工业统计年鉴 2012》、各省市 2012 年统计年鉴等官方统计年鉴的数据，对装备制造业服务化过程及影响因素进行了研究，认为服务化的发展主要受产业竞争强度和技术进步的影响。

一些学者基于企业层面，通过案例分析、调研问卷和上市公司二手数据研究制造企业服务化。其中，国外很多学者采用平衡计分卡来制定综合绩效评估框架。Kaplan 和 Norton(1995)提出平衡计分卡可以说是被最广泛接受的绩效衡量框架。Gebauer 等(2010)利用企业的收入、利润和销售额来作为企业服务业绩衡量标准，因为这些指标通常用于衡量制造企业的业绩。Visnjic 等(2012)分析了通过采用服务化策略来实现收入增长，并讨论了服务产品的范围和服务特征对制造企业收入的影响。盈利能力也被认为是制造业服务化的重要指标(Eggert etal.，2014)。Reinartz 和 Ulaga(2008)分析了开发针对服务化的特定资源和能力需要大量投资，因此，超过了收入增长，导致提供服务产品的制造业企业的初期利润水平降低(Fang et al.，2008)。

国内部分学者采用案例分析和调查问卷来测量企业服务化水平。苏小庆(2013)以陕鼓集团作为案例研究，分析了我国制造业服务化的驱动因素、过程与保障机制。庞贵(2013)以陕鼓集团、中联重科作为样本，采用案例分析的方法对装备制造业服务化转型的动因和路径进行了探讨。胡查平(2015)采用跨案例研究的技术手段对制造业企业服务化战略的生成逻辑进行了情境性的演绎和探究，通过问卷调查的方式收集相关数据研究服务化战略与企业绩效之间的关系，认为前者对后者有积极的影响。

还有一些学者采用企业截面数据来测量企业服务化的水平。安筱鹏(2012)利用中国机械工业联合会在 2009 年进行的行业调查，发现中国制造企业的服务化导入率水平已接近发达国家。李靖华等(2015)采用服务数量作为主要衡量指标，同时考虑服务的深度，将服务模式进行分类并分别赋值，进而完善了 Neely(2008)和陈洁雄(2010)的研究。闵连星(2016)通过沪深两市 A 股上市的 1457 个制造企业 2013 年的截面数据来分析中国制造企业的服务化战略水平。

综上所述，研究服务化的学者们大多采用案例分析和调查问卷，用面板数据进行大样本研究的较少，因为服务化的水平难以衡量，企业的真实数据也很难获取。采用上市公司二手数据来研究的，基本上都是选择的某一个年份的横截面数据，选用时间序列的面板数据对制造企业服务化现状、特征和发展趋势的实证研究非常少。上述学者们采用不同的方法对服务化的现状进行分析的时候，存在两个不足：第一，关于服务化水平的研究，不同的学者采用不同的衡量标准，所得出的实证研究结果差异较大；第二，大多数学者采用的数据只能片面地反映地域或者当年的服务化水平，没有系统地对制造企业服务化的演进过程进行分析。制造企业服务化是一个长期的过程，有必要从动态发展的视角对制造企业服务化的发展趋势进行研究讨论。

第三节 研究设计

一、研究设计

目前，由于不同学者采用的衡量标准不同，加上制造企业的相关数据难以获取，国内外对制造企业服务化水平的测量较难统一。主要采用的方法有以下几种：第一，基于产业层面，从投入产出的角度对服务化水平进行度量；第二，基于企业层面，采用案例分析和调研问卷的方法，有针对性地对制造企业服务化进行研究；第三，采用上市公司的二手数据，对上市公司的服务化水平进行研究。

上述三种方法，可以说各有利弊。第一种方法是采用行业数据来进行分析，属于宏观层面的研究，只通过制造业不同行业的服务化投入和产出服务化来反映服务化水平，无法对制造企业的微观服务化水平进行测量。第二种和第三种方法都是以企业为基础，可以反映出企业开展服务的深度和广度。但是第二种方法中的案例分析法以某一个或者几个企业作为研究对象，只能反映出研究样本的服务化水平，反映出的问题较为片面；而问卷调查法会受到调查范围的局限性和人为主观因素的影响，对企业开展服务化的情况不能全面客观地反映。第三种方法采用上市公司的公开数据，数据的真实性得到保障，但是由于企业数据披露不完善，可能会影响到数据样本数量的有限性。基于上述原因，本文采用第三种方法，收集上市公司的二手数据来研究制造企业服务化水平。

在选择第三种方法的基础上，采用上市公司二手数据进行研究，对制造企业服务化水平的衡量方式有两种：第一种是采用上市公司公布的服务业务收入占其总收入的比重为衡量标准，如 Fang 等(2008)、周艳春

(2010)等；第二种是对上市公司的经营范围进行筛选和分析，采用开展服务项目的种类和数量作为衡量标准，如 Neely(2008)、孙林岩(2008)、安筱鹏(2012)、陈洁雄(2010)、李靖华(2015)、闵连星(2016)等。第一种收入比重法，只能反映服务化给企业带来的利润贡献，服务业务在制造企业中的重要程度，无法有效细分各种服务业务对制造企业产生的作用；第二种经营范围分析法，对企业开展的服务业务进行细分，能够反映出制造企业服务化开展的广度，但无法反映出服务业务对制造企业的经营状况和利润贡献有多大。

综上所述，本章对服务化水平的衡量采用上市公司的二手数据，对制造企业的经营范围进行分析。但是在具体操作过程中，经营范围分析法无法全面考虑企业组织形式的影响，企业拓展新业务，往往通过开设子公司或者收购、控股其他公司的方式来实施，而不会在母公司的经营范围内出现(闵连星，2016)；同时，还存在软件自动检索准确率低的缺陷(陈洁雄，2010)。所以，在采用经营范围分析法时，将所选取的样本企业的年报进行人工检索分析，这样就可避免上述缺点，提高了数据的可靠性和精准度。

二、变量选择

根据本研究的需要，为了说明和衡量制造企业服务化的现状及变化趋势，现定义服务化水平和新增服务项数这两个变量，并利用行业类别、所属区域、上市年龄及所有制形式等 4 个特征变量对数据进行分类检验，衡量具有不同组织特征的制造企业的服务化水平差异，从而找到我国上市制造企业服务化的特征。

(一)服务化水平

将制造企业的服务化类别划分为以下项目：安装与执行、设计与开发、咨询、维修保养及售后、采购、销售和贸易、进出口、物流、金融、租赁、外包和运营、财产和不动产、广告与出版、工程项目、解决方案、回收再制造以及其他等 17 种，然后人工分析每一家企业 2005 年至 2016 年年报，并设定每种服务类型的判别归类标准：在企业公布的经营范围中与服务类型相匹配的关键词，不在此范围内的归到“其他”类。随后设置服务化水平这一虚拟变量，当企业及其控制企业的当年年度经营范围中存在上述服务中的一种时，该变量就标记为 1，有两种，就标记为 2，以此类推，如果没有则为 0。具体判别标准如表 6-1 所示。

表 6-1　服务化类型判别标准

服务化业务类型	关键词描述
咨询	经营/管理咨询、技术服务、技术咨询、经济信息咨询等
设计与开发	工程设计、产品研制/开发、软件/信息系统开发
安装与执行	建安工程、专业安装、设备安装等
维修保养及售后	系统/设备维护、售后服务、技术支持等
采购	农副产品采购、原材料采购等
销售	销售、中介服务、代理、国内贸易等
进出口	代理/自营货物(技术)的进出口、国际贸易等
物流	仓储、运输、装卸/搬运等
金融	境内外期货运营、金融服务、投资管理、股权投资、资本运作、资产管理、证券投资等
租赁	产品租赁、融资租赁、设备租赁等
外包和运营	人事派遣、劳务派遣、项目/设施运营等
财产和不动产	房地产开发/销售/中介、房屋租赁、物业管理、停车场管理、餐饮/酒店管理、旅游业务、兴办实业、产业投资等
广告与出版	广告、印刷、出版等
工程项目	工程施工、工程承包等
解决方案	节能服务、能源合同管理、成套设备等
回收再制造	废品/废料回收、循环利用、再制造等
其他	会议展览服务、公关活动策划、翻译服务、其他

（二）所属行业

企业所属行业变量是以中国证监会颁布的《上市公司行业分类指引（2012年修订）》为标准，采用制造业门类下的次类行业编码，即从C13到C43共31个行业类别。

（三）上市时间

一方面，企业上市年限的长短会影响企业运营效率和成长性，从而产生一定的差异（王霄和王新宇，2009；雷海民等，2014）。另一方面，国内资本市场的运行方式和监管政策也伴随资本市场的发展从而产生变化，在不同时期上市的企业所面临的外部市场环境存在一定的差异。因此，本研究综合考虑制度和环境变化的关键节点（股改及入世），以及企业上市时间的长短，设置了3个虚拟变量来表示上市时间：0代表资本市场初期阶段（1990—1995年），1代表资本市场发展阶段（1996—2000年），2代表我国加入世贸组织后（2001—2004年）。

（四）所属区域

相关学者指出，制造企业是否开展服务化和企业所在地区的经济发展程度有关，发达地区的制造企业开展服务化战略的意愿更强烈（Neely，2008）。我国经济发展有很明显的地区不平衡的现象，且由来已久，因此本研究参照相关学者的研究（陈西川，2015；杨德勇、田园，2013），根据国家统计局2011年颁布的《东西中部和东北地区划分方法》，按照上市公司所在地将其划分为东、中、西和东北四个经济区，分别用虚拟变量0、1、2和3来表示。

（五）所有制形式

本文根据经济类型来划分企业所有制形式，并进行适当整合，将样本企业划分为国有企业（含中央国有企业、地方国有企业）、非国有内资企业

(含集体企业、民营企业、公众企业)、外资及其他企业(含外资企业、其他企业)，分别用虚拟变量0、1、2来表示。

三、样本选择与数据来源

所有数据来源于中国沪深股市上市公司。根据中国证监会报告，截至2017年5月底，沪深交易所共有上市公司3261家。样本选择与数据筛选的步骤为：

第一步，从沪深两市上市公司中筛选出制造业企业。方法是：以《上市公司行业分类指引》(2012年修订)为标准，选取门类代码为C(制造业)的企业为制造业企业，得出沪深两市A股上市制造业企业共有2131家。

第二步，将制造业中2131家企业进行进一步筛选，选择出开展了服务化的制造企业。方法是：万得(WIND)数据库中有上市公司业务范围的描述，描述的名称为“经营范围”，查找“经营范围”包含“服务”这个关键词，来判断该公司是否开展服务业务；判断标准为：如果上市公司的经营范围中没有“服务业务”资料，判断为纯制造企业，反之则认定为开展了服务化的制造企业。筛选后有1251家。

第三步，对开展了服务化的上市制造企业的上市时间进行筛选。方法是：从上市的时间中，选出满足上市时间超过12年的企业，筛选后共有366家。

第四步，剔除掉ST、PT类，年报数据不全，以及有重大资产重组事项的企业，最终确定的研究样本为178家制造业上市公司。

第五步，下载178家制造业上市公司相关数据和年报，并对年报中的数据进行人工检索。所有数据和信息均来自国泰安(CSMAR)数据库、万得(WIND)数据库和各上市公司2005年至2016年年报，数据下载的时间为2017年9月。

最后所有数据汇总到SPSS 22.0软件中进行分析。

四、样本特征

根据数据筛选结果，对样本企业的基本情况进行统计分析。

(一)企业性质

样本企业的性质分布情况如表 6-2 所示。

表 6-2 企业的性质

选项	数量	比例(%)
A、国有企业	123	69.1
B、集体、民营、私营企业	50	28.1
C、外资及其他企业	5	2.8
合计	178	100

由表 6-2 可知，样本企业中国有企业所占比例最高，接近 7 成，远高于其他类型的企业，这也符合当前服务型制造企业的实际情况。

(二)企业所属行业

本研究以国家统计局公布的《2017 年国民经济行业分类(GB/T 4754-2017)》①中制造业的分类为依据，样本企业的行业分布情况如表 6-3 所示。

表 6-3 企业的行业分布

选 项	数量	比例(%)
1. 农副食品加工业	1	0.6

① 国家统计局．2017 年国民经济行业分类(GB/T 4754-2017)．[EB/OL]．http：//www.stats.gov.cn/tjsj/tjbz/hyflbz/201710/t20171012_1541679.html，2017-09-29.

续表

选项	数量	比例(%)
2. 食品制造业	5	2.8
3. 酒、饮料和精制茶制造业	6	3.4
4. 纺织业	5	2.8
5. 纺织服装、服饰业	1	0.6
6. 皮革、毛皮、羽毛及其制品和制鞋业	1	0.6
7. 造纸及纸制品业	2	1.1
8. 印刷和记录媒介复制业	1	0.6
9. 石油加工、炼焦及核燃料加工业	2	1.1
10. 化学原料及化学制品制造业	14	7.9
11. 医药制造业	22	12.4
12. 化学纤维制造业	1	0.6
13. 橡胶和塑料制品业	2	1.1
14. 非金属矿物制品业	6	3.4
15. 黑色金属冶炼及压延加工业	7	3.9
16. 有色金属冶炼及压延加工业	9	5.1
17. 金属制品业	5	2.8
18. 通用设备制造业	7	3.9
19. 专用设备制造业	16	9.0
20. 汽车制造业	14	7.9
21. 铁路、船舶、航空航天和其他运输设备制造业	2	1.1
22. 电气机械及器材制造业	21	11.8
23. 计算机、通信和其他电子设备制造业	28	15.7
合计	178	100

由表6-3可知，样本企业的行业分布很广，覆盖了制造业的23个行业领域，可以较为全面地反映制造企业的实际情况。其中计算机、通信和其他电子设备制造业所占比例最大(15.7%)，医药制造业和电气机械及器材

制造业也都超过了10%。

(三)企业所在地区

本研究以国家统计局于2011年公布的《东西中部和东北地区划分方法》①为依据，将样本企业分为东部、中部、西部和东北地区，具体分布情况如表6-4所示。

表6-4　企业的所在地区

选项	数量	比例(%)
北京	18	10.1
福建省	2	1.1
广东省	13	7.3
海南省	1	0.6
河北省	6	3.4
江苏省	15	8.4
山东省	17	9.6
上海	16	9.0
天津	4	2.2
浙江省	9	5.1
东部地区合计	**101**	**56.7**
安徽省	8	4.5
河南省	9	5.1
湖北省	9	5.1
湖南省	5	2.8
江西省	5	2.8
山西省	4	2.2

① 国家统计局．东西中部和东北地区划分方法[EB/OL]. http://www.stats.gov.cn/ztjc/zthd/sjtjr/dejtjkfr/tjkp/201106/t20110613_71947.htm，2011-06-13.

续表

选项	数量	比例(%)
中部地区合计	**40**	**22.5**
甘肃省	1	0.6
广西壮族自治区	1	0.6
贵州省	2	1.1
内蒙古自治区	2	1.1
青海省	2	1.1
陕西省	4	2.2
四川省	7	3.9
新疆维吾尔自治区	3	1.7
云南省	6	3.4
重庆	1	0.6
西部地区合计	**29**	**16.3**
黑龙江省	3	1.7
吉林省	2	1.1
辽宁省	3	1.7
东北地区合计	**8**	**4.5**
总计	**178**	**100**

从表 6-4 中可知，样本企业地区分布非常广泛，覆盖了全国 29 个省级行政区。其中，东部地区企业所占比例最高，达到了 56.7%，这些地区的经济发展水平处于国内前列，制造企业较为发达，服务化水平也相对较高。因此，样本企业具有较好的代表性。

(四)企业员工人数

样本企业的员工人数情况如表 6-5 所示。

表 6-5 企业的员工人数

选项	数量	比例(%)
A. 10000 人以上	58	32. 6
B. 1000—10000 人	108	60. 7
C. 1000 人以下	12	6. 7
合计	178	100

从表 6-5 可知，样本企业的员工人数总体较多，万人以上的特大企业就占 32. 6%，千人以上的企业占到了 93. 3%，这主要与制造业的特点有关。

(五)企业上市时间

样本企业的上市时间情况如表 6-6 所示。

表 6-6 企业的上市时间

选项	数量	比例(%)
A. 2001 年及以后上市	46	25. 8
B. 1996—2000 年上市	110	61. 8
C. 1995 年及以前上市	22	12. 4
合计	178	100

从表 6-6 可知，样本企业上市时间都比较久远，上市时间在 2000 年前的就有 74. 2%。这一方面与我国作为制造业大国，制造企业的发展历程较为久远有关；另一方面也说明制造企业随着发展的不断成熟，会更加意识到市场竞争的激烈和服务化转型的紧迫性，从而其服务化程度更高，使得样本企业具有很好的代表性。

第四节　实证结果分析

一、中国上市制造企业服务化现状分析

首先，从本研究样本总体情况来看，如表6-7所示：2005年，我国制造企业服务化水平较低，超过25%的只有7项，其中超过50%的只有4项；到2016年，我国制造企业的整体服务化率非常高，有13项超过25%，其中7项超过50%，这一比例已达到发达国家平均水平。另外，服务化水平总体均值为7.8，表明我国制造企业在开展服务化战略的同时采用了多元化的策略，而不是只发展单一的服务项目。同时，制造企业对服务类型的采用存在显著差异，其中服务化采用率最多的类型是采购服务、销售和贸易服务、设计与开发服务，所有样本企业均提供这三类服务，因为这些类型的服务项目与企业生产经营活动联系比较紧密，说明企业更倾向于从其熟知的领域向其他领域拓展，尤其是向销售环节延伸。但有部分服务项目，例如金融服务(12.36%)、外包与运营服务(17.98%)、广告与出版(5.62%)和废旧物资回收(10.67%)等，由于需要较强的专业知识、服务能力和资质水平，因此服务化率较低。

表6-7　制造企业总体服务化率(N=178)

年度	咨询	设计与开发	安装与执行	维修保养及售后	采购
2016	92.70%	100.00%	43.82%	45.51%	100.00%
2010	71.91%	100.00%	36.52%	34.27%	100.00%
2005	55.62%	98.31%	27.53%	25.84%	99.44%

续表

年度	销售和贸易	进出口	物流	金融	租赁	外包和运营
2016	100.00%	92.70%	34.27%	12.36%	26.40%	17.98%
2010	100.00%	85.96%	21.35%	7.30%	10.67%	8.43%
2005	99.44%	73.60%	12.92%	5.62%	5.62%	6.74%
年度	财产和不动产	广告与出版	工程项目	解决方案	回收	其他
2016	52.81%	5.62%	25.28%	25.28%	10.67%	4.49%
2010	35.96%	4.49%	18.54%	15.17%	7.30%	0.56%
2005	19.66%	1.12%	12.36%	11.24%	3.93%	0.00%

其次，从制造业企业服务化进程来看，如表6-8所示，2005—2016年，服务化水平增加的企业有138家，占77.53%；持平的有35家，占19.66%；降低的有5家，占2.81%。说明制造企业在这12年间服务化水平上升的占多数。

表6-8　制造企业2005—2016年服务化水平(N=178)

增幅	数量	比例
大于0	138	77.53%
等于0	35	19.66%
小于0	5	2.81%

而在上升的企业中，增幅在50%以内的有68家，增幅在50%至100%的有52家，超过100%的有18家(见图6-1)。

最后，从制造企业开展服务化的收入来看，采用人工检索的方式在上市公司公布的年报中，查找每一家企业的收入构成。对于公布了收入明细的企业，按照前述服务化类别对应项目计算其服务化收入；对于未公布收入明细的企业，采用“其他收入”来作为服务化业务收入。经过统计，以

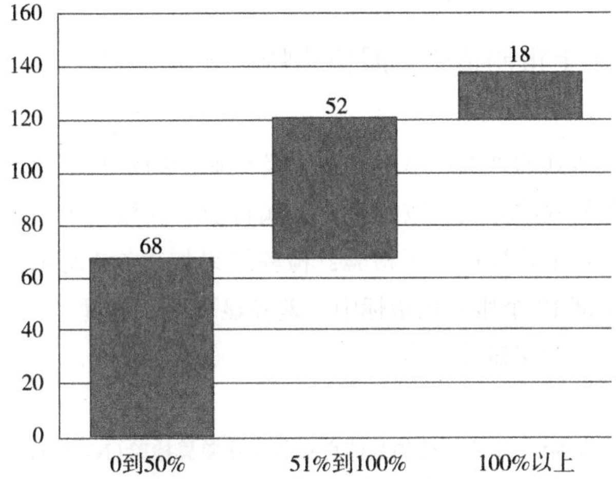

图 6-1　制造企业服务化水平增长数量示意图

2016 年为例，只有 5%的企业其服务化收入超过 10%，服务化收入在 5%到 10%的企业也只有 9%，有 46%的企业其服务化收入占比只有 1%到 5%，还有 40%的企业其服务化收入占比不到 1%(见图 6-2)。说明我国制造业从开展服务化获得收入的比例还很低。

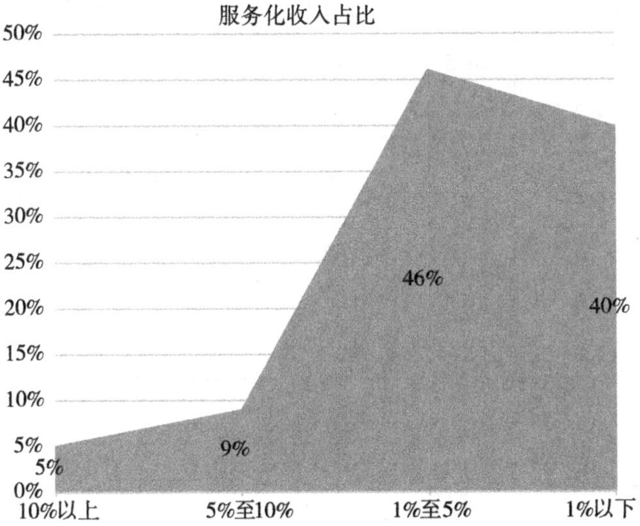

图 6-2　服务化收入占比示意图

二、中国上市制造企业服务化特点分析

由于企业所处的外部环境不同，以及企业的组织特征存在差异，本研究采用非参数检验的方法，按照企业所属行业、区域及上市年限，对样本企业的服务化水平差异进行了检验，检验结果如表6-9所示，不同特征的样本企业在全部17个服务化指标中，差异显著项数超过9项，证明样本企业的服务化水平存在显著差异。

表6-9　不同特征的制造企业服务化差异检验(N=178)

特征	咨询	设计与开发	安装与执行	维修保养及售后	采购
行业	30.5***	84.2***	53.3	32.3	85.4***
区域	43.3	12.4***	23.5***	43.2***	24.5***
上市年限	32.9	43.6***	19.5***	54.9***	13.9***

特征	销售和贸易	进出口	物流	金融	租赁	外包和运营
行业	96.3***	125.2***	84.4***	48.6***	20.5***	58.9***
区域	12.4***	26.5***	43.2***	23.5***	26.5***	46.2***
上市年限	64.2***	54.3***	42.3	23.3***	22.4***	28.5***

特征	财产和不动产	广告与出版	工程项目	解决方案	回收	其他
行业	96.3***	53.3	32.3	85.4***	28.2***	44.4***
区域	32.6***	23.5***	43.2***	24.5***	26.5***	23.2***
上市年限	12.8***	19.5***	54.9***	13.9***	54.3***	12.3***

(一)区域差异

我国经济发展有明显的区域差异特征，即地区经济发展不平衡，这是

由于不同地区的自然地理条件、地域文化、市场开放程度等因素的影响。如图 6-3 所示，从所选取的样本中可见，东部地区的制造企业有 101 个，中部地区有 40 个，西部地区有 29 个，东北地区只有 8 个。然而，不同地区的企业在各种经营活动及战略的制定和实施方面会存在一定的差异。

对检验结果显示差异的各项服务化指标进行分析，地区差异有以下特征：东部地区的服务化率(56%)最高，西部地区的服务项数均值(7.5)最高。而东北地区的服务化率(22%)较低，东部地区的服务项数均值(5.3)较低。

对具体服务类型分析来看，东部地区的服务导入率不高，可能是由于该地区的制造企业发展较为成熟，以及服务外包业务的推广，企业更倾向于从外部采购服务，而不是内部发展。东北地区的企业在外包与运营、物流和软件开发这两项服务的导入率高于其他地区，可能是由于东北地区长期发展重工业企业为主。中部地区的采购服务导入率更高，而西部地区企业的咨询服务这一指标要高于其他地区，但相互之间差距并不大。

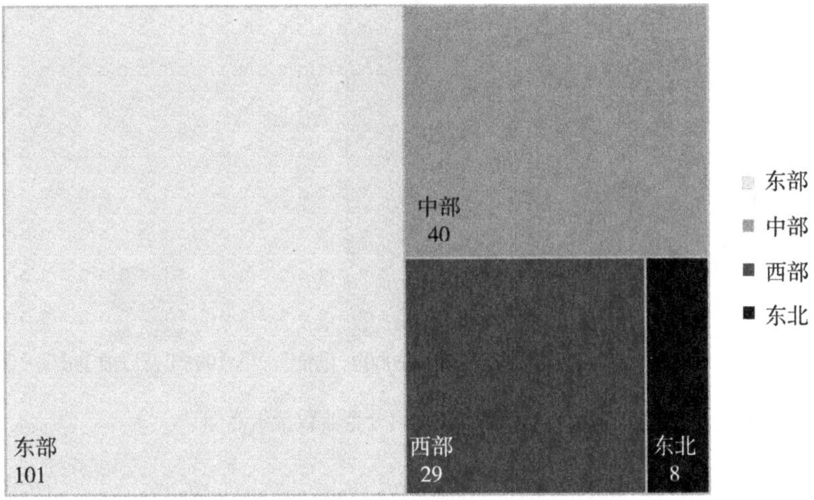

图 6-3　按地区划分企业数量示意图(单位：个)

(二)上市时间差异

企业的上市时间是一项重要的组织特征，对企业在发展过程中品牌、口碑、客户资源的积累和各方面能力的培养具有重要影响。有学者已经证实上市时间与企业的运营效率显著正相关(雷海民等，2014)，即上市时间越长的企业，其Tobin's Q值越大，经营越稳健，企业品牌、产品质量等因素也更能获得消费者的认可(刘秀玲，2009)，但同时其成长性也越差(王霄、王新宇，2009)。而且，在不同时期上市的企业所面对的政策环境、资本市场环境也有所不同，这可能对影响企业发展的战略行为有一定的差异。对差异较为显著的服务化指标进行分析可知，最近两年的服务项数均值较低。在运营服务、物流服务及金融、财产与投资、外包等业务表现出与上市年限正相关，说明企业上市年限越久，其积累的专业服务能力、品牌资源、财务资源等各种资源越强。

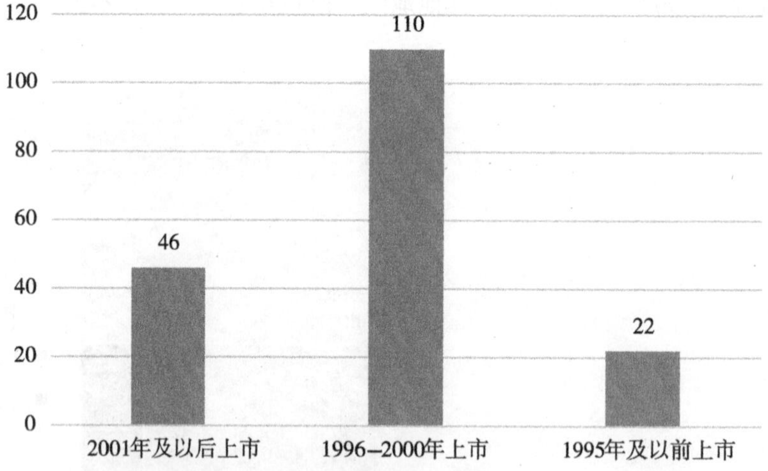

图6-4 按上市时间划分企业数量示意图

(三)行业差异

上市公司所处的行业对其服务化水平也有重要影响。制造业本身包含众多子行业，由于各子行业的产业属性不同、技术发展水平不同、产业链关联程度不同，也导致了各子行业之间存在服务化程度的差异。因此，本研究认为上市公司由于所属行业不同，从而竞争环境也不同，可能对其服务化行为和水平产生影响。

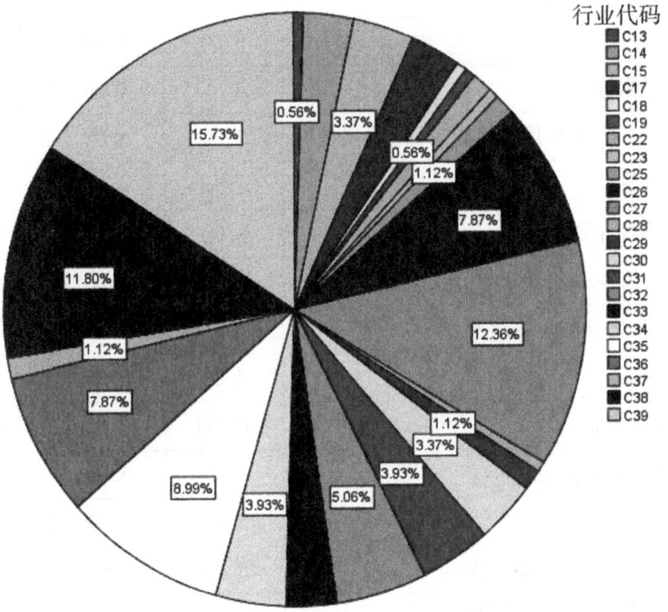

图 6-5　按行业划分企业数量占比示意图

对不同行业上市公司的各项指标均值进行比较分析，发现存在以下差异(见表 6-10)：从服务项数均值来看，计算机、通信和其他电子设备制造业以及汽车制造业、通用及专用设备制造业服务化程度更高。从具体服务类型来看，这三类设备制造业的服务化水平，尤其是在金融、财产和投资、采购、物流和废旧物资回收服务项目的水平明显高于传统制造业和加工制造业，表明设备制造业企业在售后服务、关联服务及财务资源上比其他类型制造业企业有更强的能力。

表 6-10 不同行业的服务化水平

行　业	服务化水平均值		
	2016	2010	2005
1. 农副食品加工业	6.00	7.00	3.00
2. 食品制造业	9.20	7.00	6.60
3. 酒、饮料和精制茶制造业	8.17	7.83	6.67
4. 纺织业	6.80	4.60	4.20
5. 纺织服装、服饰业	10.00	5.00	5.00
6. 皮革、毛皮、羽毛及其制品和制鞋业	5.00	5.00	3.00
7. 造纸及纸制品业	5.50	4.00	4.50
8. 印刷和记录媒介复制业	8.00	8.00	8.00
9. 石油加工、炼焦及核燃料加工业	9.00	8.00	6.50
10. 化学原料及化学制品制造业	8.21	6.21	4.36
11. 医药制造业	7.82	6.27	5.23
12. 化学纤维制造业	11.00	8.00	8.00
13. 橡胶和塑料制品业	7.00	5.00	5.00
14. 非金属矿物制品业	5.50	5.33	5.00
15. 黑色金属冶炼及压延加工业	8.43	7.43	6.29
16. 有色金属冶炼及压延加工业	8.11	5.78	4.89
17. 金属制品业	7.40	6.00	5.60
18. 通用设备制造业	8.43	6.71	6.43
19. 专用设备制造业	7.63	6.31	6.00
20. 汽车制造业	7.36	6.57	5.14
21. 铁路、船舶、航空航天和其他运输设备制造业	5.50	4.00	4.00
22. 电气机械及器材制造业	8.19	7.19	5.90
23. 计算机、通信和其他电子设备制造业	8.11	7.11	5.86
总体均值	7.85	6.55	5.56

(四)性质及规模差异

从企业的所有制性质来看，样本企业中国有企业(含中央和地方)占大多数，达到了69%，集体、民营、私营企业只占28%，而外企和其他类型则只有不到3%。说明国有企业是开展服务化转型的主力。从企业规模来看，样本企业中员工人数在10000人以上的占32%，1000人至10000人的占60%，还有8%的企业员工不足1000人。从相对应的服务化水平来看，企业所有制性质对服务化水平影响不大，均值在7.8至7.9之间；企业规模对服务化水平影响不大，均值在7.5至8.5之间(见表6-11)。

表6-11　不同企业性质和规模的服务化水平

分类依据	分类明细	数量	占比	服务化水平均值		
				2016	2010	2005
企业所有制	国有企业	123	69%	7.9	7.9	7.9
	集体、民营、私营企业	50	28%	7.8	7.8	7.8
	外资及其他企业	5	3%	7.8	7.8	7.8
企业规模	10000人以上	58	32%	8.5	8.5	8.5
	1000—10000人	108	60%	7.6	7.6	7.6
	1000人以内	12	8%	7.5	7.5	7.5

三、中国上市制造企业服务化类型分析

本文的分类方法是在前人分类的基础上，改善了分类的交叉问题，结合了中国制造企业服务化的阶段和实际。将制造企业服务化的类型分为：基于制造的服务、基于产品的服务、基于过程的服务和面向市场的服务。

“基于制造的服务”是指制造企业以有形产品的生产制造为核心开展的相关服务类型。例如：设计与开发，采购、销售与贸易等。“基于产品的

服务”是指制造企业基于所出售的产品而开展的相关服务类型。例如：咨询、安装与执行、维修保养与售后等。“基于过程的服务”是指制造业企业向产业链上游和下游的服务领域延伸，满足各参与方的需要而进行的各种服务活动，这些服务活动不是孤立的，而是相互联系组成一个系统。例如：金融、外包与运营、回收等。“面向市场的服务”是指制造企业在整合现有制造、服务及市场资源的基础上，为客户提供个性化的综合解决方案，以满足客户对产品定制的要求。例如：工程项目、解决方案等。

从制造业服务化开展的类型来看，以2016年为例，基于制造的服务有98%的企业开展，基于产品的服务有49%的企业开展，基于过程的服务仅有14%的企业开展，面向市场的服务只有24%的企业开展(见表6-12)。这说明我国制造业企业服务化水平仍然不高，超过50%的企业仅仅开展了基于制造和基于产品的服务项目，对于服务类型的升级还有很大空间。

表6-12　服务化种类及占比

类型	包含的服务种类	占比
基于制造的服务	设计与开发，采购、销售和贸易，进出口	98%
基于产品的服务	咨询，安装与执行，维修保养及售后，物流，租赁	49%
基于过程的服务	金融，外包和运营，回收	14%
基于市场的服务	财产和不动产，广告与出版，工程项目，解决方案；其他	24%

四、中国上市制造企业服务化演进趋势分析

本研究对2005—2016年中国上市制造企业的新增服务化的情况做了统计，如表6-13所示。从发展趋势来看，有新增服务项目的企业数量基本保持稳步上升的趋势。而历年平均新增服务项数均在1.2~1.5波动，相比于2016年全样本制造企业的服务项数均值(7.89)，其新增项数不高，说明我

国制造企业在开展服务化战略决策时比较谨慎，基本在1~2项。因此，制造企业服务化水平的提升是一个长期的渐进过程。另外，从样本数量来看，本研究筛选后得到拥有12年完整数据的样本只有178个，和总制造企业样本数(1251家)相比仍然较少，说明我国已上市制造企业中，有大量的“原生服务化”企业，即企业在成立之初就开展了服务业务，这在一定程度上验证了Schmenne(2009)提出的观点，即制造企业开展服务业务是一个存在很久的现象。

租赁服务、执行服务、销售服务、物流服务和进出口服务每年均有企业开展，尤其是财产和不动产服务、咨询服务和进出口服务的新增率远高于其他服务种类。而采购服务、解决方案服务和软件开发服务在2008年之后才陆续有企业涉及，而且这些服务和金融服务、外部和运营服务一样，历年的涉及率都比较低。

表6-13　制造企业分年度服务化率(N=178)

年度	咨询	设计与开发	安装与执行	维修保养及售后	采购
2016	92.70%	100.00%	43.82%	45.51%	100.00%
2015	89.89%	100.00%	42.13%	43.26%	100.00%
2014	85.39%	100.00%	41.57%	42.13%	100.00%
2013	84.27%	100.00%	39.89%	40.45%	100.00%
2012	79.78%	100.00%	39.33%	39.33%	100.00%
2011	74.16%	100.00%	38.20%	38.20%	100.00%
2010	71.91%	100.00%	36.52%	34.27%	100.00%
2009	67.42%	100.00%	34.27%	32.02%	100.00%
2008	63.48%	99.44%	32.58%	31.46%	100.00%
2007	59.55%	98.88%	29.21%	28.65%	100.00%
2006	56.74%	98.31%	28.65%	26.40%	99.44%
2005	55.62%	98.31%	27.53%	25.84%	99.44%

续表

年度	销售和贸易	进出口	物流	金融	租赁	外包和运营
2016	100.00%	92.70%	34.27%	12.36%	26.40%	17.98%
2015	100.00%	91.57%	32.58%	11.24%	22.47%	17.42%
2014	100.00%	90.45%	29.78%	9.55%	20.22%	15.73%
2013	100.00%	88.76%	25.28%	8.99%	17.98%	12.36%
2012	100.00%	87.08%	24.72%	8.99%	14.61%	11.24%
2011	100.00%	85.96%	23.03%	7.87%	12.92%	10.11%
2010	100.00%	85.96%	21.35%	7.30%	10.67%	8.43%
2009	100.00%	84.27%	19.10%	6.18%	8.99%	8.43%
2008	100.00%	83.15%	16.29%	5.62%	8.43%	7.87%
2007	100.00%	82.02%	17.42%	5.62%	7.87%	7.30%
2006	99.44%	77.53%	15.73%	5.06%	5.62%	6.74%
2005	99.44%	73.60%	12.92%	5.62%	5.62%	6.74%

年度	财产和不动产	广告与出版	工程项目	解决方案	回收	其他
2016	52.81%	5.62%	25.28%	25.28%	10.67%	4.49%
2015	48.88%	5.62%	23.03%	24.72%	8.99%	3.37%
2014	45.51%	5.62%	21.91%	21.35%	8.43%	2.81%
2013	42.13%	5.06%	19.66%	18.54%	8.43%	1.12%
2012	42.13%	5.06%	19.10%	16.85%	7.87%	0.56%
2011	39.89%	4.49%	17.98%	16.29%	7.87%	0.56%
2010	35.96%	4.49%	18.54%	15.17%	7.30%	0.56%
2009	33.71%	3.93%	16.85%	13.48%	5.62%	0.00%
2008	29.78%	3.37%	16.29%	13.48%	5.62%	0.00%
2007	28.09%	2.81%	14.61%	11.24%	4.49%	0.00%
2006	21.35%	1.69%	13.48%	11.80%	3.93%	0.00%
2005	19.66%	1.12%	12.36%	11.24%	3.93%	0.00%

在2016年，我国开展新增服务业务的制造企业数量比前一年略有下滑，但从整体时间段(2005—2016年)来看，稳定上升的趋势比较明显，说明了制造企业服务化的趋势在逐步增强，随着近年来服务化理念，以及生产性服务业的发展，开展服务化被企业管理者所接受，制造业和服务业的融合进程加速，制造企业服务化的趋势取得了快速发展。

第五节 研究结论与启示

一、中国制造企业服务化的现状

(一)制造企业在不同程度上开展了服务业务

在沪深两市上市的制造业企业中，有58%的制造企业开展了服务业务。开展了服务业务的这些企业中，独立运行服务业的企业占40%，合作、伙伴关系运作的企业占60%。综观这些企业服务的内容、运作方式和经营模式，主要业务取向集中在简单易进入层面和基本服务领域，处于低端运作水平，其主要业务包括设计与开发服务、安装与执行服务、维修保养及售后服务、采购、销售和贸易等。高端业务、高附加值服务涉足的企业甚少，如广告出版、金融服务、租赁服务、外包和运营、工程项目、解决方案等业务，服务化在开展广度和深度上还有较大提升空间。

(二)制造企业的服务化投入水平较低

制造业生产活动主要依靠能源、原材料等生产要素的投入。随着社会的发展和科技的进步，服务要素在生产中的地位越来越高，生产中所需的服务资源也逐步增长。在制造业发展过程中，服务投入的程度决定着制造业的竞争力。截至2016年，在沪深两市A股上市的2131家制造业企业中，还有42%的制造企业未开展服务业务。我国制造企业主要还是从事生产、制造、组装、加工，其服务化的投入很少，导致我国整体制造业服务化水平较低。

(三)服务对于制造企业的收入贡献还很低

从选取的开展了服务业务的178家制造企业进行数据分析，我国制造行业中服务收入总体低于全球26%的平均水平；与发达国家相比较，这一比值可能还更低。以2016年为例，从178家样本企业的数据可以发现，单纯就服务的收入来看，有88%的企业服务收入占总营业收入的比重低于5%，只有5%的企业服务收入占比超过10%；在净利润贡献率上，40%的企业服务收入贡献率不足1%，60%的企业服务收入贡献率在1%~5%。这与全球大部分国家制造业服务业务收入比有较大差距。

(四)智能装备制造业的服务化步伐不断加快

随着工业化进程的加速，新一代智能装备制造业蓬勃兴起，在国家产业政策和市场需求的推动下，一些行业内特色优势企业及知识密集型企业已经成为服务化的先行者，在装备制造业、通信设备、信息技术、汽车、智能设备等制造业出现一些成功案例。这些先进企业都在积极运用资本杠杆重点发展独立的服务业务单元来满足客户需求，实施服务化多元战备，有效地完成了提高质量、增加效率的目的，打造了竞争的新优势。

二、中国制造企业服务化的特征

(一)实体收入和服务效益来源混合的价值实现特征

传统制造企业的价值实现主要是通过资源的利用、物质的投入和产品增量模式获取收益，实体价值增值空间受限。而制造企业服务化就是向客户提供具有高附加值的产品服务，从而通过差异化战略推动价值链向两端延伸，拓展和开辟价值实现空间，构建独特的难以模仿的企业竞争优势。

(二)客户需求和生产环节融合的经营导向特征

中国传统制造业一个明显的特征是强调产品和工艺导向，而客户需求和产品技术之间的信息传导不畅、衔接不顺的状况被忽略。恰恰相反，制造企业服务化主要是通过信息支撑、流程再造模式围绕客户需求开展业务活动的，以实现生产经营协调一致的管理导向。

(三)自主创新和核心产能优化组合的驱动因素特征

制造业和服务业表面看是两个不同的行业体系，在当今世界，服务业是一种新兴产业，也是朝阳产业，全球发达国家服务产业方兴未艾，经济效应明显，推动作用巨大。新知识、新技术、新信息不断渗透到服务业。因此，服务业成为制造业发展的桥梁，有效融合两个产业是新时期发展的迫切需要，是自主创新、自主创造能力转变的驱动能量。

(四)客户主动和企业运作模式契合的生产组织特征

传统制造企业的生产组织模式主要体现在管理和生产两个方面：管理只是强调自上而下、步调一致的生产动员，生产则是注重物质的充裕、产品的量变。而制造企业服务化遵循的原则是通过构建响应市场需求、服务客户的主动，把制造资源、知识资源、服务资源有效整合，实施动态化、效能化和主动化的服务管理体系。

(五)社会责任和经济风险共同作用的动态环境特征

传统制造企业为了实现利润最大化和差异化的竞争优势，实施服务化战略。企业的社会责任强调了生产过程中对人的价值关注、对社会和环境的贡献，而服务化的实施也是企业社会责任的一种体现。在实施服务化过程中，制造企业会承担更大的责任和风险，关注产品的性能及其质量的同时，还要负责服务的运行。所以，在动态环境中，企业社会责任的凸显和经济风险的并存，也会对服务化产生影响。

三、制造企业服务化的发展模式

从服务化的发展模式来看，制造企业从基础服务到中级服务再到高级服务，扩大了活动范围，在客户的运营事务中承担越来越重要的责任。

（一）基于制造的服务

将制造企业纯生产模式向以人为核心转变，把研发设计、采购、生产流程等环节进行分解，形成以生产过程的每个阶段为中心的模块，注重资源节约，减少非核心业务，提升核心业务的高附加值所带来的利润。可以将生产流程管理、技术开发等业务与第三方机构合作，提高专业服务水平，从而增强客户满意度。

（二）基于产品的服务

改变制造企业服务化单一模式，将产品和服务深度融合，打造个性化定制、IT服务、云计算服务、移动服务以及电子商务服务等新型高级模式。由简单碎片化售后服务逐步转变为售前、售中、售后、“24小时随即响应”的开放性服务周期。推进个性化服务，提高客户的满意度。

（三）基于过程的服务

主要体现为面向顾客需求，针对产品生产的过程集成了咨询、设计与开发、安装与执行、维修保养与售后等服务业务，通过提供流程解决方案，将配套服务业务融入产品的整个生命周期中。

（四）面向市场的服务

以客户价值实现最大化为目标，将业务领域拓展至整个行业市场的外包与运营管理、工程项目承包、解决方案等各方面。实现开放包容新模式和新格局，实现产与销、售与用两者双赢的空间模式。

四、制造企业服务化的发展趋势

(一)服务化的比重不断提升

全球制造业服务化正在加速发展，从制造业投入与产出的基本态势，可以发现：第一，制造业中间投入呈现服务化趋势，中间要素不断增加。例如，20世纪不同时期的经济合作与发展组织的35个成员国制造业，在服务投入上的比重大幅上涨，表明服务投入呈现出上升的趋势。第二，制造业产出也逐步向服务化发展。服务产出所占比重不断加大可以证明这一点。特别是一些高科技含量的行业，服务收入占总收入比重越来越高。

剑桥大学对全球上市企业进行调查，发现全球制造业提供服务的营业收入比重逐年提升。当今，一些大型的跨国制造企业为了获取更大的利润，充分发挥自身在资源和能力方面的优势，积极探索服务化路径，大力发展传统制造业向制造业服务化转型；通过产品与服务的融合、服务业务的多元化，提供差异化的服务获取新的利润来源，增强企业的竞争优势。制造企业服务化逐步被跨国企业认定为一种新兴战略。从通用电气、耐克、IBM、RR等国际知名企业的财务数据可以看出，通过由生产型制造逐步向“产品+服务”的转型，给企业带来了可观利润的同时也为实施服务化战略提供了成功经验。

(二)面向客户需求提供整体解决方案

很多大型制造企业在服务化转型上都经历了两个阶段：第一阶段都是以产品为导向的“产品+服务”模式实施转型升级；第二阶段是改革现有产业核心制造环节的竞争，以产品为导向转化为以客户需求为导向的服务模式实施整体解决方案。例如，IBM公司、戴尔公司、微软公司、华为公司等都在不同程度上向提供整体服务方案转型。

(三)服务业务不断向产业链上下游延伸

全球跨入信息化、数字化时代，技术市场竞争日益激烈，信息技术硬件进入市场门槛也越来越高，因此世界上许多大型企业转变思路，逐步分离传统制造，大力发展产业链下游高附加值领域的服务。例如，飞利浦公司1999—2001年将全产业链转向LED照明业务后端整体解决方案服务商。其上游企业并购了光源及部件企业，中游企业重组了控制元件企业，下游兼并应用环节公司。2014年，飞利浦以智能互联网模式取代原有照明系统，开发出多种类照明系统。

还有一些新的举措，允许将传统下游服务嵌入产品中的嵌入式服务，如Honeywell的AIMS用于飞行中发动机系统的监控；综合服务，如GE在其产品市场提供的服务(如融资活动)；企业按照客户的个性化需求提供解决方案，如诺基亚转向网络基础设施解决方案；为客户提供功能结果，如施乐的举动从提供复印机到提供“文件管理”；资本货物供应商正在向价值流的不同位置转变为综合解决方案，如阿尔斯通的运输解决方案、爱立信的移动网络和Thales的培训解决方案。

(四)信息技术推动了服务化发展

人们的生活与工作正逐渐受到人工智能、云计算和大数据等新型技术的改变，信息技术革命打破了制造与服务的固有界限，全新的制造业商业模式将应运而生。以物联网、云计算、大数据应用为主体的新一代高效能服务化体系将在全球制造企业中展开运用。21世纪初期，以美国、欧盟、日本为首的发达国家在积极推行工业物联网战略；美国政府从2002年开始把针对服务工程的ESS作为重点项目进行研究，并且一直致力于产品服务化的研究分析；欧盟在《第七科研框架计划》中明确提出“云智造”概念，先后出台了制定了“FP5-FP7计划”“制造业2020规划”；芬兰政府编制了关于制造业服务化的延伸规划，并设立制造服务企业日ISBD；日本制定了《IT基本法》，并在2015年启动了《机器人新战略》对物联网实施战略布局；韩国推出U-Korea、REID先导计划。世界各国的这些举措都是在实施新时代、新技术革命的战略布局，是新时代新发展的必然要求。

第七章　模型构建与研究假设

第一节　理论基础

一、资源依赖理论

资源依赖理论(resource dependence theory)开发于20世纪70年代，当时，有关组织与环境之间的重要理论正在迅速兴起。在当时的研究背景下，组织作为开放系统的理念日益得到认同，而现有的分析组织与环境之间关系的成熟理论非常匮乏，对理论的需求催生了相应的理论探索。资源依赖理论就是其中之一。

(一)基本观点

资源依赖理论有三个核心思想：(1)社会环境很重要；(2)组织有增强自主权和追求利益的战略；(3)权力(不仅仅是理性或效率)对理解组织的内部和外部行为很重要。对于权力的强调以及对组织可用的明确的策略的仔细阐述是资源依赖理论的一个标志。同时，Pfeffer(1978)强调，要了解企业的行为，就必须了解企业行为的背景因素，也就是企业的生态。外部因素对企业有重要影响，尽管受其环境条件限制，管理者可以采取行动减少企业对环境的不确定性和依赖性。这些行动的背后同样是权力的概念，即对重要资源的控制(Ulrich & Barney，1984)。Pfeffer(1987)给出了资源依赖视角和组织间关系的基本论点：(1)理解企业间关系和社会的基本单位是组织；(2)这些组织不是自治的，而是受到与其他组织相互依赖所形成的网络的约束；(3)各相互依赖的组织对未来采取行动的不确定性，会导致生存和持续成功的情况不确定；(4)因此，组织会采取行动来管理外部依存关系，尽管这样的行动不一定完全成功，且有可能产生新的依赖和相互依赖模式；(5)这些依赖模式产生组织间和组织内的权力，这种权力对组织行为有一定影响。这个观点，以及组织必须对外部环境做出反应的主张，在组织理论和战略管理中已经达到了近似公理的地位。

(二)资源依赖中的能力提升

资源是企业生存的基础。企业资源包括由企业控制的所有资产——能力、组织过程、企业属性、信息、知识等，使公司能够设想和实施提高其效率和有效性的策略(Daft，1983)。从传统战略分析的角度来看，企业资源是企业可以用来构想和实施其战略的基础和优势(Learned et al.，1969；Porter，1981)。

许多学者共同探讨并形成了企业资源、能力、竞争力的内容，这些属性使企业能够实施价值创造战略(Hitt & Ireland，1986；Thompson & Strickland，1987)。为了分析其影响，这些众多的企业资源可以分为四类：物质资源(Williamson，1975)、财务资源、人力资源(Becker，1964)和组织资源(Tomer，1987)。物质资源包括企业使用的物理技术，公司的工厂和设备，地理位置以及原材料的获取。财务资源包括企业所有的资产、负债及留存收益。人力资源包括企业中管理者和员工的培训、经验、判断力、智力、关系和洞察力。组织资源包括员工和企业之间的联系，比如企业文化、组织结构、正式和非正式的计划、控制和协调系统，以及企业的市场声誉等。

基于交换观点，学者们发现，通过依赖他人而获得资源这一方式，能引导组织寻求联结，以降低不确定性(Scott，2002)。社会学者们通过预测企业应该跟谁联系，而进一步对资源依赖理论进行了补充。直接和间接关系提供了潜在参与者信息和参与者机会，组织更愿意与可信任的参与者建立关系(Gulati & Gargiulo，1999)。这些资源交换行为，构成了组织间的相互依赖。组织的外部控制将重点放在公司受环境约束的方式以及他们可以用来管理这些依赖性的策略上。Pfeffer 和 Salancik(2003)认为，共同的依赖和权力不平衡共同造成了相互依赖，这是 Casciaro 和 Piskorski 提出的一个观念。在一项关于并购活动的研究中，这些作者认为，权力失衡和相互依赖会对企业参与并购的倾向产生相反的影响。通过独立分离和衡量权力失衡和相互依赖，作者发现权力不平衡是并购活动的障碍，而相互依赖会促进并购活动。他们的论点是，更强大的公司不愿意与他们的下属进行合并，以免他们失去成为权力持有者的优势。

(三)资源依赖中的竞争优势

资源依赖理论认为在宏观环境下，企业没有能力减少不确定性和相互依赖程度，他们采取其他手段来减少这些环境事故的不确定性和相互依存关系。从实证结果来看，竞争优势平均可以持续很长时间，然而，这段历史时间并不是定义持续竞争优势的存在，而是目前和潜在竞争对手无法重复那种使竞争优势持续下去的战略。持续的竞争优势并不意味着它将“永远持续下去”，它只表明它不会通过其他公司的重复努力而被淘汰。一个行业经济结构中意料之外的变化可能使得曾经是持续竞争优势的来源对公司来说不再有价值，因此也不会成为任何竞争优势的来源。许多作者(Barney，1986；Rumelt & Wensley，1981；Schumpeter，1934，1950)在一个行业中称为“熊彼特冲击”的结构革命中定义了公司的哪些属性是资源，哪些不是。反过来，这些资源中的一些可能是新定义的行业结构中持续竞争优势的来源(Barney，1986)。然而，在新的行业背景下，以前的行业环境中的资源可能是弱点，或者完全不相关。一个享有持续竞争优势的公司可能会经历这些竞争结构的重大转变，并可能看到其竞争优势被这种变化所抵消。然而，竞争企业复制竞争优势的好处并不能使持续竞争优势无效。

当然，并非所有的业务流程都将成为企业竞争优势的来源。基于资源的逻辑表明，利用有价值但共同资源的业务流程只能成为具有竞争力的平等来源；利用有价值和稀缺资源的业务流程可以成为短时期竞争优势的来源；而利用有价值、稀缺和昂贵的资源的业务流程可以成为持续竞争优势的来源(Barney, 1991)。另外，为了充分发挥其资源和能力的竞争潜力，企业必须有效地组织其业务流程(Barney & Wright, 1998)。

如果企业无法有效地将其资源和能力转化为业务流程，则无法期望实现这些资源的竞争优势潜力。虽然这些资源可能会在一段时间内保持产生竞争优势的潜力，但只有在业务流程中才能实现这一潜力，因为企业流程使企业的资源和能力暴露于市场，其价值可以被认可。从长远来看，未能通过业务流程开发资源和能力可能会导致其获取竞争优势的能力下降。另一方面，在通过业务流程开发现有资源的过程中，可以开发和改进新资源，从而使公司能够开发新的竞争优势来源。

二、服务主导逻辑

服务主导逻辑这一理论是由 Vargo 和 Lusch 在 2004 年最先提出的。随后便在学界引起了广泛关注。服务主导逻辑是相对于产品主导逻辑而言的，是运用于营销领域的新理论(见图 7-1)。

在产品主导这个观点中，有形产出和零散交易是核心内容，而服务主导观点则是以交换过程及客户关系作为核心。值得指出的是，以服务为中心的观点不应该等同于：(1)限制性的，传统的概念化，经常把服务看作是一种剩余的(没有有形的利益；例如 Rathmell, 1966)；(2)增强产品，以提供良好的增值服务；(3)已被列为服务行业，如医疗保健、政府和教育。相反，我们将服务定义为通过行为，流程对专业能力(知识和技能)的运用，并影响另一实体的绩效。尽管我们的定义较狭义，和更传统的定义相一致，但我们认为它更具包容性，能覆盖到所有企业的基本功能。因此，以服务为中心的主导逻辑代表了一种适用于所有营销产品的重新定位的哲学，包括那些涉及提供服务过程中有产成品(货物)的产品(Vargo & Lusch，2004)。

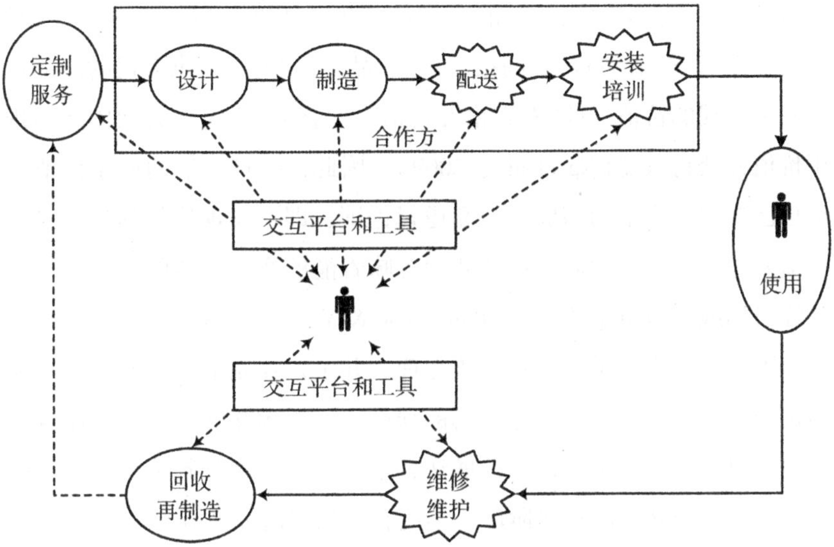

图 7-1　服务主导逻辑

服务主导逻辑中的“服务”，是部分营销学者认识到克服服务主导逻辑约束时，为奠定新的显性逻辑基础的作用(Dixon，1990)。这些学者的工作使得价值创造和交换的概念(例如在感知的服务质量和关系方面)有一些改进，现在它们已经超越了产品主导逻辑(例如制造质量和交易)的营销观念。在新营销逻辑发展过程中，这种中心的服务营销角色进一步支持了“服务”的选择。

此外，服务理念是交易和营销的基本概念，具有一些强大的，可以说是非常重要的规范性含义。它为公司整个营销活动提供了一种截然不同的目的和过程：为利益相关者提供服务，包括客户、股东和员工。可以说，这些方向对于在产品主导逻辑中无法发现的企业和社会都具有优势。

服务主导逻辑提出一个企业只能提供价值主张，并且其实现只能通过与客户共同创造。因此，企业不能“满足”顾客，他们只能合作来支持价值的共同创造。效用被视为一种产品主导逻辑，因为它意味着被动的消费者，其主要关注点是对产品效益(即效用)的评估。而服务主导逻辑相反地提出，使用价值是共同创造的，并作为受益人的经验。这意味着企业和客户都对实现使用价值负责——前者通过其价值主张，后者通过实现命题，无论是直接(人类活动)还是间接(通过产品)。因此，一家公司的产品仅仅是一种未实现的价值，即“存在潜在价值”，直到客户通过共同创造实现其使用价值并获得收益(Ng et al.，2009)。因此，客户评估的使用价值必须包括自己在此过程中的积极参与和逻辑论证，即在实现价值的过程中对自己的绩效进行评估。因此，价值共创意味着能够实现价值的客户资源对实现最终目标或收益也至关重要(Ballantyne & Varey，2006)。

综上所述，服务主导逻辑的核心理念并不是让制造型企业剥离产品而只提供服务，这是对服务主导逻辑的误解。世界500强企业中的服务方案提供商，也没有一家采用这样的做法，事实上，大部分制造型企业还处于向服务主导逻辑转变的初级阶段，不能有效利用这种价值创造的方法。

三、动态能力理论

动态能力观点将资源基础观作为前提假设之一，企业资源基础观是理解企业如何实现竞争优势，以及随着时间的推移，企业如何保持优势的理论框架(Barney，1991；Nelson，1991；Penrose，1959；Teece，Pisano & Shuen，1997；Wernerfelt，1984)。这个观点侧重于公司的内部组织结构，因此是对作为竞争优势决定因素的传统产业结构，以及战略定位的补充(Henderson & Cockburn，1994；Porter，1979)。尤其是，资源基础观假设企业可以概念化为资源集，这些资源跨企业异质分布，并且资源差异持续存在(Amit & Schoemaker，1993；Mahoney & Pandian，1992)。基于这些假设，研究人员已经推论，当企业拥有有价值的、稀有的、无法模仿及不可替代的资源时，他们可以通过实施不容易被竞争对手复制的、新的价值创造战略来实现可持续竞争优势(Barney，1991；Conner & Prahalad，1996；

Nelson，1991；Peteraf，1993）重复。最后，当这些资源及其相关活动体系具有互补性时，它们创造持续竞争优势的潜力就会增强。（Collis & Montgomery，1998；Milgrom，Qian，Roberts，1991；Milgrom & Roberts，1990；Porter，1996）

动态能力是管理者通过调整先前的组织和战略，从而改变了他们的资源基础：获取和流失资源，将它们整合在一起，并重新组合，从而创造新的价值创造策略（Grant，1996；Pisano，1994）。因此，它们是创造、发展和重组其他资源成为新的竞争优势来源的驱动因素（Henderson & Cockburn，1994；Teece et al.，1997）。Teece（1997）将动态能力定义为：企业利用资源，特别是通过整合、调整、获得和释放资源的流程，来匹配甚至创造市场变化。因此，动态能力是企业在市场兴起、碰撞、分裂、发展和消亡时实现新的资源配置的组织和战略。动态能力通常用模糊的术语来描述，例如同义反复、无止境递归和无法操作的“常规学习例程”。（Mosakowskib & McKelvey，1997；Priem & Butler，2000；Williamson，1999）然而，动态能力实际上是由可识别的和特定的常规事务组成的，这些常规事务往往是资源基础观之外，自身的大量实证研究的主题。

有些动态能力可以整合资源。例如，产品开发例程使管理者结合他们不同的技能和功能背景，创造产生收益的产品和服务，这是一种动态能力。（Clark & Fujimoto，1991；Dougherty，1992；Helfat & Raubitschek，2000）例如，丰田公司利用其卓越的产品开发技能在汽车行业实现竞争优势（Clark & Fujimoto，1991）。同样，战略决策也是一种动态能力，管理者将各种业务、职能和个人专业知识汇集起来，形成企业主要战略举措的选择（Eisenhardt，1989；Fredrickson，1984；Judge & Miller，1991）。其他动态能力则侧重于企业内部资源的重新配置。包括复制和打破常规例程在内的转换过程，被管理人员用来复制、转移和重组资源，尤其是基于知识的资源（Hansen，1999；Hargadon & Sutton，1997；Szulanski，1996）。资源分配的常规事务用于组织内的中心点分配稀缺资源，例如资本和制造资产（Burgelman，1994）。在战略层面上，协同演进涉及管理者需要重新连接企业各部门之间日常事务的合作网络，以在企业间产生新的协同资源组合(例如 Eisenhardt、Galunic，2000)。例如，迪士尼在历史上一直擅长协调发展，形成协调优势，推动卓越绩效(Wetlaufer，2000)。

虽然动态能力这个概念的应用非常普遍，但是大部分研究都是与产品相关或者技术相关的能力(Eisenhardt & Martin，2000；Lisboa et al.，2011；Teece，2007)，因此往往会忽视服务相关的动态能力。服务业的战略举措会挑战资本品行业的传统思维方式，并且需要动态能力(Matthyssens & Vandenbempt，1998；Stremersch et al.，2001)，应对这一挑战需要的不仅仅是运营能力来获得预期的服务利润和收入(Gebauer 等，2005；Oliva、Kallenberg，2003)，更需要动态能力来指导面向服务的业务模式的转变，这两种方法都是必需的。为了拓展市场，市场结构被认为是外生的，而服务机会取决于竞争对手的产品及明确的客户需求。基于和竞争对手提供的服务类型相比较，当竞争对手向市场推出新服务时，企业会发掘价值机会。一旦新服务推向市场，企业就会重新配置其服务流程和结构，以实现最低的运营成本。典型的组织设置是将服务业务作为成本中心整合到产品架构中(Noch，1995)。实质上，公司致力于创建一种商业模式，在服务基础架构中建立成本优势并保护已有的基础。一旦服务基础框架调整到有效成本，剩下的唯一不确定性就是竞争者是否遵循类似的服务路径。

动态能力的背景是动态变化的市场环境。制造企业所面临的也是快速变化的市场，本书后续将基于企业能力，来讨论服务化水平对企业竞争优势的中介作用。

第二节 研究模型与研究假设

基于上述理论基础，本书认为从资源依赖理论的“竞争优势”以及服务主导逻辑可以解释服务化水平对企业能力会带来正向影响，进而影响到企业竞争优势。由此，本书构建了一个概念模型，如图 7-2 所示。从该图可知，服务化水平是自变量，中介变量是企业能力(包括盈利能力、营销能力、创新能力、环保能力)，调节变量是组织特征(企业规模、员工教育程度、管理者任职年限)，因变量是竞争优势。

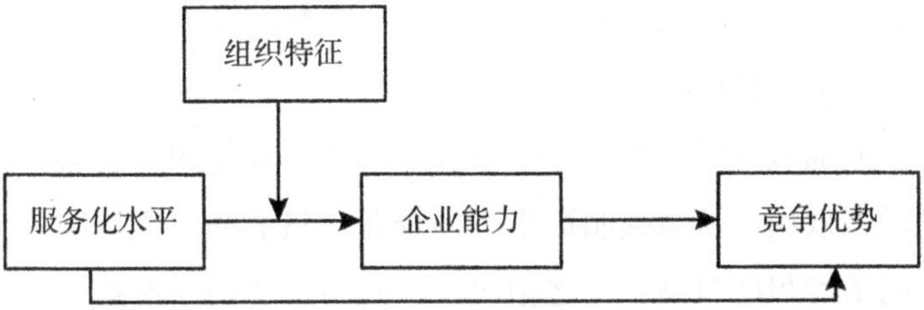

图 7-2　概念模型

根据本书构建的服务化水平对企业竞争优势影响的研究模型，笔者共提出 16 条研究假设。以下是对模型中各变量关系假设的逻辑推理。

一、服务化水平对企业能力的影响

制造企业实施服务化战略，与纯制造企业和纯服务企业相比，存在着差异化的竞争优势，服务化的发展能够提升企业的盈利能力。所谓盈利能力，是指企业充分利用其自身内外部资源的情况下，在激烈的市场竞争中，获取高额利润的一种能力，也是一个企业综合实力的展现。

从财务的视角来看，与服务化相关的研究分析显示：迄今为止最常用衡量服务化业绩的标准是企业的收入、利润和销售额。这并不意外，因为这些要素通常用来衡量制造企业服务化的业绩(Gebauer et al.，2010b)。通过采用先进服务的策略来提高收入增长，同时服务提供程度和服务的特征也对制造企业的收入产生影响(Visnjic et al.，2012)。盈利能力也就被认为是成功开展服务化的重要制造措施(Eggert et al.，2014)。Reinartz 和 Ulaga(2008)讨论了开发服务特定资源和能力需要大量投资。

国内一些知名企业也通过服务化战略使其服务收入比重得到大幅度提升。如制造业的企业创新行为和产业价值链扩张的方向，决定了产业发展的趋势和未来的盈利能力。许多现代复杂产品（如飞机）的生命周期的增加，正在将产业链下游的收入推向开展了服务业务的制造企业。这些产品服务组合往往对基于价格的竞争不那么敏感（Malleret，2006），因此与提供有形产品相比，这些产品服务组合倾向于提供更高水平的盈利能力（Frambach et al.，1997）。

制造企业通过开展服务化可以对有限的资源和知识进行整合，提高效率以达到最大效用。从事纯制造生产的企业，只能通过卖产品来盈利，对有形资源的依赖程度过高；与之相比，产品和服务的深度融合不仅可以降低企业的制造成本，还能帮助企业向产业链两段的领域延伸，开发高端产品和提供高级服务，从而促进企业盈利能力的提升。

由此，本文提出如下假设：

H1：制造企业服务化水平对其盈利能力有正向影响。

制造业作为技术复杂、先进技术应用广泛的行业，其创新能力受到越来越多的关注，西方发达国家在制造企业投入大量的研发人员和经费，而中国制造业产值虽然在世界名列前茅，但是制造企业创新能力总体偏弱，这已经成为制约制造企业转型的重要障碍。

关于创新能力的研究大多是从技术创新的角度。Mansfield（1982）等人把创新能力界定为“企业产生新产品、新工艺以及改善现有产品与工艺的能力”。Burgelman（1988）认为技术创新能力是指组织为支持企业技术创新战略而采取一系列措施，以企业盈利能力为基础，将产品创新能力和工艺创新能力有机结合并由此产生的系统整合能力。Szeto（2000）认为创新能力是企业为了改变市场环境，能够将员工的新创意转化为新产品、新工艺或新过程的一种能力。

为用户提供多样化、个性化的服务产品，已经成为制造企业取得市场份额和增值利润的主要手段。与一些单纯提供服务的企业相比，制造企业开发服务要复杂得多（Gebauer，2008）。因为传统上它是传送价值的制成品，同时它们深深植根于企业文化。因此，那些希望像服务提供者一样成功地建立自己服务模式的资本产品生产者，应该创造并保持产品价值和服务价值的共生关系(Gebauer et al.，2005)。它们必须管理两个并行的经营理念：服务导向的理念和产品导向的生产理念(Kindstrom & Kowalkowski，2009)。更具体地说，这意味着产品—服务系统的供应商必须培养现有的产品发展和制造领域的能力，而且要发展服务开发和提供领域的新能力(Burr，2003)。

尽管产品和服务的创新有不同的要求，但是必须与产品—服务系统联系起来，并且它们之间应该创建平衡的关系(Gebauer et al.，2008a)。产品和服务创新是否有区别存在争议，以至于为这些实证分析开发不同的研究方法，关于产品和服务创新的文献综述则表明：在某些方面，这些开发过程非常不同(Kindstrom & Kowalkowski，2009)。尽管许多传统的产品和服务创新之间的差异已经消除(Bascavusoglu-Moreau & Tether，2010；Drejer，2004；Sirilli & Evangelista，1998)，但矛盾依然存在。然而，在企业部门之中，产品开发和技术研发员工是创新主要的驱动力，而售后服务人员却是推动服务部门创新的主要力量。制造企业提供和开发创新性服务的理念是一个先驱，作为他们创新活动的一部分，提供和开发创新性服务的理念必须与产品和服务的特点完美结合。因此，Baines 等认为以产品为中心的企业需要的是对实体产品非常了解的员工，他们有能力去保持和进一步发展与客户之间的关系(Baines et al.，2009)。Gebauer 等也赞同这个观点，他们认为这不足以将源于服务行业发展服务的框架无条件转移到制造企业，因为制造企业的服务创新不同于服务部门的服务创新。产品和服务集成开发的成功因素，包括创新活动中的客户服务人员、信息共享、合理配置多功能团队、信息技术、内部组织、针对细分客户统计营销方法应用以及培训和教育等(Gebauer et al.，2008b)。

综上所述，企业的服务化水平越高，为客户提供的服务种类和服务质量要求相对更高，从而促使企业提高产品和服务的创新能力，进一步推进企业竞争优势的形成。

由此，本文提出如下假设：

H2：制造企业服务化水平对其创新能力有正向影响。

企业之间的绩效差异来源于可用于创造特殊的、难以复制的内部能力的一种资源(Amit & Schoemaker, 1993; Atuahene & Gima, 2005),也是企业竞争优势的起源。资源是可观察的、但不一定有形的资产,可以进行估值和交易;而能力是不可观察的、无形的,只能作为其整体的一部分来转手(Makadok, 2001)。能力是企业积累的知识和技能,使企业能够利用和提高资源价值。市场营销能力的基础是市场对客户需求的了解,以及过去使用市场导向预测和应对这些需求的经验。因此,市场营销能力是基于默认的知识和对手难以复制的资源(Krasnikov & Jayachandran, 2008)。

Day(1994)认为企业可以利用营销能力整合企业拥有的有形和无形资源,了解并满足顾客需求,实现与竞争对手的产品差异化定位,最终获得较大的竞争优势。从理论上讲,这种有形和无形之间的相互依赖可能使市场营销能力成为制造企业更独特的资源,因此竞争优势的潜力更大。营销能力之间的相互依存关系也表明,在分配稀缺能力改进资源的时候,不能只考虑个人营销能力,而应该对企业的整体营销能力进行评估。企业常常会将稀缺的营销能力用来改善企业中较弱的那一部分资源,这种能力被认为是强大的个人能力(Andriopoulos & Gotsi, 2000)。因此,企业必须依靠营销能力来开发、整合和转化资源,满足客户需求,以提高企业绩效。

传统制造企业开发和生产有形产品,在产品发生故障时企业为客户提供维护和修理等附加服务,以及为其员工提供如何正确使用产品的培训服务。近年来,越来越多的研究者建议重新评估这些服务的价值,而制造商逐步成为服务提供商。服务化战略已经被先进的制造企业所采用,是企业有效的战略选择。制造企业的服务化转型已经不是少数几家,而是在制造业不断发展的新兴背景下的一种集体的变化,竞争将会越来越激烈。因此,制造企业开展服务化必须具有与产品商业环境不同的、特有的组织文化、新的组织架构、充分的流程和合格的人员(Oliva & Kallenberg, 2003)。开展服务化转型,以客户库为依托,整合和转化资源,为客户提供价值、差异化服务内容,提升服务质量,延伸服务广度,是提升企业营销能力的重要手段。综上所述,制造企业服务化可以提升企业营销能力。

由此，本文提出如下假设：

H3：制造企业服务化水平对其营销能力有正向影响。

企业环境管理在过去几年一直是许多研究的主题，在这个新领域产生了相当多的知识。大多数研究是在组织层面上进行的，包括关注企业环保的动机（Bansal & Graham，1997；Stead & Stead，1996；Winn，1995）、企业环保的类型（Berry & Rondinelli，1998；Hart，1995；Hass，1996a；Hunt & Auster，1990；Roome，1992）、企业环保的过程（Shrivastava，1992）以及企业环保对企业绩效的影响（Hart，1995；Hart & Abuja 1996；Nehrt，1996；Russo & Fonts，1997）。

制造业生产所带来的环境污染问题亟待解决。Sueyoshi 和 Goto（2014）的研究显示，在制造业的转移与技术创新的双重作用下，有可能通过平衡经济增长和污染防控来减少环境的污染。区域规划在减少制造业环境污染方面也同样扮演了极为重要的角色。在制造业细分行业中，为分析瓷砖制造行业的环境问题与创新之间的关系，Gabaldon-Estevan 和 Monfort（2014）沿用了 Bergek 等（2008）提出的方法，对西班牙的瓷砖业进行了研究。结论认为，产业的环境影响已经超过其对经济的贡献；融合了更复杂的国际经济情境的新政策正危及欧洲制造业。绿色制造是应对污染增长、资源枯竭和全球变暖的重要措施，然而在实施过程中可能会遇到障碍，因此，Mittal 和 Sangwan（2014）运用模糊多属性模型确定来自环境、社会和经济方面障碍的优先次序。评价结果发现，技术风险是影响绿色制造的重要因素之一。

制造业的生产行为可能包括生产过程的优化（Nouira，2014）以及区位选择（Golini，2014）。前者认为基于环境问题，制造业的生产过程和投入要素需要重新调整。由此理念出发，Nouim（2014）提出了两种优化方案：第一种是公司仅提供一种产品，产品的需求取决于其是否为绿色产品；第二种是市场分割为普通的和绿色的两类顾客，公司提供不同类型的产品，需求与价格依赖于产品的绿色性。

回收再制造可以显著地减少资源消耗和废弃物排放，从而减轻处理产品带来的消极环境影响。相关研究为部分学者所关注，Hashemi 等(2014)首先建立了一个融入制造与再制造设置、翻新和库存运输费用的混合整数线性规划模型，通过敏感性分析揭示某些因素对库存运输成本、利润、废钢量和库存周转率的影响。再制造生产和消费面临经济增长、贸易、原材料的可获得性、价格与技术创新等确定性挑战的影响。Tsiliyarmis(2014)提出了不确定条件下环境改善的最小利率政策：一是减少最终废弃物，二是减少原材料的提取，三是减少来自制造业的影响。研究认为，在经济紧缩时期，可以通过降低利率的政策来改善环境；此外，创新可以避免制造业带来的环境恶化。Witell 等(2013)的研究显示，造纸行业的工厂和就业人数已经下降，而纸张产量却保持了十年前的水平，说明现有的装备得到更高的产量，而且服务已经成为提高效益和效率及承担环境责任的关键。闵连星(2016)认为可以通过开展回收再利用等服务业务，增加资源的利用率，实现生产与服务的有机结合，提升制造企业的生态效益。这也使得服务化的开展对企业提升环保能力有正向影响更具说服力。

由此，本文提出如下假设：

H4：制造企业服务化水平对其环保能力有正向影响。

二、服务化水平对竞争优势的影响

制造企业通过服务化不断增加服务类别在产品服务系统中的比例，使之既能够有效满足客户的特殊需求，同时还能减少对环境的负面影响。在这个转型的过程中，企业不能忽视工业产品和服务价值的结合对其竞争优势带来的影响，要用动态的思路协调企业内外部相关资源和能力的整合。

Vandermerwe 和 Rada(1988)认识到，许多公司正在寻求通过增加其服务组合来提高竞争力和营业额，他们将此变革过程定义为“服务化”，即当公司有意识地将业务发展成“增值”服务时，就会发生这种情况。根据作者的理论和研究背景不同，服务化已经以多种方式被定义，包括：作为管理理念的变化，服务被重新评估为商品交易过程中重要的组成部分(Toni et al.，1994）；作为和供应商/客户关系进行区分的能力，从产品供应商的成本领导战略中摆脱（Robinson et al.，2002）；作为组织能力和过程的创新，从销售产品转向销售服务，更好地创造互惠价值（Neely et al.，2008）；作为制造业企业提供货物和服务而不是单独的货物（Baines et al.，2009）。因此，服务化背后的共同意图是：通过把注意力集中在服务提供上来谋求提高竞争地位。在这方面，Oliva 和 Kallenberg（2003）认为应该向产品制造商建议将服务纳入其核心产品。他们确定了服务化的强有力论据：基础产品的创收；服务合同的稳定收入来源；潜在的利润更高；服务难以模仿等。

服务化通常是企业面向消费者的一种研究。比较而言，服务化是一种在企业关系的背景下建立和主要研究的概念，因此产品服务转移和工业营销管理具有关联性。Hakansson 和 Shehota（1995）认为，B2B 交易流程可作为建立在相互依赖的活动以及合作和交流过程之上的更长期价值链的一部分（Hedvall et al.，2016）。从关系视角来看，学者们将服务化作为构想国际关系变化的一种方式（Penttinen & Palmer，2007；Kindström & Kowalkowski，2014），用户和生产者在一起合作，并趋向长期合作（Hakansson，1993；Kamp，2005）。因此，服务化挑战了企业在公平竞争的市场中所采取的对抗性立场（Williamon，1985），这和 Johanson 等（1987）关于工业系统组织间关系的研究结论相同。他们认为业务之间的经常互动创造了相互依存关系，因此，跨国公司的交流有助于 B2B 的稳定和合作关系。这支持了这样的假设：服务化加强并巩固了用户和生产者之间的长期合作关系，为客户价值创造提供了空间（Mathieu，2001）和风险回报共享（Allmendinger & Lombreglia，2005；Baines & Lightfoot，2014）。因此，服务化促进了对客户使用价值的理解和鉴别（MacDonald et al.，2011）。

许多学者尝试创建和解释服务过程的模型，对服务流程的提供有不同的见解。Brax 和 Vistin（2017）提供了一个框架，在这个框架内整合了许多服务模式及其组成部分，使得它们可以被描述和理解。他们发现了九十四种不同的服务化模式，并将其视为数据点，以开发概念性元模型。通过研究服务化的复杂性，表明评估服务质量不仅仅是从服务获得的利润来衡量。

制造企业服务化给企业带来竞争优势的关键，是企业通过对产品和服务的整体融合，在提高企业产品上下游产业链中的附加值的同时，可以有效地降低制造企业在生产过程中的环境污染，努力实现人与社会、人与自然的可持续发展。

由此，本文提出如下假设：

H5：制造企业服务化水平对其竞争优势有正向影响。

三、企业能力对竞争优势的影响

作为商业组织，企业由全体员工共同努力所提供的产品或者服务是市场所需要的，由此获得的利润能够涵盖所有的成本投入，基于员工贡献的分配能够满足员工的需要，使得员工愿意继续留在企业工作，而组织盈利和基于信誉的再投入会支撑企业的进一步发展。从商业的角度来讲，企业既要有当下的效益，也要有未来可持续发展的空间。

遵循商业逻辑的角度，企业始终面临着生存、竞争、共赢的命题。企业无论生存还是发展往往都面临竞争，竞争本质上有利于个体的持续进步和优化，虽然发展都会经历困境，都会有付出成本和经历学习的过程。Poter(2002)将与企业相关的竞争活动都定义为价值链。企业为了提升客户价值，就要开展价值链中的一系列活动，目的是为了获取竞争优势。

从空间维度上讲，每个企业的存在必须要有效率，才有存在的意义。效率意味着企业要有客观的盈利，投入产出比是合适的才能够自我独立发展。从时间维度上讲，企业有价值才拥有延续下去的资本，可持续性意味着时间上的延续。所以，效率是相对的，价值是变化的，两者需要匹配。Wernerfelt(1984)认为企业的有形、无形资源可转化成为其独特能力；资源无法在企业之间流动，且很难复制；因此，这种独特的资源、能力就是企业竞争优势的来源。而企业竞争优势最直接的表现就是在市场占有率、产品销售额等方面，很多学者用采用财务绩效指标——超额收益来衡量企业的可持续竞争优势(Foss & Knudsen，2003；Wiggins & Ruefli，2005)。这也就是说，竞争优势的结果体现在企业盈利能力上。

企业通过有形的基础资源，不断地在发展过程中探索潜在的资源，组成企业不可或缺的“资源集合”；然后不断提高企业适应市场环境变化的能力，如组织的学习能力、创新能力和抗风险能力，从而建立企业的竞争优势。由于企业竞争优势具有暂时性，各种资源也是有限的，所以企业必须不断投入各种资源来加强企业竞争优势的建立，形成可持续竞争优势。企业具有较强的获取现金流的能力，并且要高出行业的平均水平，才能确保其竞争优势的可持续性。综上所述，盈利能力是企业形成可持续竞争优势的关键点，需要空间和时间上的有效结合。盈利能力同时也是竞争优势的体现，即企业拥有了非同一般的盈利能力，才能转换为优于其他企业或同行业平均水平的竞争优势。

由此，本文提出如下假设：

H6：制造企业盈利能力对竞争优势有正向影响。

Drucker(1985)认为“创新就是发挥企业的经济和社会潜能，有目的地去创造”。这是将创新视为一种改变，将创新放在正确的背景下就是在帮助企业取得进步。没有创新，企业就会停滞，最终会被竞争对手所取代。对企业来说，创新不仅能带来经济增长和发展，也深远地影响着行业的发展方向。创新的龙头企业，如苹果、丰田、戴尔等均表明，如果要对商业模式或者基本技术的核心部分做出重大改变，则会改变整个行业的竞争矢量。而龙头企业则会设定利我的游戏规则，在整个行业保持领先地位。

获取领先地位已属不易，要保持领先地位则更难。企业在引领行业方向上具备创新的能力，并不能确保其一定成为成功的创新者。实行了创新并不能确保企业获得稳定的经济增长，也不一定确保企业成功。轰动一时的创新不能确保企业的成功，只能算作一次机会。稳固的创新源应该是遵循原始创新规律的，包含从渐进式创新到激进式创新的一系列过程，有完善的创新组合才能维持增长和进步。从长远来看，企业最安全可靠的方法就是提高创新能力，在创新方式和创新时效上都超越竞争对手。企业拥有出众的创新，才会明显优于竞争对手，比竞争对手发展得更快更好，从而引领行业发展方向。

在促进企业收入增长和提高净利润方面，创新能力是关键因素。当企业收入增长面临困难时，市场扩张、兼并收购、预期销售额等方面的因素可能会导致年度总收入目标不能实现。企业不可能只通过降低价格和单独重建获得发展，当传统方法无法达到目标时，企业会通过创新来增长收入。而创新带来的增长方式取决于企业的需求和能力，创新会带来年收入增长、更大的利润、更好的客户关系、更高的员工积极性、更稳固的合伙关系、更有竞争力的优势。

制造企业竞争优势在形成的过程中受到两种创新模式的影响，可以归结为降低成本、实现产品和服务的差异化这两个方面。为了实现成本领先优势，制造企业通过自主创新，有效地控制产品生产、技术运用；为了实现差异化优势，可以针对不同的目标市场需求推出不同外形、性能的产品，识别目标消费者、提供定制化的服务，企业可以避免恶性价格竞争。通过上述分析可知，制造企业竞争优势的形成和提升，均受到其创新能力的影响。

由此，本文提出如下假设：

H7：制造企业创新能力对竞争优势有正向影响。

基于资源依赖理论和动态能力理论来解释企业内生一种“自我积累”的作用机制，企业由于长期的积累而形成一种企业“核心能力”。Prahalad 和 Hamel(1990)遵循企业竞争优势内生论的研究思路，认为企业竞争优势的来源在于企业内部内生的“核心能力”，将核心能力定义为“组织中的积累性学识，特别是如何协调不同的生产技能和有机结合多种技术流的学识”。这一定义包含三种能力：(1)以生产技能和知识形成的核心能力；(2)企业的组织结构，即如何运作、协调企业生产以最高效率保证企业能力和资源的发挥；(3)能力不是短期性的，而是在实践中不断增强。这说明企业的积累性知识会造成决策惯例，也有可能阻碍企业的发展。

一些研究将传统的营销组合(Vorhies & Morgan，2003)用于协调营销组合能力和市场资源投入的能力，确定为一种将资源转化为有价值产出的具体能力，包括信息管理和营销战略的制定和执行(Capron & Hulland，1999；Morgan，2003)。关于企业市场营销的能力，如产品开发和管理、定价、销售、营销传播和渠道管理、营销传播、市场信息管理(Vorhies，2005)，以及关注营销策略制定和执行的过程能力(Morgan，2003)。这些功能是有价值的、不可替代、无法模仿的优势，可以给企业带来卓越的财务绩效。

营销能力可以提供可持续竞争优势的来源。首先，资源观(RBV)理论将企业资源和能力水平、价值、不可模仿性和非可替代性的异质性作为企业绩效变异的根本原因(Amit & Shoemaker，1993；Barney，1991；Wernerfelt，1984)。如果标杆管理能够使企业提高其营销能力的水平和价值，那么就应该带来竞争优势(Teece & Pisano，1997)。其次，战略营销学者已经确定了企业的市场定位，即了解其市场环境的能力，并利用这些知识来适当地引导其行为作为企业业绩的关键驱动因素(Hunt & Morgan，1995；Jaworski & Kohli，1993；Narver & Slater，1990)。市场导向研究人员已经将标杆管理定义为一个重要的基于市场的学习工具，可以使企业以适应其市场环境的方式合理配置资源和能力(Slater & Narver，1995)。

研究人员认为，能力是公司在国内和国际市场竞争中获得成功的基础(Dierickx & Cool 1989；Leiblein & Reuer，2004)，因为它们是组合过程，通过这些过程将资源结合并转化为价值产品，产生企业的竞争优势。在研究中，将低成本和差异化优势作为公司的竞争优势(Aulakh et al.，2000)。企业考虑评估竞争优势的变化作为衡量绩效的指标(Day & Wensley，1988)。在这个框架中，可以利用优秀的技能和资源来获得竞争优势。首先，追求低成本带来的利润；其次，如果企业能够创造出通常被认为是与竞争对手产品与众不同的东西，就会产生出众的客户价值和差异化优势。由于顾客对品牌忠诚度的提高以及由此导致的较低的价格敏感度，差异化的战略是一个优势。

综上所述，在营销能力发展的基础上创造竞争优势，定价能力使企业能够运用定价策略快速应对变化，在市场上获得更高收益；具有新产品开发能力的企业可以有效开发和管理新产品和服务产品，以满足客户的需求；营销沟通能力使企业能够利用营销传播来管理客户的价值观念，具有营销传播能力的企业能说服消费者对产品有正面的认知，从而建立差异化的品牌形象。因此，营销能力在市场上能形成竞争优势，提升企业绩效。

由此，本文提出如下假设：

H8：制造企业营销能力对竞争优势有正向影响。

从 20 世纪 90 年代开始，环境保护问题开始受到社会各界的关注。发展中国家传统的制造业具有高消耗、高污染、低效率的特征，这种生产模式导致了全世界面临生态环境恶化、资源匮乏的困境。资源是有限的，有一些是不可再生的，是制造业开展生产活动不可或缺的物质基础。合理利用资源，提高资源利用率对经济社会的可持续发展越发重要。制造企业的环境保护能力是指企业在其生产活动过程中，为了解决已存在或者潜在的环境污染问题，提高有限资源的利用效率，保障企业和社会可持续发展的一种综合实力。制造企业依靠技术进步来保护环境，通过服务化转型来减少污染，将会在制造企业可持续发展过程中产生越来越显著的影响。

制造企业是否承担环保责任会对其社会形象有很大影响，因此越来越多的制造企业给予环保的关注日益增多。环保企业往往强调企业价值核心、产品、技术和系统的内部变化(Shrivastava，1992)，除此之外还注重管理外部关系，包括供应链(Hass，1996b)和利益相关者(Hart，1995；Stead & Stead，1996)。所期望的环保成果包括“尽量减少原材料和不可再生能源的使用，消除排放，并最大限度地减少产品和服务的生命周期成本”(Shrivastava，1995)，使得国民投入、产出体系接近闭环价值链(Stead & Stead，1996)。Avella(2011)认为企业开展环保活动是具有积极作用的，也将环保能力视为竞争优势的一个部分。

还有一些研究表明，制造企业在提升环保能力的同时，对企业其他方面的能力不仅没有减弱，反而对竞争优势的其他要素具有正向影响。制造实践可以同时兼顾多项竞争优势要素，一种能力的提升会促进另一种能力的提升。研究表明，当制造企业面对环境污染和资源贫乏的困境时，会采取应对措施提高资源利用效率，达到降低成本、增加利润的目的，以获取新的竞争优势(Porter & Linde，1995；Gupta & Sharma，1996；Nidumolu，2009)。并且在后续的研究中有学者认为，重视环保的制造企业更表现出独特的成本优势(Walker，2014)。

由此，本文提出如下假设：

H9：制造企业环保能力对竞争优势有正向影响。

四、企业能力的中介作用

英国的一项研究表明，在服务化制造企业中，大部分业务的销售收入在过去5年中都出现了增长，其中有24%的被调查企业的销售收入增长率达到25%—50%(Corporate，2011)。在美国、芬兰和新加坡也都出现了类似的情况。服务化并不是制造企业的灵丹妙药，利润率也不会自动提升。如何提高利润，要看所提供服务的种类、产品与服务的互补程度以及制造企业所具备的传递这些服务的能力。对于制造企业来说，一方面面临着新产品销售额不断降低、产品间竞争日益激烈的趋势；另一方面还存在产品的用户安装转换成本很高，并且为这些产品提供服务的潜在利润非常可观。因此，制造企业要向服务化转型是一种趋势。

制造企业通过所提供的客户服务类型获得收益及由此产生利润。这个服务化的路径是从基础服务(如产品、零部件)，扩展到中级服务(如维护、保养)，再到高级服务(如解决方案)的进步，不是简单的增加服务的组合。增加的服务类型很自然地为制造企业带来了收益的增长，因为各类服务为客户承担了更多的工作，企业也从客户处获得更大的市场蛋糕。制造企业在服务化过程中，能够针对客户特定的商业运作要求而开发相关服务，提供集成解决方案，对有效提升制造企业的绩效发挥关键作用。

前人的研究证实，制造企业服务化与竞争优势之间存在显著的正相关关系。认为传统制造企业通过改变以生产制造为主的商业模式，扩展服务类型的转变，能够在很大程度上促进制造业企业盈利能力的提升，也能够帮助企业获取新的竞争优势（Wise & Baumgartner，1999；Vandermenwe & Rada，1988）。C. K. Prahalad 和 Gary Hamel（1990）认为企业所拥有的稀缺资源是竞争优势的关键，但纯粹的资源本身是难以产生竞争力的，企业竞争优势取决于企业如何最大效率地使用所拥有的稀缺资源。

根据企业能力理论观点，认为制造企业组织内部的能力对解释企业获得超额利润和保持企业竞争优势，以及在市场竞争环境中的差异化发展具有关键性的影响作用。而企业竞争优势最直接的表现就是在市场占有率、产品销售额等方面，很多学者采用财务绩效指标——超额收益来衡量企业的可持续竞争优势（Foss & Knudsen，2003；Wiggins & Ruefli，2005）。也就是说，竞争优势的结果体现在企业盈利能力上。企业具有高于行业平均水平的创造现金流的能力，才能确保竞争优势的可持续性。

由此，本文提出如下假设：

H10：制造企业服务化水平通过盈利能力对竞争优势有正向影响。

伴随激烈的市场竞争和新一代信息技术的发展，全球制造业都将经历一场突破性的变革。经济、环境、市场和社会因素都促进了传统制造企业提供服务的可能性，由于"服务化"战略的不断开展，也使得制造业价值体系不断地发生变化。创新是制造企业服务化的重要驱动因素，制造企业可以通过先进的信息技术获取产品"可视化"方面的信息。

创新是市场拉动和技术推动共同作用的结果。制造企业通过产品的创新、成本大幅度削减方案的实施和国际供应链的利用，使服务化更加容易成功。Gallouj（1991）提出了特殊化创新的概念，是指与客户深入沟通，在与客户沟通的过程中了解并解决客户的要求而产生的创新。这是一种为客户提供解决方案的服务，是由解决问题而开展的创新活动。

在高级服务中这种创新较为普遍，例如在咨询业务、广告出版等知识型的高级服务业务中，针对客户个性化的要求提供咨询报告、解决方案、创意设计等，也是一种与众不同的产品创新。其重点是在创新过程中企业与客户相互配合，客户的要求起着重要作用，创新过程由客户和服务提供者共同完成。因此，很多制造企业成立特定的服务部门，提供与主营产品相关的增值服务。制造企业在产品开发的过程中需要考虑新的、复杂的维度(Brad, 2009)。由于服务的提供者了解企业生产的产品，在服务过程中比较容易获取客户的消费需求、市场的动态以及开发新产品等信息。考虑了服务需求的实体产品开发，有助于提高服务交付的效率，减少服务活动的成本，这样就提升了企业整个产出的竞争力(Goffin, 2000)。因此，制造企业通过服务业务的开展，满足了目标消费者的需求，使企业的创新能力得到提升，获得了差异化的竞争优势。

综上所述，制造企业开展服务，不仅能帮助企业减少创新所需的时间，降低创新过程花费的成本，让企业可以利用更多的资源投入创新活动中，进一步增强企业的创新能力和竞争优势。

由此，本文提出如下假设：

H11：制造企业服务化水平通过创新能力对竞争优势有正向影响。

对于制造企业而言，通过服务来进行改革的机会非常多。组织会逐渐地通过发展服务而水到渠成地创造出与众不同的竞争优势(Wise & Baumgartner, 1999)。这样的过程要求组织除了要了解实物产品最初的购买程序之外，还要了解产品完整的使用寿命周期，其中包括应用、相关的支出、保养及维修、保险以及转售等(Gustafsson & Johnson, 2003)。对于制造企业提出的挑战是要了解组织本身服务竞争的优势所在以及如何去创造它们。

制造企业为顾客提供服务的质量越高，得到的收益越多，发展服务业务的数量就会增多，服务的范围相应变宽，从而服务化水平就越高。为了满足客户不断变化的需求，实现新的竞争优势，制造企业努力为客户提供增值解决方案(Davies et al., 2006; Nordin & Kowalkowski, 2010)。众多制造企业正在采取大客户管理方法，持续不断地为客户提供个性化的产品或服务包，以构建一群忠诚的大客户(McDonald et al., 1997)。当企业努力实现战略转型如服务化时，可能会对客户关系进行重大变革，这时就需要企业具有较强的营销能力，去识别那些最有潜力、能够为服务化战略目标提供支持的客户。

对于企业来讲，客户从企业提供的产品及服务中感知到的附加价值越多，其满意度和忠诚度就越高，进而其营销能力也得到提高，最终提高企业的绩效和竞争优势。由于深刻地理解了客户过程，制造企业成了客户过程的一部分(Windahl & Lakemond，2010)，通过与客户的密切沟通，识别客户的商业需要，能够按照客户需求的轻重缓急来提供产品和服务。也就是说，通过服务化的过程，制造企业提高了自身的营销能力，促进了企业的发展。

综上所述，强化服务化过程中营销能力的提升，已经成为制造企业的一个共同趋势(Brax & Jonsson，2009)。企业要通过对目标客户和商业网络环境的分析，来更好地把握新兴的市场机会，更加迅速地创造经济价值，以获取竞争优势。

由此，本文提出如下假设：

H12：制造企业服务化水平通过营销能力对竞争优势有正向影响。

学者们在研究制造企业服务化原因的问题上划分出两派观点，一种观点认为制造企业服务化的目的是为了追求现在的经济效益；另一种观点是支持产品—服务系统，认为制造企业服务化有助于环境的可持续发展。对于资源的过度需求来源于对消费的需求，人们对财富、生活方式、个人发展和经济前景的判断，都是基于对非可再生能源和自然资源的过度利用之上的。Biello(2006)认为发展中国家利用一切机会从开采原材料中获得利益而不顾环境问题，这种行为加速了对自然资源的破坏性开发。

为了解决上述问题，学者们提出了很多方法。一些学者倡导自然主义的方法，还有一些则建议对现有的经济和生态效益进行去物质化。生态效益是基于企业运行的效率如果能得到提升，就继续过去的模式的一种技术解决方案；去物质化指的是服务社会正常功能所需原材料数量在绝对值或者相对值上减少。制造业服务化无疑有助于去物质化。制造业服务化鼓励企业对产品负责，并通过开展回收、循环利用和翻新等服务来实现。这样可以通过采用技术知识减少能源和原材料的使用，获得同样的产出，从而减低成本消耗和对环境的影响。

制造企业为了实现经济增长与自然环境的和谐发展，必须对外部资源进行重新整合，学习新的知识和技能。改变原有对自然资源过度依赖的行为而形成新的环保战略的一种能力被称为环保能力。企业通过绿色产品和绿色服务来建立环保品牌，使消费者对产品或服务更加信任，从而通过环保行为获得经济利益。如果企业重视组织过程起到的作用，那么可以选择重环保、讲效率、超越服从的环境战略，也进一步证明了企业环保行为与竞争优势之间的关系(Orsato，2009)。

因此，环境保护能力本身对相关企业或组织来说非常有价值。从长远来看，制造业实施服务化战略，追求环境友好型和道德友好型的企业更有可能在世界范围内获得重要的战略机会。随着全世界越来越关注环境问题，努力提高自身环保能力的企业极有可能在新产品和业务机会的发展过程中成为领导者，获得良好的发展潜力。希望通过环保能力的提升获取竞争优势的企业会面临更多的机会，环境可持续性的战略将重建市场竞争格局。

综上所述，本文提出如下假设：

H13：制造企业服务化水平通过环保能力对竞争优势有正向影响。

五、组织特征的调节作用

相关文献认为，创新活动的发生一般都是在组织内部，而组织特征是开展创新活动最重要的情境因素之一(Damanpour & Wichnevsky，2006)。现有的一些研究表明，企业年龄、企业规模、企业成员受教育程度、管理者任职时间(Mol & Birkinshaw，2009；Harder，2011)以及领导风格等组织特征都会对企业的创新倾向产生影响。第一，就企业年龄而言，有学者认为，年龄越长的企业越有可能因为管理路径依赖、行为惯性等原因而不愿开展创新活动(Tushman & Anderson，1986)；一些学者持相反意见，认为随着年龄的增长，组织能够积累更多的资源，这些资源成为组织内部管理创新的基础，促进企业不断开展创新活动(Cohen & Levinthal，1990；

Sorensen & Stuart，2000）。第二，就企业规模而言，一些学者认为，小企业层级少灵活性高，实施创新的效率高（Nord & Tucker，1987）；另一些学者认为，大企业资金雄厚、人才多，更有能力实施创新活动（Hit，1990）。第三，就企业员工受教育程度而言，学者们一致认为，组织成员的受教育程度越高，对问题的认识越清晰，更能接受创新思想，而且也越有能力来执行管理创新（Barey，1991；Mol & Birkinshaw，2009）。第四，就高管任职时间而言，通常情况下高管任职的时间越长，其实施创新战略的倾向越小。更换高管会导致企业内部权力的重新分配（Shen et al.，2002），这就有可能使企业改变经营管理的战略和实施管理创新（Tushman & Rosenkopf，1996；Harder，2011）。第五，就领导风格而言，Vaccaro 等（2012）认为，不同的领导风格对企业实施新战略的影响因组织规模而异。基于数据的可获得性，本文选取了组织特征中的企业规模、员工教育程度和管理者任职年限这三个变量作为反映调节作用的具体指标。

（一）企业规模的调节作用

企业是资源的总体，企业规模的大小能反映企业所拥有资源的数量（Barney，1991）。规模大的企业相对于规模小的企业来说，所拥有和可利用的资源就更多。

制造企业在实施服务化战略时，规模大的企业拥有更多的资源，就更有能力实施服务化战略。企业可以利用更多产品所携带的附加资源（如顾客关系、管理经验和信息共享），获取服务市场的一些潜在机会，为客户提供更优质的解决方案（Ulaga & Reinartz，2011）；而且，规模大的企业有实力更好地全面利用资源和知识（Boulding & Staelin，1990）。在产品和服务相互融合时，共同产生的效应会带来更多的资源，给企业带来更多的利润、更好的绩效，从而提升企业能力。因此，企业规模对制造业服务化水平与企业能力的关系具有正向影响，即：企业规模越大，制造业服务化水平对企业能力的正向影响越大；企业规模越小，制造业服务化水平对企业能力的正向影响越小。

但是，在服务化开展的过程中，相对于规模小的企业，规模大的企业虽然拥有更多的资金、高素质的人力资源和知识存量，但是组织层级较多，没有小企业灵活。当企业开展新的服务业务时，需要将这些资源进行融合，这个相互融入的过程会有一定难度，因为要克服已存在的产品和服务的配置，打破企业内部已有的组织结构，重新进行资源的配置(Slater & Narver，1995)，所以企业开展服务化战略的难度相对更大。然而，由于小企业的灵活性较高，组织结构和资源配置都更容易调整以适应新的战略。因此，企业规模对制造业服务化水平与企业能力关系具有负向影响，企业规模越大，制造业服务化水平对企业能力的负向影响越大；企业规模越小，制造业服务化水平对企业能力的负向影响越小。

综上所述，本文提出如下假设：

H14：企业规模对制造企业服务化水平与企业能力的关系具有调节作用。

(二)员工教育程度的调节作用

员工技能和教育等特征是企业人力资本的重要组成部分。雇用受过较高教育的工人的企业更有可能具有创新性，员工教育的平均水平差异构成企业吸收能力的重要组成部分(Cohen & Levinthal，1990；Wenger，2000；Lundvall，2002)。教育背景是员工知识库的重要组成部分，也影响着工作方法。员工依赖于所受教育的专业，这种专业认同影响了员工的决策以及如何识别和解决问题的观点(Joshi & Jackson，2003)。教育多样性将增加信息的使用，而过于复杂的多样性会降低在员工之间传播信息的能力(Dahlin et al.，2005)。教育多样化措施有可能存在偏差，因为它衡量的是受过高等教育的群体的多样性。雇用更多受过良好教育的员工对于企业创新绩效是有利的，更多的教育类别增加了这种可能性。不同的教育背景不仅为企业提供了不同的知识和工作方法，而且增加了吸收能力，增强了企业的创新能力(Cohen & Levinthal，1990；Zahra & George，2002)。

与传统的制造企业相比，实施服务化战略的制造企业在很多方面都会有较大的改变。一方面，企业外部环境的变化、内部工作的复杂性等情况的增多，伴随这些变化的出现使企业在思想、知识和能力上对员工提出了更高的要求。另一方面，企业还需要优秀的人才队伍作为支撑，使企业在新的理念和模式下将增加了服务的产品投入市场，增强企业的盈利能力。因此，员工教育程度越高，服务化战略推进越顺利，对提升企业竞争力越有利。与此同时，高学历员工具有素质和能力优势，更容易找到较好的工作，相对于低学历员工来说对于工作稳定这一需要并不看重(李志，2005)。员工教育程度越高对企业的激励机制更为看重，当企业激励机制不够完善时高学历员工的流动可能性就越大。员工流动过于频繁，不利于企业的发展。

综上所述，本文提出如下假设：

H15：员工教育程度对制造企业服务化水平与企业能力的关系具有调节作用。

(三)管理者任职年限的调节作用

企业管理者是整个企业活动的核心，管理者的行为会直接影响企业的前途和发展。研究显示，绩效下滑的企业往往会经历其高管团队更换(Hambrick & D'Aveni，1992)。在衰落的企业中执行变更往往也导致外部人员被任命为首席执行官(Boeker & Goodstein，1993；Schwartz & Menon，1985)。当企业的高管团队被高比例更换时，不同的高管团队可能会对企业的绩效问题产生不同的认识。当高层管理人员被重大更换时，整个管理团队的平均任期变得更短。因此，这些新的团队成员与长期任职的团队成员相比，对过去绩效负责的动机就会减少，而对过去的战略决策不负责任的新成员对团队的作用更大。

研究表明，高层管理人员任职的时间越长，其实施新战略的倾向就越小。由于更换高管会导致企业内部权力的重新分配(Shen et al.，2002)，这就有可能使企业改变经营管理的战略和实施管理创新(Tushman & Rosenkopf，1996；Harder，2011)。

制造企业服务化转型作为经济全球化发展的一种潮流趋势，在面对这一重要变革时，企业高层管理人员的作用就更加凸显。高层管理人员要高度关注行业环境和市场趋势的变化，随时根据变化来调整企业战略，使之与服务化保持高度匹配的关系；还需要对企业内部组织模式、商业模式以及价值实现途径等进行调整，确保与服务化战略保持一致。因此，服务化的实施对企业管理者提出更高的要求。

鉴于此，高层管理者的任职年限对企业服务化战略的实施有着深远的影响。制造企业高层管理人员任职的时间越长，对企业内部组织模式和商业模式的调整倾向性越小，对制造企业的服务化转型趋势的接受程度有限。但是，制造企业服务化战略的实施，是长期和艰巨的过程，需要管理者持续性的规划，高管的频繁更替也不利于企业服务化战略实施的持续性。

综上所述，本文提出如下假设：

H16：管理者任职年限对制造企业服务化水平与企业能力的关系具有调节作用。

六、研究假设汇总

本研究基于理论模型和相关研究共提出了16个假设，现将上述关系的具体假设汇总如下表：

序号	假设内容
1	H1：制造企业服务化水平对其盈利能力有正向影响
2	H2：制造企业服务化水平对其创新能力有正向影响
3	H3：制造企业服务化水平对其营销能力有正向影响
4	H4：制造企业服务化水平对其环保能力有正向影响
5	H5：制造企业服务化水平对其竞争优势有正向影响

续表

序号	假设内容
6	H6：制造企业盈利能力对竞争优势有正向影响
7	H7：制造企业创新能力对竞争优势有正向影响
8	H8：制造企业营销能力对竞争优势有正向影响
9	H9：制造企业环保能力对竞争优势有正向影响
10	H10：制造企业服务化水平通过盈利能力对竞争优势有正向影响
11	H11：制造企业服务化水平通过创新能力对竞争优势有正向影响
12	H12：制造企业服务化水平通过营销能力对竞争优势有正向影响
13	H13：制造企业服务化水平通过环保能力对竞争优势有正向影响
14	H14：企业规模对制造企业服务化水平与企业能力关系具有调节作用
15	H15：员工教育程度对制造企业服务化水平与企业能力关系具有调节作用
16	H16：管理者任职年限对制造企业服务化水平与企业能力关系具有调节作用

第八章　实证研究及假设验证

第一节　研究设计

一、样本选择与数据来源

根据中国证监会报告，截至 2017 年 5 月底，沪深交易所共有上市公司 3261 家，所有数据来源于沪深两市上市公司。数据筛选的步骤为：

第一步，从沪深两市上市公司中筛选出制造业企业。方法是：以《上市公司行业分类指引》(2012 年修订)为标准，选取门类代码为 C(制造业)的企业为制造业企业，得出沪深两市 A 股上市制造业企业共有 2131 家。

第二步，将制造业中 2131 家企业进行进一步筛选，选择出开展了服务化的制造企业。方法是：万得(WIND)数据库中有上市公司业务范围的描述，描述的名称为“经营范围”，查找“经营范围”包含“服务”这个关键词，来判断该公司是否开展服务业务；判断标准为：如果上市公司的经营范围中没有“服务业务”资料，判断为纯制造企业，反之则认定为开展了服务化的制造企业。筛选后有 1251 家。

第三步，对开展了服务化的上市制造企业的上市时间进行筛选。方法是：从上市的时间中，选出满足上市时间超过 12 年的企业，筛选后共有 366 家。

第四步，剔除掉 ST、PT 类，年报数据不全，以及有重大资产重组事项的企业，最终确定的研究样本为 178 家制造业上市公司。

第五步，下载 178 家制造业上市公司相关数据和年报，并对年报中的数据进行人工检索，数据下载的时间为 2017 年 9 月。

本文的数据来源于以下几种途径：(1)企业服务化水平来自企业年报数据人工整理收集。(2)企业环保投资的数据来源于上市公司披露的可持续发展报告、企业社会责任报告以及环境报告，经过人工收集及整理得到。(3)企业员工教育程度的数据来自万得(WIND)数据库，其他研究变量的数据来源于国泰安(CSMAR)数据库。(5)部分变量缺失的数据通过查询上市公司年报而来。本研究采用了 Excel 2016、SPSS22.0 与 Eviews 9.0 等软件来进行数据的统计整理与模型的回归检验。

二、变量的测量

(一)被解释变量——服务化水平

根据 Neely(2009)的研究方法，结合国内制造企业的实际，本研究把样本企业中与主营业务相关的服务归纳为：咨询、设计与开发、安装与执行、维修保养及售后、采购、销售和贸易、进出口、物流、金融、租赁、外包和运营、财产和不动产、广告与出版、工程项目、解决方案、回收、其他等 17 种。本研究采用虚拟变量对上述 17 类服务进行标记，然后人工分析每一家企业 2005 年至 2016 年年报，并建立了服务化所涉及的每种服务类型的判别标准，即经营范围中与之相匹配的关键词，不在此范围内的归到“其他”类。企业经营范围中存在上述服务中的服务种类数量即为该虚拟变量的取值。

(二)解释变量——竞争优势

竞争优势是指企业在市场份额、利润率等方面超越竞争对手，在市场竞争中处于相对有利的地位。反之，企业的市场份额、利润率等指标落后于竞争对手时，就处于竞争劣势。企业之所以能够在激烈的市场竞争中处于竞争优势地位，是因为企业具备超越竞争对手的资源和能力。迈克尔·波特提道："竞争优势源自企业能够为其客户所创造的价值，其形式有以低于其竞争厂商的价格而提供相等的收益，或提供的超额受益足够抵消其高出的部分价格。"综上所述，企业的竞争优势是指企业能够为顾客创造的高于其成本的价值，用价值成本之比来衡量，即价值/成本（Value/Cost，简称 V/C）。

（三）中介变量

1. 企业盈利能力。本文使用主成分分析法对影响制造企业盈利能力的因素进行分析。主成分分析综合了净利率、资产收益率等指标，消除了因变量之间的相关性，能够从综合和整体角度分析影响制造业企业盈利能力的因素。

2. 企业营销能力。本研究在王霏等人采用的反映营销能力的指标基础上，选取存货周转率、销售费用率来衡量企业营销能力。其中存货周转率是销售成本与存货余额的比值，可以衡量企业的销售能力；销售费用率是销售费用和营业收入的比值，表明了企业销售和促销的投入力度。

3. 企业创新能力。在过往文献中，学者通常把创新划分为创新投入和创新产出。创新投入通常采用研发费用或研发人员来衡量，而创新产出则采用专利数量等指标来衡量。其中创新投入方面，研发投入是国际上关注的指标，可以反映一个企业或者行业的科技创新水平和核心竞争力，是保障科技发展的必要基础，也是提高劳动生产率的重要因素；研发技术人员是提升科技创新能力的主力军，是避免研发经费被浪费的关键力量。而在创新产出水平方面，自 20 世纪 70 年代以来是用发明专利数来表示，发明专利数是最能反映科技创新程度高低的专利类型，体现了原始创新能力的差异。因此，本文结合过往研究，根据样本企业实际情况，将创新能力分为研发投入、专利数量和技术人员比例这三个指标。

4. 企业环保能力。企业环保能力采用环保投资来衡量，环保投资的初始数据来自企业社会责任报告中披露的当年新增环保投入，包括环保项目支出、污染治理费用、绿化环保费等项目。参照唐国平、李龙会和吴德军(2013)、唐国平和李龙会(2013)、薛求知和伊晟(2015)以及李虹、娄雯和田马飞(2016)等人的处理方式，选择“当年新增环保投入/资本存量”表示企业环保能力。其中，资本存量采用企业期初总资产与期末总资产的平均值表示。

(四)调节变量

1. 企业规模。采用企业员工总数的自然对数表示。

2. 员工教育程度。将员工受教育程度按专科 1、本科 3、硕博 5 的比重对样本企业的员工数进行加权计算，其公式为：员工受教育程度=(1×专科员工数+3×本科员工数+5×硕士博士员工数)/员工总数。

3. 管理者任职年限。以董事长的任职年限来表示，并逐年累加，2005 年的任职年限通过查阅以往年份年报来获得；2006—2016 年董事长如有变化，则变化的当年取 1，随后取值逐年累加。

(五)控制变量

由于影响企业竞争优势的因素很多，而且实证研究也需要全面考虑影响企业竞争优势的因素，以防模型设定、变量选取等相关统计问题出现较大偏差，故本书还考虑了其他影响企业竞争优势的因素，并选取合适的指标作为模型中的控制变量。本书的控制指标包括：企业上市年限，用企业成立时间与样本观察期的差表示；企业偿债能力，以资产负债率度量；企业所在地和企业所有制用虚拟变量表示。

主要研究变量汇总如表 8-1 所示：

表 8-1　变量汇总表

变量名	变量符号	定　义
服务化水平	Servitization	虚拟变量，企业在上述 17 种服务类型中所涉及的服务种类数之和
竞争优势	Comp_Adv	一个企业的竞争优势用价值成本之比来衡量，即价值/成本
中介变量：		
盈利能力	Profit	资产收益率
营销能力	Marketing	存货周转率、销售费用率
创新能力	Innovation	研发投入、专利数和技术人员
环保能力	Enviro	当年新增环保投入/资本存量
调节变量：		
企业规模	Size	以企业员工总数的自然对数表示
员工教育程度	Education	将员工受教育程度按专科 1、本科 3、硕博 5 的权重对样本企业的员工数进行加权计算
管理者任职年限	Tenure	董事长任职年数
控制变量：		
企业上市年限	Age	虚拟变量，上市时间在 1995 年及以前为 0，1996—2000 年间为 1，2001 年及以后为 2
企业偿债能力	Solvency	以资产负债率度量
企业所在地	Location	虚拟变量，东部地区为 0，中部地区为 1，西部地区为 2，东北地区为 3
企业所有制	Ownership	虚拟变量，国有企业为 0，集体、民营、私营企业为 1，外资及其他企业为 2

三、模型设定

本文共统计出 2005—2016 年共 12 年的数据，结合前一章研究假设，本章构建以下模型来验证假设 1—13：

$$Comp\_Adv_{it} = c \times Servitization_{it} + \sum_{j=1} \beta_j \times Control_{itj} + e_{it}^1 \tag{8.1}$$

$$\begin{aligned} &Profit_{it}(Marketing_{it},\ Innovation_{it},\ Enviro_{it}) \\ &\quad = a \times Servitization_{it} + \sum_{j=1} \beta_j \times Control_{itj} + e_{it}^2 \end{aligned} \tag{8.2}$$

$$\begin{aligned} &Comp\_Adv_{it} = c' \times Servitization_{it} + b \times Profit_{it}(Marketing_{it}, \\ &\quad Innovation_{it},\ Enviro_{it}) + \sum_{j=1} \beta_j \times Control_{itj} + e_{it}^3 \end{aligned} \tag{8.3}$$

模型 8. 1—8. 3 用来检验企业能力在服务化水平对竞争优势作用的中介效应，其中 Control 代表企业上市年限(Age)、企业偿债能力(Solvency)、企业所在地(Location)、企业所有制(Ownership) 等控制变量，c、a、b、c′、β 为回归系数，e 为误差项。

本章构建以下模型来验证假设 14—16：

$$\begin{aligned} &Profit_{it}(Marketing_{it},\ Innovation_{it},\ Enviro_{it}) = c \times Servitization_{it} \\ &\quad + \sum_{j=1} \beta_j \times Control_{itj} + e_{it}^4 \end{aligned} \tag{8.4}$$

$$\begin{aligned} &Profit_{it}(Marketing_{it},\ Innovation_{it},\ Enviro_{it}) \\ &\quad = a \times Servitization_{it} + b \times Size_{it}(Education_{it},\ Tenure_{it}) \\ &\quad + \sum_{j=1} \beta_j \times Control_{itj} + e_{it}^5 \end{aligned} \tag{8.5}$$

$$\begin{aligned} &Profit_{it}(Marketing_{it},\ Innovation_{it},\ Enviro_{it}) \\ &\quad = a \times Servitization_{it} + b \times Size_{it}(Education_{it},\ Tenure_{it}) \\ &\quad + d \times Servitization_{it} \times Size_{it}(Education_{it},\ Tenure_{it}) \\ &\quad + \sum_{j=1} \beta_j \times Control_{itj} + e_{it}^6 \end{aligned} \tag{8.6}$$

模型 8. 4—8. 6 用来检验组织特征在服务化水平对企业能力作用的调节效应，其中 *Control* 代表企业上市年限(Age)、企业偿债能力(Solvency)、企业所在地(Location)、企业所有制(Ownership)等控制变量，a、a、b、d、β 为回归系数，*e* 为误差项。

第二节　描述统计分析

一、服务化水平

(一)服务化水平的描述分析

从表 8-2 中可以得知，企业服务化水平的均值约为 6.65，中位数约 6.41，说明超过一半的样本企业服务化水平没有达到均值，说明在一定程度上我国上市公司存在服务化水平有限或偏低的现状；服务化水平最小值为 2，最大值为 15，差异较大，这说明我国上市公司的服务化水平可能存在突出的个体性或类别性差异。

表 8-2　服务化水平的描述性统计表(N=178)

年份	均值	中位数	最小值	最大值	标准差
2005	5.59	5	2	13	1.873
2006	5.72	5	2	12	1.878
2007	5.98	6	2	13	1.925
2008	6.17	6	3	13	1.924
2009	6.17	6	3	13	1.924
2010	6.34	6	3	13	1.946
2011	6.78	6	3	14	2.093
2012	6.97	7	3	13	2.142
2013	7.13	7	3	13	2.145
2014	7.4	7	3	13	2.185
2015	7.65	8	4	14	2.2
2016	7.9	8	4	15	2.202
均值	6.650	6.417	2.917	13.250	2.036

(二)服务化水平的分组检验

针对我国上市公司服务化水平可能存在的个体性差异或类别性差异，本文按企业年龄、企业所在地、企业所有制等虚拟变量对全样本进行适当分组，检验结果如表 8-3 所示，从中可以得知以下结论：

企业的上市年限越长，其服务化水平越高，在 1995 年以前上市的企业比 2001 年之后上市的企业其服务化水平均值高 1.3；企业所在地对企业服务化水平的影响较明显，东部地区企业的服务化水平均值为 6.48，中部地区和西部地区及东北地区的服务化水平均值分别为 6.88、7.01 和 6.3，除了东北地区，中部地区和西部地区企业的服务化水平均值比东部地区要高；所有制结构对企业服务化水平的影响较为明显，国有制企业的服务化水平均值为 6.67，而民营企业和私营企业的服务化水平均值为 6.55。因此，我国上市公司服务化水平的确存在较突出的上市年限差异、地区差异、所有制差异。

表 8-3　服务化水平的类别差异

分析变量	分组变量	变量值	观测值	样本均值	标准差	均值标准误
Servitization	Age	0	22	7.58	2.16	0.46
		1	110	6.64	2.07	0.20
		2	46	6.23	1.73	0.25
	Location	0	101	6.48	1.96	0.19
		1	40	6.88	1.91	0.30
		2	29	7.01	2.44	0.45
		3	8	6.3	1.94	0.69
	Ownership	0	123	6.67	2.04	0.18
		1	50	6.55	2.06	0.29
		2	5	7.05	2.08	0.93

二、竞争优势

(一)竞争优势的描述统计分析

企业竞争优势的统计特征如表 8-4 所示，竞争优势的平均值均高于中位数，说明有半数样本企业的竞争优势在平均水平之上。从该指数的最大值情况来看，最小值与最大值相差比较大，说明我国企业竞争优势存在较明显的差异。从各年份竞争优势均值的变化趋势来看，虽然 2007 年竞争优势指数最低，但从整个时间区间来看，竞争优势具有逐年增强的趋势。

表 8-4　竞争优势的描述性统计表(N=178)

年份	均值	中位数	最小值	最大值	标准差
2005	2.224	1.973	0.293	11.727	1.447
2006	2.051	1.771	0.244	11.867	1.346
2007	1.963	1.676	0.202	12.025	1.342
2008	1.999	1.676	0.189	19.700	1.772
2009	2.175	1.872	0.225	20.795	1.833
2010	2.059	1.743	0.204	24.301	2.032
2011	2.043	1.750	0.225	22.499	2.031
2012	2.150	1.833	0.428	22.011	1.993
2013	2.237	1.942	0.367	25.276	2.215
2014	2.361	1.990	0.346	28.168	2.427
2015	2.761	2.081	0.424	33.999	3.363
2016	2.800	2.149	0.327	33.118	2.928
均值	2.235	1.871	0.290	22.124	2.061

(二)竞争优势的分组检验结果

针对企业竞争优势可能存在的类别性或个体性差异，本文按企业年龄、企业所在地、企业所有制等虚拟变量对全样本进行适当分组，检验结果如表 8-5 所示，从中可以得知以下结论：

企业的上市年限越长，其竞争优势越弱，在 1995 年以前上市的企业比 2001 年之后上市的企业其服务化水平均值低 0. 774；企业所在地对企业竞争优势的影响较明显，东部地区企业的服务化水平均值为 6. 48，中部地区和西部地区及东北地区的服务化水平均值分别为 6. 88、7. 01 和 6. 3，除了东北地区，中部地区和西部地区企业的服务化水平均值比东部地区要高；所有制结构对企业服务化水平的影响较为明显，国有制企业的服务化水平均值为 6. 67，而民营企业和私营企业的服务化水平均值为 6. 55。因此，我国上市公司服务化水平的确存在较突出的上市年限差异、地区差异、所有制差异。

表 8-5　服务化水平的类别差异

分析变量	分组变量	变量值	观测值	样本均值	标准差	均值标准误
Servitization	Age（上市年限）	0	22	7. 58	2. 16	0. 46
		1	110	6. 64	2. 07	0. 20
		2	46	6. 23	1. 73	0. 25
	Location（所在地）	0	101	6. 48	1. 96	0. 19
		1	40	6. 88	1. 91	0. 30
		2	29	7. 01	2. 44	0. 45
		3	8	6. 3	1. 94	0. 69
	Ownership（所有制结构）	0	123	6. 67	2. 04	0. 18
		1	50	6. 55	2. 06	0. 29
		2	5	7. 05	2. 08	0. 93

三、企业能力

(一)盈利能力的描述统计及分组检验结果

企业盈利能力的统计特征如表 8-6 所示，企业盈利能力的平均值均高于中位数，说明有一半的样本企业的盈利能力高于平均水平。从该变量的具体数值来看，盈利能力的最小值与最大值相差较大，说明我国企业盈利能力存在较明显的地区性差异。从各年份盈利能力均值的变化趋势来看，盈利能力呈上下波动的趋势。

表 8-6 盈利能力的描述性统计表

年份	均值	中位数	最小值	最大值	标准差
2005	0. 035	0. 033	−0. 436	0. 174	0. 056
2006	0. 043	0. 033	−0. 064	0. 250	0. 045
2007	0. 053	0. 040	−0. 213	0. 283	0. 057
2008	0. 039	0. 029	−0. 223	0. 400	0. 067
2009	0. 044	0. 036	−0. 102	0. 230	0. 052
2010	0. 054	0. 041	−0. 004	0. 212	0. 046
2011	0. 047	0. 036	−0. 157	0. 265	0. 051
2012	0. 038	0. 026	−0. 114	0. 311	0. 053
2013	0. 040	0. 029	−0. 129	0. 288	0. 049
2014	0. 036	0. 026	−0. 102	0. 247	0. 048
2015	0. 029	0. 024	−0. 243	0. 271	0. 058
2016	0. 036	0. 026	−0. 102	0. 214	0. 043
均值	0. 036	0. 026	−0. 102	0. 214	0. 043

针对我国上市公司盈利能力可能存在的个体性差异或类别性差异，笔者按企业年龄、企业所在地、企业所有制等虚拟变量对全样本进行适当分组，检验结果如表 8-7 所示，从中可以得知以下结论：

企业的上市年限越长，其盈利能力越弱，在 1995 年以前上市的企业比 2001 年之后上市的企业其盈利能力均值低 0.774；企业所在地对企业盈利能力的影响不明显，东部地区企业的盈利能力均值为 0.042，中部地区和西部地区及东北地区的盈利能力均值分别为 0.037、0.042 和 0.046；所有制结构对企业盈利能力的影响较为明显，国有制企业的盈利能力均值为 0.042，而民营企业和私营企业的盈利能力均值为 0.043，其他类型企业的盈利能力均值为 0.015。因此，我国上市公司盈利能力的确存在较突出的上市年限差异、所有制差异。

表 8-7 盈利能力的类别差异

分析变量	分组变量	变量值	观测值	样本均值	标准差	均值标准误
Profit	Age	0	22	0.031	0.034	0.007
		1	110	0.037	0.050	0.005
		2	46	0.056	0.059	0.009
	Location	0	101	0.042	0.051	0.005
		1	40	0.037	0.051	0.008
		2	29	0.042	0.057	0.011
		3	8	0.046	0.039	0.014
	Ownership	0	123	0.042	0.052	0.005
		1	50	0.043	0.053	0.008
		2	5	0.015	0.023	0010

（二）营销能力的描述统计及分组检验结果

企业营销能力的统计特征如表 8-8 所示，企业营销能力的平均值高于中位数，说明有半数样本企业的营销能力高于平均水平。从该变量的具体数值来看，最小值与最大值相差比较大，说明我国企业营销能力存在较明显的差异。从各年份营销能力均值的变化趋势来看，虽然 2009 年有所下滑，但从总体趋势来看，营销能力还是具有随年份逐渐增强的趋势。

表 8-8　营销能力的描述性统计表

年份	均值	中位数	最小值	最大值	标准差
2005	4. 344	3. 461	0. 369	31. 464	3. 708
2006	4. 888	3. 687	0. 401	87. 853	7. 221
2007	5. 044	3. 660	0. 378	70. 013	6. 692
2008	5. 262	3. 765	0. 257	44. 034	5. 347
2009	4. 654	3. 682	0. 227	30. 000	3. 784
2010	4. 807	3. 864	0. 189	31. 263	4. 057
2011	4. 936	4. 015	0. 216	22. 306	3. 912
2012	4. 812	3. 656	0. 212	22. 376	3. 765
2013	4. 946	3. 628	0. 185	27. 758	4. 083
2014	4. 967	3. 680	0. 156	23. 932	4. 255
2015	5. 213	3. 686	0. 141	27. 999	4. 741
2016	5. 991	3. 911	0. 165	38. 431	4. 851
均值	4. 989	3. 725	0. 241	38. 119	4. 701

针对企业营销能力可能存在的类别性或个体性差异，笔者按企业年龄、企业所在地、企业所有制等虚拟变量对全样本进行适当分组，检验结果如表 8-9 所示，从中可以得知以下结论：

企业的上市年限越长，其营销能力越强，在 1995 年以前上市的企业比 2001 年之后上市的企业其营销能力均值高 2. 126；企业所在地对企业营销能力的影响较明显，东部地区企业的营销能力均值为 5. 160，中部地区和西部地区及东北地区的营销能力均值分别为 5. 114、4. 469 和 4. 084，东部地区最高，中部、西部、东北依次递减；所有制结构对企业营销能力的影响较为明显，国有制企业的营销能力均值为 5. 057，而民营企业和私营企业的营销能力均值为 4. 922，其他企业只有 3. 973。因此，我国上市公司营销能力的确存在较突出的上市年限差异、地区差异、所有制差异。

表 8-9　营销能力的类别差异

分析变量	分组变量	变量值	观测值	样本均值	标准差	均值标准误
Marketing	Age	0	22	6. 039	9. 786	2. 086
		1	110	5. 228	4. 494	0. 428
		2	46	3. 913	2. 506	0. 370
	Location	0	101	5. 160	6. 174	0. 614
		1	40	5. 114	3. 724	0. 589
		2	29	4. 469	4. 308	0. 800
		3	8	4. 084	2. 287	0. 809
	Ownership	0	123	5. 057	5. 561	0. 501
		1	50	4. 922	4. 883	0. 691
		2	5	3. 973	2. 600	1. 163

（三）创新能力的描述统计及分组检验结果

企业创新能力的统计特征如表 8-10 所示，创新能力的平均值均高于中位数，说明有一半的样本企业的创新能力高于平均水平。从各年份创新能力均值的变化趋势来看，虽然 2009 年和 2012 年有所下降，但从总体来看，创新能力具有随年份逐渐增强的趋势。

表 8-10 创新能力的描述性统计表

年份	均值	中位数	最小值	最大值	标准差
2005	4. 344	3. 461	0. 369	31. 464	3. 708
2006	4. 888	3. 687	0. 401	87. 853	7. 221
2007	5. 044	3. 660	0. 378	70. 013	6. 692
2008	5. 262	3. 765	0. 257	44. 034	5. 347
2009	4. 654	3. 682	0. 227	30. 000	3. 784
2010	4. 807	3. 864	0. 189	31. 263	4. 057
2011	4. 936	4. 015	0. 216	22. 306	3. 912
2012	4. 812	3. 656	0. 212	22. 376	3. 765
2013	4. 946	3. 628	0. 185	27. 758	4. 083
2014	4. 967	3. 680	0. 156	23. 932	4. 255
2015	5. 213	3. 686	0. 141	27. 999	4. 741
2016	5. 991	3. 911	0. 165	38. 431	4. 851
均值	4. 989	3. 725	0. 241	38. 119	4. 701

针对企业创新能力可能存在的类别性或个体性差异，笔者按企业年龄、企业所在地、企业所有制等虚拟变量对全样本进行适当分组，检验结果如表 8-11 所示，从中可以得知以下结论：

企业的上市年限越长，其创新能力越强，在 1995 年以前上市的企业比 2001 年之后上市的企业其创新能力均值高 2. 126；企业所在地对企业创新能力的影响较明显，东部地区企业的创新能力均值为 5. 160，中部地区和西部地区及东北地区的创新能力均值分别为 5. 114、4. 469 和 4. 084，东部地区最高，中部地区、西部地区、东北地区依次递减；所有制结构对企业创新能力的影响较为明显，国有制企业的创新能力均值为 5. 057，而民营企业和私营企业的创新能力均值为 4. 922，其他企业只有 3. 973。因此，我国上市公司创新能力的确存在较突出的上市年限差异、地区差异、所有制差异。

表 8-11　创新能力的类别差异

分析变量	分组变量	变量值	观测值	样本均值	标准差	均值标准误
Innovation	Age	0	22	6.039	9.786	2.086
		1	110	5.228	4.494	0.428
		2	46	3.913	2.506	0.370
	Location	0	101	5.160	6.174	0.614
		1	40	5.114	3.724	0.589
		2	29	4.469	4.308	0.800
		3	8	4.084	2.287	0.809
	Ownership	0	123	5.057	5.561	0.501
		1	50	4.922	4.883	0.691
		2	5	3.973	2.600	1.163

(四)环保能力的描述统计及分组检验结果

企业环保能力的统计特征如表 8-12 所示，环保能力的平均值均高于中位数，说明有一半的样本企业的创新能力高于平均水平。从各年环保新能力均值的变化趋势来看，虽然 2009 年和 2012 年有所下降，但从总体来看，环保能力具有随年份逐渐增强的趋势。

表 8-12　环保能力的描述性统计表

年份	均值	中位数	最小值	最大值	标准差
2008	5.262	3.765	0.257	44.034	5.347
2009	4.654	3.682	0.227	30.000	3.784
2010	4.807	3.864	0.189	31.263	4.057
2011	4.936	4.015	0.216	22.306	3.912
2012	4.812	3.656	0.212	22.376	3.765
2013	4.946	3.628	0.185	27.758	4.083
2014	4.967	3.680	0.156	23.932	4.255
2015	5.213	3.686	0.141	27.999	4.741

续表

年份	均值	中位数	最小值	最大值	标准差
2016	5.991	3.911	0.165	38.431	4.851
均值	4.989	3.725	0.241	38.119	4.701

针对企业环保能力可能存在的个体性差异或类别性差异，笔者按企业年龄、企业所在地、企业所有制等虚拟变量对全样本进行适当分组，检验结果如表 8-13 所示，从中可以得知以下结论：

企业的上市年限越长，其环保能力越强，在 1995 年以前上市的企业比 2001 年之后上市的企业其环保能力均值高 2.126；企业所在地对企业环保能力的影响较明显，东部地区企业的环保能力均值为 5.160，中部地区和西部地区及东北地区的环保能力均值分别为 5.114、4.469 和 4.084，东部地区最高，中部地区、西部地区、东北地区依次递减；所有制结构对企业环保能力的影响较为明显，国有制企业的环保能力均值为 5.057，而民营企业和私营企业的环保能力均值为 4.922，其他企业只有 3.973。因此，我国上市公司环保能力存在明显的上市年限差异、地区差异、所有制差异。

表 8-13 环保能力的类别差异

分析变量	分组变量	变量值	观测值	样本均值	标准差	均值标准误
Enviro	Age	0	22	6.039	9.786	2.086
		1	110	5.228	4.494	0.428
		2	46	3.913	2.506	0.370
	Location	0	101	5.160	6.174	0.614
		1	40	5.114	3.724	0.589
		2	29	4.469	4.308	0.800
		3	8	4.084	2.287	0.809
	Ownership	0	123	5.057	5.561	0.501
		1	50	4.922	4.883	0.691
		2	5	3.973	2.600	1.163

四、组织特征

(一)企业规模的描述统计及分组检验结果

企业规模的统计特征如表 8-14 所示，企业规模的平均值均高于中位数，说明有一半的样本企业的企业规模高于平均水平。从该指数的最值情况来看，最小值与最大值相差不大。从各年份企业规模均值的变化趋势来看，企业规模具有随年份逐渐增大的趋势。

表 8-14 企业规模的描述性统计表

年份	均值	中位数	最小值	最大值	标准差
2005	7.919	7.855	5.781	10.694	0.976
2006	8.001	7.873	5.147	10.701	1.015
2007	8.075	7.928	5.501	10.784	1.015
2008	8.134	8.002	5.438	11.024	1.031
2009	8.209	8.094	5.366	11.161	1.059
2010	8.308	8.162	5.464	11.353	1.070
2011	8.387	8.280	5.652	11.405	1.089
2012	8.542	8.499	6.293	11.270	1.050
2013	8.563	8.532	6.140	11.143	1.050
2014	8.604	8.605	5.826	11.233	1.041
2015	8.639	8.662	5.642	11.346	1.050
2016	8.661	8.663	5.649	11.308	1.060
均值	8.337	8.263	5.658	11.119	1.042

针对企业规模可能存在的个体性差异或类别性差异，笔者按企业年龄、企业所在地、企业所有制等虚拟变量对全样本进行适当分组，检验结

果如表 8-15 所示，从中可以得知以下结论：

企业的上市年限越长，其企业规模越大，在 1995 年以前上市的企业比 2001 年之后上市的企业其企业规模均值高 0.849；企业所在地对企业规模的影响较明显，东部地区企业的企业规模均值为 8.250，中部地区和西部地区及东北地区的企业规模均值分别为 8.595、8.439 和 7.778，中部地区企业规模最大；所有制结构对企业规模的影响较为明显，国有制企业的企业规模均值为 8.358，而民营企业和私营企业的企业规模均值为 8.224，其他企业为 7.951，国有制企业高于其他类型所有制企业。因此，我国上市公司企业规模的确存在较突出的上市年限差异、地区差异、所有制差异。

表 8-15　企业规模的类别差异

分析变量	分组变量	变量值	观测值	样本均值	标准差	均值标准误
Size	Age	0	22	8.949	1.099	0.234
		1	110	8.314	1.019	0.097
		2	46	8.100	0.966	0.142
	Location	0	101	8.250	1.069	0.106
		1	40	8.595	0.882	0.139
		2	29	8.439	1.114	0.207
		3	8	7.778	0.916	0.324
	Ownership	0	123	8.358	1.045	0.094
		1	50	8.224	0.981	0.139
		2	5	7.951	1.430	0.640

(二)员工教育程度的描述统计及分组检验结果

员工教育程度的统计特征如表 8-16 所示，员工教育程度的平均值均高于中位数，说明有一半的样本企业的员工教育程度高于平均水平。从该指数的最值情况来看，最小值与最大值相差比较大，说明我国企业员工教育程度存在较明显差异。从各年份员工教育程度均值的变化趋势来看，员工教育程度具有随年份逐渐增高的趋势。

表 8-16　员工教育程度的描述性统计表

年份	均值	中位数	最小值	最大值	标准差
2005	0.661	0.503	0.071	3.211	0.551
2006	0.710	0.531	0.055	3.541	0.593
2007	0.743	0.564	0.076	3.245	0.578
2008	0.779	0.620	0.099	3.253	0.576
2009	0.825	0.644	0.100	3.211	0.584
2010	0.847	0.681	0.099	2.637	0.555
2011	0.916	0.784	0.118	2.742	0.593
2012	0.947	0.796	0.097	2.899	0.578
2013	0.988	0.848	0.099	3.082	0.588
2014	1.027	0.913	0.102	2.976	0.590
2015	1.064	0.942	0.102	3.217	0.590
2016	1.106	0.995	0.103	3.308	0.608
均值	0.884	0.735	0.093	3.110	0.582

针对员工教育程度可能存在的个体性差异或类别性差异，笔者按企业年龄、企业所在地、企业所有制等虚拟变量对全样本进行适当分组，检验结果如表 8-17 所示，从中可以得知以下结论：

企业的上市年限越长，其员工教育程度越低，在 1995 年以前上市的企业比 2001 年之后上市的企业其员工教育程度均值低 0.291；企业所在地对员工教育程度的影响较明显，东部地区企业的员工教育程度均值为 0.925，中部地区和西部地区及东北地区的员工教育程度均值分别为 0.812、0.812 和 1.000，东部地区比中部地区和西部地区都要高，东北地区最高；所有制结构对员工教育程度的影响较为明显，国有制企业的员工教育程度均值为0.916，而民营企业和私营企业的员工教育程度均值为0.817，其他企业为0.777，国有制企业明显高于其他企业。因此，我国上市公司员工教育程度的确存在较突出的上市年限差异、地区差异、所有制差异。

表8-17　员工教育程度的类别差异

分析变量	分组变量	变量值	观测值	样本均值	标准差	均值标准误
Education	Age	0	22	0.664	0.314	0.067
		1	110	0.899	0.601	0.057
		2	46	0.955	0.615	0.091
	Location	0	101	0.925	0.641	0.064
		1	40	0.812	0.533	0.084
		2	29	0.812	0.461	0.086
		3	8	1.000	0.355	0.126
	Ownership	0	123	0.916	0.597	0.054
		1	50	0.817	0.542	0.077
		2	5	0.777	0.602	0.269

(三)管理者任职年限的描述统计及分组检验结果

管理者任职年限的统计特征如表8-18所示，全样本与分年度样本的管理者任职年限的基本统计量相差非常小。无论从整体还是从各年度来看，管理者任职年限的平均值均高于中位数，说明有一半的样本企业的管理者任职年限高于平均水平。从该指数的最值情况来看，最小值与最大值相差比较大，说明我国企业管理者任职年限存在较明显的差异。从各年份管理者任职年限均值的变化趋势来看，管理者任职年限逐年增加，在2012年最高，而后又逐年递减。

表 8-18 管理者任职年限的描述性统计表

年份	均值	中位数	最小值	最大值	标准差
2005	4.247	3.000	1.000	22.000	3.019
2006	4.522	4.000	1.000	14.000	2.960
2007	5.135	4.500	1.000	15.000	3.113
2008	5.393	5.000	1.000	16.000	3.347
2009	5.792	6.000	1.000	17.000	3.732
2010	6.792	6.500	1.000	19.000	4.089
2011	7.500	7.000	1.000	20.000	4.395
2012	7.551	7.000	1.000	21.000	4.885
2013	7.247	6.000	1.000	22.000	5.346
2014	6.860	5.500	1.000	23.000	5.636
2015	6.180	3.500	1.000	24.000	5.756
2016	5.831	3.000	1.000	25.000	5.766
均值	6.654	5.625	1.000	21.333	4.678

针对企业管理者任职年限可能存在的个体性差异或类别性差异，笔者按企业年龄、企业所在地、企业所有制等虚拟变量对全样本进行适当分组，检验结果如表 8-19 所示，从中可以得出以下结论：

企业的上市年限越长，其管理者任职年限越短，在 1995 年以前上市的企业比 2001 年之后上市的企业其管理者任职年限均值低 0.774；企业所在地对管理者任职年限的影响不明显，东部地区企业的管理者任职年限均值为 6.531，中部地区和西部地区及东北地区的管理者任职年限均值分别为 7.652、6.095 和 5.229；所有制结构对管理者任职年限的影响较为明显，国有制企业的管理者任职年限均值为 5.650，而民营企业和私营企业的管理者任职年限均值为 8.673。因此，我国上市公司管理者任职年限的确存在较突出的上市年限差异、所有制差异。

表 8-19　管理者任职年限的类别差异

分析变量	分组变量	变量值	观测值	样本均值	标准差	均值标准误
Tenure	Age	0	22	6.553	5.021	1.071
		1	110	6.530	4.600	0.439
		2	46	6.998	4.714	0.695
	Location	0	101	6.531	4.749	0.473
		1	40	7.652	4.727	0.747
		2	29	6.095	4.391	0.815
		3	8	5.229	3.652	1.291
	Ownership	0	123	5.650	4.005	0.361
		1	50	8.673	5.119	0.724
		2	5	11.133	6.444	2.882

第三节　验证及分析

一、相关分析

对两两变量之间的相关性进行分析，既可以对变量之间存在的相关度做出判断，又可在后续的多元回归分析时提供参考。本节列出了 Servitization 与各解释变量、中介变量、调节变量及控制变量之间的相关系数，其中，Servitization 为未经中心化处理的数值。本节对各变量进行相关性统计分析，数据显示，我国上市公司企业能力、竞争优势的特征有：(1)我国不同行业间的市场竞争状况不同。表现在：Value 和 Cost 指标的方差大，方差的大小说明了指标的离散程度，指标的方差越大说明指标的波动幅度大，另外 Value 和 Cost 指标最大值、最小值差异大，Value 的最大值为 1，而最小值为 0.0186，出现在制造业企业中；(2)我国上市公司的公司绩效较差，净资产收益率仅为 4.32%，甚至还有很多企业的 V/C 为负值，其中经营绩效最差的企业的 V/C 达到了-46.71%；结果如表 8-20 所示。

表 8-20 各变量相关系数一览表(N=178)

变量	Mean	SD	1	2	3	4	5	6	7	8	9	10	11	12	13
1. Servitization	1. 407	0. 49	1												
2. Comp_Adv	18. 863	6. 57	-0. 14*	1											
3. Profit	1. 501	0. 50	0. 12*	0. 08	1										
4. Marketing	1. 455	4. 42	-0. 05	0. 09	-0. 08	1									
5. Innovation	0. 457	0. 90	-0. 06	0. 10	0. 02	-0. 34**	1								
6. Enviro	0. 683	0. 57	0. 01	0. 02	0. 01	0. 02	0. 02	1							
7. Size	0. 425	0. 62	0. 02	-0. 07	-0. 04	-0. 56**	0. 57**	0. 07	1						
8. Education	0. 544	0. 75	0. 02	-0. 04	-0. 02	-0. 26**	0. 42**	-0. 11	0. 37**	1					
9. Tenure	0. 572	0. 66	0. 04	-0. 05	0. 10	-0. 25**	0. 21**	0. 02	-0. 07	-0. 04	1				
10. Age	18. 494	2. 79	0. 24	0. 01	0. 02	0. 01	0. 02	0. 01	0. 02	0. 01	0. 02	1			
11. Solvency	0. 495	0. 14	0. 86	0. 02	-0. 07	-0. 04	-0. 59**	0. 02	-0. 07	-0. 04	-0. 56**	0. 57**	1		
12. Location	0. 685	0. 90	0. 57	-0. 07	0. 09	-26**	0. 37**	0. 07	-0. 04	-0. 02	-0. 26**	0. 42**	0. 21**	1	
13. Ownership	0. 337	0. 53	0. 73	-0. 04	0. 21	-0. 26**	0. 42**	-0. 11	-0. 05	0. 01	0. 02	0. 02	0. 26**	-0. 07	1

注：*** 表示在 $p<0.001$ 上显著，** 表示在 $p<0.01$ 上显著，* 表示在 $p<0.05$ 上显著。

二、回归分析

(一)回归分析结果

多元回归分析是对解释变量与被解释变量之间关系的更准确判断。鉴于部分自变量之间存在较高相关性或重叠性，本节采用分步回归法，这不仅可以减轻存在的多重共线性问题，并且能避免自由度的消耗，增强模型的稳健性。

本研究在进行实证检验前，先根据模型 5 检验产品市场竞争与公司绩效之间的显著性，由于本研究使用的是面板数据，回归模型可能会受到固定效应或随机效应的影响。因此，首先，对方程进行了 F 检验和 BP-LM 检验，F 统计量和 LM 统计量均显著，说明固定效应和随机效应确实是模型中的显著影响因素。其次，为了弄清楚哪种模型更合适，本研究进行了 Hausman 检验，根据检验结果，选择了固定效应模型进行回归。最后，进行了 Wald 检验和 Wooldridge 检验，检验误差项中是否存在异方差和一阶序列自相关。检验结果表明，模型中存在异方差但是不存在一阶自相关。因此，在下文的检验中，均对误差项进行了聚类稳健调整，得到了标准误差调整后的固定效应模型，回归结果如表 8-21 所示。

表 8-21 固定效应模型回归结果

Variable	因变量：Service		因变量：Ability	
	Coefficient	t-Statistic	Coefficient	t-Statistic
C	0.895**	2.478	-6574.637***	-76.335
Servitization	0.035***	2.953	216.602***	17.058
Profit	0.008	0.496	58.600***	5.684
Marketing	0.219***	9.713	255.264***	27.389

续表

Variable	因变量：Service		因变量：Ability	
	Coefficient	t-Statistic	Coefficient	t-Statistic
Innovation	-0.003***	-5.035	-2.899***	-11.144
Enviro	-0.046***	-36.602	-16.382***	-33.972
Comp_Adv	0.000	0.635	0.933***	11.642
Contonl	-0.083***	-3.019	-18.762	-1.597
R-squared	0.916		0.889	
Adj R-squared	0.915		0.889	
F-statistic	2076.047		17766.560	
Prob	0.000		0.000	

注：*** 表示在 p<0.001 上显著、** 表示在 p<0.01 上显著、* 表示在 p<0.05 上显著。

从表 8-21 中可以看出：从模型 8-1 和模型 8-2 的实证结果可以发现，服务化水平与企业竞争优势显著正相关，平方项的回归系数不显著；而模型 8-3 和模型 8-4 的结果则显示服务化水平及其平方项均与资产收益率无显著相关关系，从而假设 8-4 得到支持。这一结果说明，制造企业服务化与竞争优势存在一定的关联，服务化战略决策作为一种短期行为，其影响主要集中在市场价值方面，而难以对企业的盈利能力产生实质性影响。

(二)回归结果检验

1. 稳健性检验

从表 8-22 检验结果可知：(1)在以 Servitization 为被解释变量的回归结果中，各解释变量与被解释变量之间的关系及其显著性与上文统计检验结果基本一致；(2)在以 LnServitization 为解释变量的回归结果中，Comp_Adv 等解释变量与被解释变量之间的关系符号与上文统计结论及本书预期相一致，但显著性水平有所下降，而其他变量的回归结果与上文多元回归检验

表 8-22 服务化水平影响因素的多元回归稳健性检验表

变量名	稳健性检验一（Servitization）		稳健性检验一（Ln- Servitization）		稳健性检验二		
	系数	T 值	系数	T 值	Items	系数	T 值
C	0.075208	2.65***	-3.449085	-1.70	Costant	0.043023	1.48
Servitization	0.002429	0.20	1.056456	1.08	Servitization	0.010083	0.87
Comp_Adv	0.005566	0.78	0.640063	1.25	Comp_Adv	0.002404	0.25
Profit	0.003704	0.91	0.232010	0.86	Profit	-0.012524	-0.38
Marketing	0.000260	2.07***	0.016998	1.50	Marketing	-0.002722	-0.77
Innovation	-0.001860	-1.89*	0.019130	0.31	Innovation	0.000189	1.17
Enviro	0.006526	3.63***	1.033945	5.65***	Enviro	-0.000639	-0.60
Size	0.000545	0.19	0.307997	1.28	Size	0.009665***	3.78***
Education	0.027279	2.59***	1.549475	2.32**	Education	0.003662	0.96
Tenure	0.001626	0.79	0.084923	0.52	Tenure	0.017366	1.30
Age	-0.070151	-3.48***	-3.839558	-1.45	Age	0.003562	0.40

续表

变量名	稳健性检验一（Servitization）		稳健性检验一（Ln- Servitization）		稳健性检验二		
	系数	T值	系数	T值	Items	系数	T值
Solvency	-0.009992	-0.95	-1.215076	-1.12	Solvency	-0.015310	-1.42
Location	0.006885	1.27	0.353563	0.78	Location	-0.003039	-0.22
Ownership	0.006520	2.71***	0.294769	1.43	Ownership	0.007368	1.19
R-squared	0.1627	0.4405			R-squared	0.1522	
Adj R-squared	0.1109	0.4059			Adj R-squared	0.0404	
F-Values	2.36***	12.73***			F-Values	2.03***	
D-W	1.672	1.504			D-W	2.220	
N	178	178			N	178	

注：*** 表示在 $p<0.001$ 上显著、** 表示在 $p<0.01$ 上显著、* 表示在 $p<0.05$ 上显著。

结果基本一致；(3)稳健性检验二的结果发现解释变量与被解释变量之间的关系符号与本书预期基本一致，但显著性水平较低，其原因在于，本书的变量较多，而样本量又大量减少，这造成模型中自由度的过度消耗，从而造成参数估计结果出现偏差，但这并不影响本文研究结论的稳健性。

2. 格兰杰因果检验

如前所述，理论上讲企业服务化水平与竞争优势之间是互动的双向因果关系，那么实际数据是否支撑这个结论呢？常用的检验方法是格兰杰因果检验。考虑到服务化水平的发挥需要时间，在数据处理时需要对两者进行滞后处理。根据实际，本书将两者发挥作用的滞后期限定在 1~4 年，因此滞后期以此为准。常用的面板数据单位根检验方法有 ADF 检验、Levin 检验、PP 检验等，由于检验原理不同，不同检验方法的结果不尽相同，本书以三种方法结果一致为准，这样更加有说服力。结果如表 8-23 所示，服务化水平和经过一阶差分的竞争优势属于平稳序列。

表 8-23　面板数据单位根检验

变量	ADF 检验	Levin 检验	PP 检验	结果
LOG(服务化水平)	−5. 325***	−2. 434***	−14. 845***	平稳
LOG(竞争优势)	−2. 10	−1. 251	−12. 137	不平稳
Δ*LOG*(竞争优势)	−9. 304**	−4. 873*	−26. 61**	平稳

注：*** 表示在 $p<0.001$ 上显著、** 表示在 $p<0.01$ 上显著、* 表示 $p<0.05$ 上显著。

格兰杰因果检验结果如表 8-24 所示，在滞后 1 年的情况下，服务化水平是竞争优势的格兰杰原因；在滞后 2 年的情况下，竞争优势是企业能力因素的格兰杰原因；在滞后 3 年的情况下，企业能力是服务化水平的格兰杰原因；在滞后 4 年的情况下，竞争优势是服务化水平的格兰杰原因。

表 8-24　格兰杰因果检验结果

滞后期	假　设	F 检验	概率	结果
1 年	服务化水平不是竞争优势的原因	24.411	0.000	拒绝**
1 年	竞争优势不是服务化水平的原因	0.511	0.438	接受
1 年	企业能力不是服务化水平的原因	0.253	0.615	接受
1 年	服务化水平不是企业能力的原因	0.156	0.692	接受
1 年	企业能力不是竞争优势的原因	0.032	0.857	接受
1 年	竞争优势不是企业能力的原因	0.148	0.459	接受
2 年	服务化水平不是竞争优势的原因	0.199	0.862	接受
2 年	竞争优势不是服务化水平的原因	0.142	0.819	接受
2 年	企业能力不是服务化水平的原因	0.535	0.866	接受
2 年	服务化水平不是企业能力的原因	0.845	0.585	接受
2 年	企业能力不是竞争优势的原因	56.534	0.313	接受
2 年	竞争优势不是企业能力的原因	1.909	0.000	拒绝**
3 年	服务化水平不是竞争优势的原因	1.040	0.374	接受
3 年	竞争优势不是服务化水平的原因	1.170	0.320	接受
3 年	企业能力不是服务化水平的原因	0.397	0.567	接受
3 年	服务化水平不是企业能力的原因	29.355	0.000	拒绝**
3 年	企业能力不是竞争优势的原因	0.435	0.727	接受
3 年	竞争优势不是企业能力的原因	0.416	0.741	接受
4 年	服务化水平不是竞争优势的原因	0.882	0.474	接受
4 年	竞争优势不是服务化水平的原因	16.816	0.000	拒绝**
4 年	企业能力不是服务化水平的原因	0.742	0.563	接受
4 年	服务化水平不是企业能力的原因	0.284	0.587	接受
4 年	企业能力不是竞争优势的原因	1.909	0.108	接受
4 年	竞争优势不是企业能力的原因	0.956	0.431	接受

注：** 表示在 $p<0.01$ 上显著。

三、中介效应检验

表 8-25 的中介检验结果显示，企业能力的中介作用都是显著的，主要表现在：(1)模型 6 中检验了公司绩效与竞争优势的关系，代表竞争优势的变量 Value 和 Cost 显著，并且 Cost 与 Comp_Adv 反向变动，Value 与 Comp_Adv 同向变动，这说明了产品市场竞争可以提高公司绩效；(2)模型 7 在模型 5 的基础上加入了企业能力 AB1，回归结果显示，竞争优势变量 Value 和 Cost 的显著性从显著变为了不显著，说明盈利能力在产品市场竞争与公司绩效中起着完全中介效应；(3)模型 8-10 在模型 5 的基础上加入了企业能力 Marketing、Innovation、Enviro，回归结果显示，竞争优势变量 Value 和 Cost 的显著性没有明显变化，但是其系数降低了，说明创新能力、营销能力和环保能力在服务化水平与竞争优势中起着部分中介效应。

表 8-25 中介效应检验回归结果

Variable	模型 7	模型 8	模型 9	模型 10	模型 11	模型 12
C	1.697 (12.033***)	-5426.980 (-47.761***)	1.090 (3.567***)	-5579.261 (-41.692***)	1.426 (3.116***)	-1773.256 (-11.955***)
Servitization	0.044 (14.927***)	134.190 (15.833***)	0.101 (11.807***)	-106.817 (-13.156***)	0.080 (8.790***)	-21.358 (-6.560***)
Profit	-0.132 (-10.066***)	56.003 (3.771***)	0.014 (0.622)	374.311 (40.161***)	-0.197 (-10.715***)	94.281 (7.989***)
Marketing	-0.002 (-3.899***)	-1.252 (-3.755)	0.009 (12.821***)	-3.117 (-7.363***)	-0.002 (-3.347***)	-1.847 (-4.742***)
Innovation	-0.006 (-4.104***)	-23.463 (-27.265***)	-0.028 (-17.723***)	1.179 (0.974)	-0.006 (-2.685**)	5.740 (9.747***)
Enviro	0.003 (18.881***)	0.638 (4.445***)	0.000 (-1.048)	-0.421 (-2.624**)	-0.001 (-6.-54***)	-0.881 (-19.085***)

续表

Variable	模型 7	模型 8	模型 9	模型 10	模型 11	模型 12
Comp_Adv	0.015 (1.920*)	72.129 (11.251***)	-0.132 (-14.737***)	-90.013 (-9.918***)	0.076 (8.046***)	-18.912 (-3.424***)
Contonl	0.024 (7.911***)	59.491 (8.461***)	·0.007 (1.035)	68.026 (8.083***)	0.017 (8.812***)	31.505 (8.566***)
R^2	0.833	0.907	0.868	0.904	0.889	0.861
Adj-R^2	0.831	0.907	0.867	0.903	0.884	0.859
F-stat	461.173	7049.039	2718.960	1284.815	194.767	593.884
Prob	0.000	0.000	0.000	0.000	0.000	0.000

注：***表示在 $p<0.001$ 上显著、**表示在 $p<0.01$ 上显著、*表示 $p<0.05$ 上显著。

从上述结果整体来看，可以发现制造企业服务化水平确实与企业竞争优势存在显著相关关系，但从服务化战略决策和服务化战略水平两个不同角度出发，结合企业绩效的不同指标来看，不同的服务化战略特征对企业绩效的影响存在一定差异。服务化战略决策与企业市场价值正相关，与企业经营绩效无关；服务化战略水平与企业市场价值无关，与企业经营绩效负相关，因而在一定程度上支持了“服务悖论”的观点(Gebauer et al.，2005)。而且从控制变量来看，行业因素和企业的绩效无关，说明在不同的行业内，服务化战略对企业绩效的影响并无显著差异，相互之间绩效的差异更可能来自企业自身的特征。企业年龄与企业的盈利能力呈负相关关系，与企业市场价值正相关，可能的原因在于年龄越大的企业经营更加稳健(刘秀玲，2009)，而成长性也越差(王霄、王新宇，2009)，从而导致企业不同类型绩效的差异。而企业规模与市场价值和经营绩效均显著负相关，说明规模越大的企业其绩效越差。

四、调节效应检验

在这一部分引入调节变量，包括企业规模、员工教育程度、管理者任职年限，主要分析自变量、调节变量和因变量之间的关系。表 8-26 是调节效应回归结果，根据结果显示，组织特征的调节作用都是显著的，主要表现在：(1)调节变量 Size 对企业能力的回归系数为 0.096，P 值为 0.0035，在 1% 水平下显著，说明企业规模占比对企业能力具有显著的、正向影响，且 Size 与服务化水平的交互项，可以发现其回归系数为 0.14，且 P 值为 0.0017，在 1%水平下显著，说明调节变量 Size 对服务化水平与企业能力之间的正相关关系起到正向的调节作用，检验了假设 H14a；(2)调节变量 Education 对企业能力的回归系数为 0.067，P 值为 0.0035，在 1% 水平下显著，说明员工教育程度占比对企业能力具有显著的、正向影响，而 Education 与服务化水平的交互项，可以发现其回归系数为 0.34，且 P 值为 0.76，不显著，说明调节变量 Education 对服务化水平与企业能力之间没有调节作用，假设 H15 不成立。(3)调节变量 Tenure 对竞争优势的回归系数为 0.042，P 值为 0.0046，在 1% 水平下显著，说明管理者任职年限对企业能力具有显著的、正向影响，且 Tenure 与服务化水平的交互项，可以发现其回归系数为 0.74，且 P 值为 0.0032，在 1%水平下显著，说明调节变量 Tenure 对服务化水平与企业能力之间的正相关关系起到正向的调节作用，检验了假设 H16a。

表 8-26 调节效应检验回归结果

	综合回归结果		
	(15)	(16)	(17)
C	-10.8488^{***} (-6.26)	-8.3187^{***} (-6.49)	-11.205^{***} (-6.46)
Servitization	0.1619^{***} (3.94)	0.1993^{***} (5.57)	0.1455^{***} (3.51)
Size	0.1428^{***} (6.45)	0.1345^{***} (7.56)	0.1360^{***} (5.20)

续表

	综合回归结果		
	(15)	(16)	(17)
Education	0.4459*** (6.57)	0.4232*** (6.02)	0.4185*** (5.16)
Tenure	-0.0174 (-0.56)		-0.0096 (-0.28)
Comp_Adv		0.0169 (0.46)	0.0293 (0.73)
Control		0.0485 (0.38)	0.0917 (0.67)
Hausman	26.18 (0.000)	19.18 (0.001)	24.09 (0.001)
Adj R-squared	0.9547	0.9544	0.9552
Sum squared resid	36.49	36.67	35.83
F-statistic	222.52	221.36	212.50
Total observations	343	343	343

注：*** 表示在 $p<0.001$ 上显著、** 表示在 $p<0.01$ 上显著、* 表示 $p<0.05$ 上显著。

五、实证结果汇总

现将本章实证结果汇总如下：

序号	假设内容	实证结果
1	H1：制造企业服务化水平对其盈利能力有正向影响	支持
2	H2：制造企业服务化水平对其创新能力有正向影响	支持
3	H3：制造企业服务化水平对其营销能力有正向影响	支持

续表

序号	假设内容	实证结果
4	H4：制造企业服务化水平对其环保能力有正向影响	支持
5	H5：制造企业服务化水平对其竞争优势有正向影响	支持
6	H6：制造企业盈利能力对竞争优势有正向影响	支持
7	H7：制造企业创新能力对竞争优势有正向影响	支持
8	H8：制造企业营销能力对竞争优势有正向影响	支持
9	H9：制造企业环保能力对竞争优势有正向影响	支持
10	H10：制造企业服务化水平通过盈利能力对竞争优势有正向影响	支持
11	H11：制造企业服务化水平通过创新能力对竞争优势有正向影响	支持
12	H12：制造企业服务化水平通过营销能力对竞争优势有正向影响	支持
13	H13：制造企业服务化水平通过环保能力对竞争优势有正向影响	支持
14	H14：企业规模对制造企业服务化水平与企业能力关系具有调节作用	支持
15	H15：员工教育程度对制造企业服务化水平与企业能力关系具有调节作用	不支持
16	H16：管理者任职年限对制造企业服务化水平与企业能力关系具有调节作用	支持

第四节　研究结论与意义

一、研究结论

本章以中国上市制造企业为研究样本，对中国沪深两市的 178 家制造企业从2005年至2016年的数据进行统计分析，从中国制造企业服务化实施的现状、特点、类型以及发展趋势进行了实证研究，探讨了服务化战略与企业能力、竞争优势之间的关系，得到了一些具有理论和实践应用价值的结论。

（一）中国制造企业服务化投入水平较低，但是服务化的步伐在不断加快；服务化的比重不断提升，服务类型向产业链上下游延伸；服务化的发展模式从基于制造的低级阶段向面向过程和市场的高级阶段推进；新一代信息技术成为重要推动力，智能装备制造业打造竞争新优势。在提出中国制造企业服务化战略背景的基础上，利用经营范围分析法对中国上市制造企业的服务业务进行了分类，通过人工检索的方法进行整理，筛选出中国沪深股市178家制造业上市公司的数据，采用截面数据的实证分析方法进行分析。结果表明，中国制造企业的整体服务化导入率为58%，平均涉及的服务类别为7.5项，说明中国制造业服务化水平处于发展阶段。制造企业的服务类别在新增服务化、所属行业、上市时间、所属区域、所有制形式等方面存在差异性。从制造企业新增服务业务来看，增长趋势较为明显；从服务的类别来看，制造企业开展的服务业务由基于制造和产品的服务逐步向基于过程和面向市场的服务发展。

（二）探析了制造企业服务化与企业能力、企业竞争优势三者之间的关系，服务化与企业竞争优势正相关、服务化与企业能力正相关、企业能力与竞争优势正相关。本文通过对中国沪深股市178家制造业上市公司2005—2016年数据的收集，运用多元回归分析的方法对提出的假设进行验证分析，并对实证研究结果进行了探讨。结果表明：(1)制造企业服务化对企业竞争优势有正向影响；(2)服务化水平对企业能力有正向影响，即服务化水平越高，企业能力(盈利能力、创新能力、营销能力、环保能力)越强；(3)企业能力对企业竞争优势有正向影响，即企业能力(盈利能力、创新能力、营销能力、环保能力)越强，企业竞争优势越明显。

（三）企业能力在服务化水平对竞争优势的影响中起到中介作用。通过对面板数据的分析，进一步检验了企业能力对上述关系的中介作用，研究发现：企业能力在服务化水平对竞争优势影响中起中介作用，其中盈利能力完全中介了服务化程度对企业竞争优势的影响；创新能力部分中介了服务化程度对企业竞争优势的影响；营销能力部分中介了服务化程度对企业竞争优势的影响；环保能力部分中介了服务化水平对企业竞争优势的影响。

（四）组织特征在服务化水平对企业能力的影响中起到部分调节作用。研究发现：企业规模具有正向调节作用，即企业规模越大，服务化水平对企业能力的促进作用越明显；员工教育程度的调节作用不显著，服务化水平对企业能力的促进作用不受到员工教育程度的影响；管理者任职年限具有正向调节作用，即管理者任职年限越长，服务化水平对企业能力的促进作用越明显。

二、理论贡献与实践意义

（一）理论贡献

从理论贡献上看，本章基于资源依赖、服务主导逻辑等理论，结合前人的研究基础，以独特的视角重点探讨了制造企业服务化水平对制造企业竞争优势的影响。进一步确证了企业能力在企业竞争优势上起到的重要作用。从研究内容来看，本文的相关结论丰富和补充了服务化的理论。通过对制造业企业服务化水平的研究，以及制造业服务化对制造企业能力的提升，拓宽了制造业服务化生成的研究思路，还能够从本质上进一步理解制造业服务化过程中，制造企业所处的特殊环境对制造业服务化转型的影响，以及企业能力在提升制造企业竞争优势过程中扮演的重要角色。从研究视角来看，本文以信息技术革命和经济全球化为背景，将制造企业服务化如何对其竞争优势构成影响作为研究视角，探讨了制造企业服务化的作用机制。

具体来讲，本研究的理论贡献主要表现在如下几个方面：

其一，采用经营范围分析法，即采用人工检索上市公司年报的方法，深入分析了对中国制造企业服务化现状、特点、分类及发展趋势，对制造业企业特定服务化战略的可行性进行了剖析，从而建构了制造企业服务化与竞争优势关系的理论模型。采用这一方法避免了软件自动检索准确率低的缺点，提高了数据的可靠性和精准度。

其二，采用大样本数据，以中国31个制造行业的178家上市企业为研究对象，对服务化的现状、特征、类型以及发展趋势进行了系统的梳理，探究了服务化与企业竞争优势之间的关系，填补了有关中国制造企业实证研究的空缺。现有的实证研究主要以发达国家的制造企业为研究对象，得出的研究结论不一定适用于发展中国家。而关于中国制造企业服务化的研究，大部分都是基于少量的企业，重点分析服务化对企业绩效的影响。而本文采用大样本的面板数据，分析了服务化对企业能力和竞争优势的影响，拓展了现有研究内容。

其三，对制造企业服务化的类型进行了区分。将制造企业涉及的服务业务进行了归类，60余种关键性描述词归为17种业务类型。根据制造企业服务化从初级向高级阶段的发展模式，将这17种服务化业务类型分为了四类：基于制造的服务、基于产品的服务、基于过程的服务、面向市场的服务。依据制造企业演化过程和发展模式的分类，丰富和补充了现有关于制造企业服务化类型的相关理论。

其四，将企业能力引入服务化的研究，更深层次地揭示了企业能力在战略实施过程中的作用机理。前人的研究虽然证实了企业能力能够影响制造业服务化战略的成功实施，但并没有对企业能力起到何种作用做出充分的解释。本书从制造业企业的盈利能力、创新能力、营销能力、环保能力四个方面进行了研究，探讨了制造业企业服务化对企业能力的影响机制，从而进一步丰富了制造企业服务化与企业能力之间的关系理论。

其五，通过多元回归的实证方式验证了制造企业服务化水平不仅与制造业企业竞争优势存在显著的正相关关系，还与制造业企业具备的相关能力(盈利能力、创新能力、营销能力、环保能力)存在着正相关关系，揭示了企业能力在服务化成功实施过程中扮演的重要角色。

最后，将组织特征作为调节变量来进一步研究，对制造业服务化影响企业能力的大小这一机制有了更细化深入的理解。本文从制造业企业的企业规模、员工教育程度、管理者任职年限等三个方面所起的调节作用进行了研究，探讨了不同组织特征的制造业企业开展服务化如何影响企业能力，丰富了制造企业服务化与企业能力之间的关系理论。

（二）实践意义

本章通过理论分析和实证研究得出的结论，对中国制造企业服务化转型具有重要的借鉴意义。依据上一节研究结论，将企业的实践意义归纳如下：

首先，帮助制造企业充分认识服务化转型的路径和模式。当制造企业实施服务化战略时，必须要了解可以开展的服务业务有哪些，例如：基于制造的、基于产品的、基于过程的、面向市场的。在初级阶段，要开展的服务化业务可以是针对制造过程和销售产品的服务，这些服务便于客户更好地购买和使用该产品，从而解决客户在购买和使用产品过程中遇到的问题。在服务化实施的初期，开展咨询、设计与开发、安装与执行、维修保养及售后、采购、销售和贸易、进出口等业务；当服务化发展到更高阶段，企业可根据自身条件，开展针对过程的服务和面向市场的服务，例如金融、租赁、外包和运营、财产和不动产、广告与出版、工程项目、解决方案等业务。制造企业在从产品生产商向服务提供商转型的过程中，必须对路径进行正确的选择。

其次，制造企业应重视企业能力的培养，必须开展与之能力相关的服务业务才能给企业带来利润，凸显优势。如在本书前述研究中发现，服务化战略成功转型的制造业企业，所展现出来的无不是以制造企业特殊的企业能力为核心，这些能力都是与制造企业特性相匹配的，例如盈利能力、创新能力、营销能力以及环保能力等。通过实证研究的结果得出，上述能力越强企业的竞争优势就更加明显。

再次，所有制形式不同、规模大小不同的制造企业，在开展服务化时应选择不同类别的服务业务。按照企业的所有制形式来划分，可分为国有企业、非国有内资企业外资及其他企业，在资本组织形式和经营方式上存在着差别；企业按照规模大小可以分为大型企业、中型企业和小微企业，大型企业所拥有的、可利用的资源相对较多，而小微企业的组织层级和组织结构都较简单。对于所有制形式和规模不同的企业来说，为了提升企业的盈利能力，所实施的服务化路径也是有区别的。

最后，不同行业应实施不同的服务化战略。企业外部环境会对战略实施和效果产生深远的影响。当企业所处的行业环境不稳定时，相关的上下游产业链中的原材料供给、市场需求和技术都会随之产生变化；而在稳定的行业里，这些因素都相对稳定。为了夺取更多的竞争优势，企业应当实施不同的服务化路径。当企业生产的产品所属行业的波动性特别大时，实施基于制造和产品的服务化能够降低企业的风险，可以提升客户对产品和服务的优越感和信赖感，从而增加企业的利润。但是，当企业所处主营产品行业比较稳定时，基于过程或面向市场的服务能够充分配置企业资源，提升企业竞争优势。

第三部分　战略篇

第九章　制造企业服务化的实施路径

第一节　制造业服务化的典型模式

随着信息技术的迅猛发展和全球经济的放缓，中国的制造业经过30多年的高速发展后，发展速度逐渐放缓，进入了制造业转型升级的关键时机。制造业服务化不仅是中国制造业转型的方向和途径，同时也是生产性服务外包以及服务外包等发展的动力源泉，有助于转变经济发展方式，调整经济结构，有很重要的战略意义。制造业在向服务化转型的进程中，需要考虑很多方面，首先是要考虑产品本身，要提供过硬质量的产品，其次要考虑的是企业的运营模式，要考虑怎样才能构建高效实用的运营模式，最后考虑企业的商业模式，采用的这种商业模式要能帮助利益相关者获得丰厚的利润。与此同时，各个制造业企业在选择实现服务化的路径时，必须要基于企业自身特点以及所处的行业环境来选择，这样才能使制造业服务化顺利进行，达到企业利润的最大化。制造企业服务化的典型模式主要有两种。

一、通过制造业自身能力资源整合发展服务业

传统制造业企业想要整合原有的业务可以通过发展生产性服务业来实现，制造业和服务业的融合发展也增加了企业的市场竞争力，企业也出现

了新的业务增长点。在一些发达国家，制造业企业的界限已经开始变得模糊，因为企业的服务业收入在企业的总收入中占的比重逐渐增加，很难说明该企业属于制造业还是服务业。例如美国的通用电气公司现在已经成功转型为最大的多元化服务性公司，致力于通过多项技术与服务创造更加美好的生活，不断地发明创造，将创意转化为优质的产品和服务。GE 善于发挥利用企业的技术、品牌、资金、人力资源等资源的能力，寻找新的业务增长点，通过服务业发展一些前景广阔、利润率高的服务业，例如消费者金融、信息技术等，增加服务在生产经营管理中的参与程度，使得企业的制造业的活动和服务性的活动相互融合，互动发展，因此即使是在遇到金融危机时，GE 也能保持较强劲的发展。

二、通过提供产品，拓展新的服务领域

企业由提供产品转向提供服务和系统的解决方案，在这个体验经济时代，消费者看重的不仅仅是产品本身，产品使用是否便利以及与产品相关的服务的附加值的高低也影响了消费者是否购买的意愿。有些典型的制造业企业在服务化转型的过程中就是通过拓展相关的服务活动，逐步地从产品的提供商转向服务和系统解决方案的提供商，企业的业务也不仅仅局限于制造业领域，服务领域创造的价值甚至比制造业领域创造的价值要大得多，增加了这些传统制造业企业的市场竞争力。IBM 公司在这几年里，已经成功地完成了业务模式转型，成为颇有影响力的信息技术服务性企业，将生产功能和服务功能互动融合发展。公司的业务模式也能很好地适应变化的市场和外部环境，其中服务业的比重在公司的总收入中已经超过一半，且服务业为企业带来的利润也是非常可观的。公司的业务不仅包括提供产品和咨询活动，而且将服务和外包也纳入公司的业务活动中来，开创了适合自身发展的新模式。

第二节　制造业服务化转型的基本路径选择

一、下游产业链服务化

这种路径是在制造业企业产品服务系统的基础上产生的，具体来讲，就是制造业企业在其产品产业链的下游环节增加参与力度，即通过在产业价值链的营销、售后维修、品牌管理以及产品的延展服务等环节增加参与力度，逐步实现制造业服务化。也就是说，制造业企业提供给消费者的不仅是产品还有与产品相关的附属服务，这样一来，就要求企业需要高度重视产品的营销手段、售后维修、品牌管理及给客户提供的营销体验。这种实现制造业服务化的路径，制造业企业不需要提供太多的资源去支持，因此才具有可行性，在市场竞争中也具有较低的风险性。

海尔公司就是典型的通过下游产业链服务化转型成功的制造业企业。创业伊始，海尔就已经提出“真诚到永远”的理念，实现企业对客户的承诺——高质量、高品质。1985 年，海尔通过“砸冰箱”砸出了质量意识，建立了海尔精益求精、一丝不苟的品牌形象。1988 年，海尔冰箱获得了中国电冰箱史上的第一枚金牌。产品的高质量，成了海尔创业的基石。20 世纪 90 年代，在看到一位海尔用户丢失空调的报道后，海尔随即推出了“送装一体”的星级服务，以此来更好地满足客户的需求。此外，海尔也通过精准把握客户的需求，提供给客户差异化的产品和服务，在海外树立起中国家电的国际化品牌形象。现如今在互联网时代，海尔也在努力打造互联网时代的诚信品牌。海尔优质的客户服务及其良好的品牌形象，使得海尔成为全球第一白色家电品牌，在家电市场上有着举足轻重的地位，增强了企业的市场竞争力，提高了企业绩效。海尔目前的客户服务已经做到了极致，服务的规定很细，甚至连如何去敲客户的门都有规定；管理方面也没有漏洞，在服务礼仪、服务规范以及服务用语等方面都规定得很清楚，且每个人都严格执行，同时也将不同客户的不同需求考虑进去，提供个性化的服务。又如台湾积体电路制造股份有限公司的创始人开创了晶圆代工的模式，即公司不生产自己的产品，只是为半导体设计公司拟制造产品。现如今公司逐渐地开始贯彻用服务业的态度来经营生产制造企业的理念，而不仅仅只是从事生产制造及代工。台积电公司建立了自己的客户服务网站，使客户可以随时随地看到晶圆的生产情况、订单详情以及产品生产过程中的最新信息，使得客户可以在预定的时间拿到满意的产品，提高了客户的满意率，也提升了企业的管理效率。海尔公司和台湾积体电路制造股份有限公司在企业转型的过程中都使用了下游产业链服务化的方法。

总体来讲，下游产业链服务化的路径比较适合那种缺乏服务化经验并希望在企业的生产经营管理的过程中逐步实现服务化的企业，这种企业依然是将生产制造产品作为企业的核心，在此基础上打造公司的品牌形象，通过高质量的产品、体验式营销以及周到的售后维修服务，来提升公司的盈利空间。

二、上游产业链服务化

该种路径是指制造业企业在产业链的上游即产品的设计研发、规划等阶段增加参与的力度，同时也是基于企业为客户提供整合性的解决方案实现制造业服务化的。企业通过这种路径也提升了企业产品的研发设计水平，这种水平的提高可以有效地增强企业的核心竞争力。通过查阅相关资料可知，企业的科研与销售收入的比例决定了企业能否正常地发展，其中该比例只有保持在百分之五以上，企业才有可能在市场中有自己的立足之地；但是若该比例在百分之三到百分之五之间，这样的企业虽然勉强可以生存，但经济危机轻易就能击垮企业，因为企业的创新力不够强；还有些企业该比例甚至不到百分之三，这样的企业连生存都是问题，更别提发展了。选择上游产业链服务化的企业，不仅可以通过实践不断增强自身的核心竞争力和自主创新能力，还可以把企业产品的研发设计、销售、规划咨询等各项服务看作企业在生产经营过程中的主要业务之一，这样一来，不仅客户可以获得企业提供的与产品有关的研发设计和规划咨询等服务，企业也能为更好地实现服务化得到更多的技术支撑。

玲珑集团就是一个重视技术和管理的自主创新的公司，集团在快速发展其自身的轮胎主业的同时，拉长其上下游的产业链条，在技术改造和经营创新上实行“玲珑速度”，逐步形成了以自主品牌、自主研发、自主知识产权为代表的核心竞争力，为玲珑集团实现上游产业链服务化打下了坚实的技术基础。

该路径适合于缺少服务经验但却寄希望于通过积累企业自身的技术力量来逐步地实现制造业服务化的企业。同时该路径还要求企业在实行上游产业链服务化之前，不仅需要拥有充足的资金和相关的高级专业的技术人才，也要有较强的承担风险的能力，因为研发设计的失败是常有的事。除此之外，企业还要有将产品的研发设计、销售咨询等能力转向为客户提供服务的能力。

三、上下游产业链协调服务化

该路径是指制造业企业在生产经营的过程中，一方面可以增加生产性服务的投入，另一方面还可以增加业务产出的投入。换句话而言，也就是制造业企业在转型升级时，同时还不能忘记扩展开发生产性服务和业务产出的活动。该路径融合了下游产业链服务化和上游产业链服务化的特点，被看作是制造业服务化转型的高级阶段，也是高质量、高水平、高级化的路径。

在过去的几年里，IBM 公司已经完成了业务模式的完全转型，就是通过上下游产业链服务化的路径。IBM 的业务模式是灵活的，能够适应快速变化的市场与经济环境，它的全球能力包括服务、软件、研发及相关的融资支持等。IBM 公司的三条行为准则中其中有一条就是“必须尽可能给予顾客最好的服务”，它提供给客户信息化的研发设计、信息化的战略咨询、信息化的系统安装以及信息化的系统后期维护与保养等诸多个环节的生产和服务的活动。IBM 这种系统整体的服务迎合了客户的需求，提高了客户的满意度。通用电气公司是世界上最大的集制造、技术和服务为一体的多元化的跨国公司，GE 公司致力于不断创新、发明和再创造，将创意转化为领先的产品和服务。现在的 GE 公司分别有两个制造业产业部门和两个服务业产业部门，在制造业产业部门中，公司为客户提供系统整体的解决方案，具体有产品的研发设计、生产制造、维修保养等方面的服务活动。此外，公司每年都有大量的研发投入，来支持服务业产业部门的发展，不仅为自己的产品用户提供技术服务，而且还为其他企业的产品用户提供技术服务。该公司拥有自己的网站，在信息发布、渠道建设、服务模式等方面都是一流的，并以服务来拓展渠道，与时俱进，不断发掘客户和市场的潜能，增强企业的市场竞争力。飞利浦公司非常注重产品的研发设计，并承诺为客户提供“为您设计、轻松体验、创新先进”的产品和系统整体的解决方案。凭借着一流的研发设计能力，飞利浦的三大事业部之一的医疗保健部成功实现了上下游产业链服务化的融合，业务结构与发展战略充分反映了客户的需要，成功地从制造商转为服务提供商，大幅地增加了企业的利润率。即便在遭遇金融危机时，该公司的医疗保健并没有受到冲击，仍然保持着较好的发展，为公司全年的销售额做了巨大的贡献。华为将 IBM 作为自己学习的榜样和战略合作伙伴，首先确定了自身的业务模式，即由电信设备制造商向电信整体解决方案的提供商和服务商转型，同时借鉴了 IBM 模式转型的知识和经验，充分发挥了华为产品线完善的优势。华为绝大部分的员工都是研发人员，其次是市场营销人员，生产人员仅仅占总人数的五分之一左右。华为就是依靠上下游产业链服务化即增加研发设计和市场服务的参与力度，来帮助企业进行服务化的转型，增强企业的市场竞争力。

这种上下游产业链服务化的路径适用于竞争力、生产经营管理能力以及企业自身的资金筹措能力卓越的大型制造业企业，因为这种路径带给企业的变革是很大的。例如会给企业战略、核心能力的构建、组织结构、生产经营模式等方面带来一定的冲击，因此企业要承担的风险也比较高，所以要求选择这种路径实现制造业服务化的企业要具备充足的资金和卓越的研发能力。除此之外，还要拥有适合自身发展的营销模式和较强的生产经营管理能力。

四、完全去制造化

这种路径是上下游产业链服务化的延展，即仅仅从事上下游产业链中高附加值、高新技术的业务活动，因企业能够很好地掌握整个产业链的发展，所以企业选择放弃产业链中低附加值、低水平技术的制造环节，因此增加了企业在上下游产业链的服务领域的竞争力。

美特斯邦威由于在生产采购和物流上突破传统模式，将制衣与销售等一些低附加值、低技术水平的制造活动外包给其他的企业，在上海、江苏等地有三百多家专门为公司生产的厂家，形成了企业自身强大的生产基地。而企业自身则负责产品研发设计、部分原料的采购以及少数的直营店等高附加值、高新技术水平的服务领域，充分利用了社会资源以及闲置的生产能力，实行社会化大生产专业分工协作。因此从严格意义上来说，美特斯邦威并不是制造业企业，但它却为其他制造业企业提供了一种制造业服务化的可行途径，即完全去制造化。

选择这条路径实现制造业服务化的企业在多个方面都需要进行较大的变革，包括企业的战略、生产流程、组织架构、运营模式等方面，甚至还需要重新构建企业自身的核心能力。因此，该路径的实施难度就可想而知了，由于选择该路径的企业总是遇到一些不确定性很高的事件，所以企业要在进行完全去制造化的过程中，不能盲目从众，而要因时因地制宜，在企业自身的实际情况基础上实施服务化，才能达到事半功倍的效果。

第三节　制造企业服务化转型模式与困境

近年来关于制造企业服务化的研究日益增多，研究视角和研究结论也呈现多样化的状态。梳理现阶段服务化转型的模式，探析制造企业服务化转型过程中面临的困境及原因，不仅有助于推进对服务化转型模式的理解、强化对服务化转型困境的认知，而且也能够帮助制造企业寻求新的服务化转型路径，更好地服务于制造企业的发展。

一、制造企业服务化转型模式

服务化转型模式是制造企业实现服务化的主要路径，大致有企业合作、延伸服务、增值服务和数字化服务等模式。

（一）企业合作模式

制造企业服务化转型的深入和生产活动分工的细化，对制造企业生产经营活动和供应链管理提出了更高的要求。企业可以将自己涉足尚浅领域的经营管理活动及非核心生产经营部分承包给外部企业，通过与其他企业合作实现技术、能力和资源上的互补，达到提升企业整体经营管理效率，降低内部成本，专注核心生产，开拓创新多领域、多种类产品和服务等目的，这就是企业合作模式。同时，制造企业也可以将供应链交给专业企业进行管理，既提高供应链管理效率，又减轻企业内部管理的负担。除此之外，制造企业还可以与合作伙伴共同进行创新活动，创建新型智能服务平台和服务模式，更有效地实现服务化转型。

（二）延伸服务模式

企业通过延伸内在价值链，加快与服务业的互动和融合，实现资源整合，从而拓展生产性服务，即延伸服务模式。一方面，制造企业发展过程中将业务从产品层面向价值链上下游延伸，由点到面，从一个产品到一条产品线，服务相应也有所延伸；另一方面，具有强劲技术能力、设计能力、业务能力优势的制造企业在满足自己服务需求的情况下，也可以作为服务的提供者向其他企业开展延伸服务业务。需要注意的是，只有拥有强有力的专业知识和技术、充足人才资源和一定抗风险能力的制造企业才能够在服务链上游形成竞争优势。同时，企业在进行延伸服务时要重视客户的需求，加强同客户的沟通联系。

（三）增值服务模式

由于产品和服务的设计要充分考虑客户的个性化需求与产品特点的契合，为使企业规模效益和顾客效益达到平衡，企业需要集中资源去研发高附加值的服务来增加企业利润，即增值服务模式。增值服务模式实质上是制造业和服务业的融合，企业价值观转向“产品+服务”，在产品基础之上将服务也作为着力点，创新服务方式、拓宽服务范围、完善服务模式，使服务像产品一样为企业创造利润。研究表明，那些拥有较强技术能力、专业知识和生产能力的企业，通过高附加值的服务可以为企业带来更多的利润。此时的制造企业并不只是通过产品获得收益，而是以企业的核心能力为基础进行附加服务的延伸，通过为消费者提供增值服务来提升企业效益、竞争力和市场应变能力。

（四）数字化服务模式

网络技术和数字技术的快速发展推动着传统制造企业价值观念、利益观念、生产经营模式及盈利模式的转变，也诞生了数字化服务模式这一新型服务模式。数字化服务模式意味着制造企业服务化可以通过数字技术来制定其战略、结构和流程，而且数字技术的应用可以进一步通过提供复杂新颖的服务来推进服务化。因此，制造企业在实现服务化转型过程中，需更加重视提高自主创新能力，依托强大的网络技术和数字技术打造智慧供应链，利用智慧供应链进行企业文化、研发能力、服务业态和模式等方面的创新。同时，数字技术的发展也改善了企业与客户间信息沟通的不对等，使双方对于服务的选择范围更加广泛，从而促进了企业服务平台的建设和创新，企业的利润空间也得到提升。

二、制造企业服务化转型过程中面临的困境

(一)制造企业服务化面临困境的类型

Gebauer 等最早提出了“制造企业服务困境”(service paradox in manufacturing companies)概念，将其界定为由于成本上升、缺乏相应回报，服务收入增长未能达到预期目标的现象。这一现象使制造企业无法实现产品向服务的转型，导致离开过渡线进入“服务化困境”。Neely 将获得更高收入的服务型企业其利润比单纯制造企业更低的现象称为服务化困境。Lee 等提出制造企业涉足服务化是一种风险投资，服务化并不总能够为企业带来绩效红利，毕竟对企业而言，开发与原有领域差异较大的业务，会使得企业的经营活动面对成本、组织和管理方面的挑战，失败的风险较大，服务化带来的收益不足以弥补由此带来的风险，这就是“服务化困境”。总体来看，制造企业服务化困境主要有 4 种类型。

第一，管理困境。一般来说，企业管理者更愿意将有限的资源投入有形的产品而非扩展服务业务中。毕竟较之有形产品，无形服务的质量难以把控，效益也难以准确评估。因此，当管理者倾向于将产品投资的风险转化为服务投资的不确定性时，管理者不仅要面对转变投资和销售观念的挑战，还要面对管理与合作伙伴关系的长期风险，以及选择服务类型、控制成本和承受利润阶段性下滑所面临的挑战。同时，在转型具体实施过程中，也有管理者认为提供高度定制解决方案会超出企业传统业务的范围，稀释企业核心竞争力，投资不熟悉的服务领域也存在较大的风险。因此，制造企业服务化转型面临管理困境。

第二，效益困境。虽然多数学者并不否认服务化会对制造企业长期价值的提升具有积极影响，但他们关于服务化对财务绩效产生的影响结论并不一致。已有研究指出服务化进程中制造企业会出现财务绩效阶段性下降的情况，即存在效益困境。例如，Gebauer 等在广泛调查和深入分析后提

出服务化并非一定会为公司创造良好的预期回报，或许还会致其绩效水平下滑。李靖华等以我国 5 个制造行业共 518 家上市公司为例进行实证分析，发现在短时间内企业绩效并未与企业服务化程度同向增长，甚至呈现反向趋势。同时，一些研究也指出服务化带来的利润可能低于服务成本，即服务悖论。此时，制造企业投入高成本进行服务化转型而未收到相应的高回报、高效益，从而陷入效益困境，出现转型失败。

第三，竞争困境。制造企业开展服务业务时，其面临的竞争已不再只是简单的质量竞争、产品竞争，而逐渐转变成为服务竞争、知识竞争和人才竞争，还可能会面临来自服务提供商、经销商和客户的竞争，从而陷入竞争困境。同时，服务化转型中，制造企业也会面临原有较完备的基础设施建设不符合服务业务需求、服务化成本长期居高不下而导致竞争力下降的情况，需要花费高昂的成本改变原有组织架构和生产模式以适应服务业务的需要，这进一步加剧了企业的竞争困境。

第四，创新困境。由于行业、规模、服务化发展阶段及创新能力等方面的差异，制造企业无法按照单一路径完成服务化转型，需寻找企业自身的创新点来获取竞争优势，推进服务化转型。然而，创新能力的差异会导致制造企业无法快速地从产品创新过渡到服务创新，从而在开展服务业务时陷入创新困境。小型制造企业囿于资源、生产效率的局限而难以支撑企业的服务创新，大型企业则会因规避风险、降低成本等原因而减少延伸服务的配置和创新，都面临着是否选择创新而产生的矛盾。

(二)导致困境的原因

第一，企业内部原因，主要涉及管理者认知水平、产品结构、生产组织模式等方面内容。首先，部分制造企业管理者对服务化的认知存在偏差，对企业发展状况和所处环境认识不清，导致在转型策略上出现错误。其次，制造企业长期形成的以产品为主的观念，使其在服务化转型中可能无法将产品创新应用于服务创新，或由于产品结构改变而陷入衍生产品配置的困境。最后，制造企业原有生产组织模式也会存在与服务化转型不相适应的状况，表现为生产与运作的不协调、业务流程的冲突、对组织文化变化的不理解，甚至是对组织战略变化的抵制等。

第二，企业外部原因，主要涉及顾客、产业链、市场竞争、社会环境等方面的内容。首先，制造企业服务化转型中会遇到许多与市场和顾客相关的问题，如是否能够将长期形成的客户资源顺利迁移到转型后的产品上、服务市场是否能够接受制造企业的服务化转型及接受程度如何、企业自身是否有能力应对短时间内市场反响不好甚至不被市场接受等，这些问题都可能导致制造企业陷入困境。其次，产业链各环节之间的关系可能会成为服务化战略实施的阻碍，如一些环节存在利益冲突、顾客对服务化产品接受度不高、零售商对服务化产品不支持、缺乏政府采购需求等。再次，市场竞争的激烈程度是影响制造企业转型的重要因素，往往市场竞争越激烈，制造企业越想要转型，而制造企业越急迫地想要转型，市场竞争也就越发激烈，如此形成闭环，致使制造企业陷入“转型困境”。最后，社会环境也会影响制造企业服务化的发展程度，如远程监控等信息技术的应用能够极大地提升企业服务化的能力，加速企业服务化的进程，但若制造企业不能快速适应社会环境的变化，仍对传统服务提供模式投入过多资本，则极易导致服务化悖论的产生。

三、促进制造企业服务化转型的策略建议

我国制造企业基础薄弱，服务化转型发展面临一定困难。摆脱困境、成功转型，需要从政府和企业两个层面作出努力。

（一）政府层面

第一，完善配套政策，深化体制改革。对产业进行结构调整升级，加强各产业间的融合形成协同发展；完善相关政策，加快法律法规的制定和完善，为制造企业服务化提供合法合理的转型路径。

第二，加强适应制造业及服务业的复合型人才培养，为产业转型提供

人才保障。同时，重视高质量知识资本和人力资本的培养，推动技术路径转化；输送优秀专业人才，培植大型企业服务化转型发展并以点带面积极推进制造业和服务业融合。

（二）企业层面

第一，优化产品服务体系。可向社会提供模块化产品和模块化服务，模块之间既相互独立又具有互换性和耦合性，从而实现结构化和个性化的产品延伸服务配置，向顾客提供多样化产品和多样化产品延伸服务。

第二，提升自主创新能力。制造企业服务化应从技术改进、管理提升和制度建设等方面实现创新突破，可以借助大数据分析、传感器技术等为生产过程监控和数据集成管理提供支撑，学习发达国家成功的管理经验并结合我国国情创新管理模式，建立创新激励机制、出资人制度、所有者权益制度等配套制度。

第三，建设数字化平台。制造企业可以通过对服务、流程、组织和客户界面的整合，建立数字化平台，利用数字化推动服务化，带动工业服务化、业务服务化和价值服务化的发展，帮助制造企业为产品增加服务供给。

第四节　制造业服务化转型的辩证统一原则

一、坚持自主创新、合理定位、资源优化经营性原则

企业不能盲目地追求自身的服务化，而要首先考虑一下企业本身的实际状况，因时因地制宜，审慎地选择适合本企业的制造业服务化路径。诸多企业都会由于急于求成，寻求短时间内获得最大的转型成效，这是非常不可取的，制造业企业在服务化转型的过程中，最好是循序渐进的推进服务化的进程。

首先，需要做好企业的定位，进行差异化经营。企业建立自身的企业文化和服务理念，并贯彻到企业的生产经营管理过程中去。虽然产品的研发是转型升级的重要途径之一，能大幅提高企业的核心价值，但是它仅仅是企业整条产业链的其中一个环节，客户不仅需要产品，更需要产品带给客户的便利和系统的解决方案。

其次，要加强企业的自主创新能力以应对外部环境的挑战。注重发展高附加值的与产品有关的服务的环节，并根据客户的需求提供个性化的定制服务，以应对快速变化的外部环境，增强企业的竞争力。比如上海的三菱电梯公司在电梯中增加了故障诊断、远程监控等这样的信息系统，使电梯能够在有故障时及时报警，不仅能进行实时监控，还可以显示地理位置等，大幅提高了产品的智能化服务水平。

再者，要系统地整合企业自身的各项资源，提供专业化的解决方案。企业要想构建自身的竞争优势，就必须要深入全面地分析了解并研究终端客户的需求，并在企业已经掌握的产品的配套服务的基础上，提供给客户专业、整体、有效的解决方案，换句话说就是企业要了解多方价值所在，包括产品的供应商、分销商和消费者等。然后，把产品生产制造过程中的下一流程看作自己的客户，优化企业的业务流程。制造业企业服务化转型的一个重要的前提就是业务流程的标准化和优化。因此全企业上下都应该有这种服务理念，并作为自己的责任认真履行。各部门要清晰定位自己在企业中所处层次和角色，主动为产业链的上下游客户提供服务，共同创造价值。企业最好能建立自己的信息共享平台，同时整合各业务活动间的流程，只有企业的各个部门都齐心协力，为对方着想，才能增加企业的反应能力，提高客户的满意度。

最后，要创新企业的商业模式，不断推进服务化进程。有多种商业模式可供企业选择，一是再制造的绿色制造模式，这种模式属于高新技术产业，原理是采用一些再加工技术如传统的加工手段和新技术等对零部件和原有产品进行维修；二是专业化的服务模式，比如专业维修保护、设备租赁、金融服务等服务活动；三是网络服务模式，通过大数据、云计算等一些虚拟的渠道来实现等，具体采用哪种商业模式，还需要企业根据自己的实际情况做出判断。

二、坚持因地制宜、循序渐进合理性原则

制造业企业在选择实现服务化的路径时，也要遵循一定的原则。

一是要坚持针对性原则。企业在制造业服务化的进程中，需要选择跟本企业所在的制造业领域相适应的服务化路径，要根据企业的特征确定自身服务化内涵，因为不同领域的服务有所不同，例如食品领域与医药领域的服务不同，而汽车业的服务又与医药领域的服务不同。

二是要坚持合适性原则。这条原则就是指由于制造业的种类较多，不同的企业有不同的产品功能和属性，而且所属不同领域的制造业提供的服务以及产出类型都有不同，因此没有规定要所有的制造业都需要实现服务化。而且实现服务化的企业的服务化所占比重也可以不同，企业应遵循合适性的原则，确定自身的服务化比例。

三是要坚持循序渐进的原则。此原则是让制造业企业在服务化的进程中，首先分析自身的实际情况，然后再去选择适合企业发展的服务化的路径。在制造业服务化的进程中，面对投入服务化和产出服务化这两者的关系，首先需要提升作为制造业投入的服务，然后再提升作为制造业产出的服务。但是随着社会时代和信息技术的发展，再加上企业本身竞争实力的增加，企业在服务化的过程中或许也可以略过其中一个阶段，而在产业链更高一级的阶段上提供服务，这样也未尝不可。

三、坚持外部性融合、内生动能有机统一原则

要想成功实现制造业服务化，除了需要企业自身的努力之外，还需要政府也做出一定的努力，政府需要做的具体工作有：

第一，完善制造业服务化的财税政策。政府要通过相关的税收优惠政

策以及高新技术企业的认定等方法，进一步增加对创新型、科技型的制造业服务化企业的支持，包括产品的研发设计、节能环保以及检测认证等。通过设立专项基金支撑服务创新的研发资金，支持相关的公共服务平台。同时也要鼓励企业自身增加服务化创新的研发投入，扩大营改增的覆盖范围。

第二，增加对制造业企业服务化的金融支持。鼓励企业通过股权融资、债券融资以及项目融资等形式，获得自身转型需要的资金。同时也要想办法引导金融机构对金融产品和服务进行一定程度的创新，提供给制造业服务化转型过程中一定的金融支持。

第三，放宽市场的准入力度。因为这样可以减少一些不必要的审批和资格认定的条件，以此来促进制造业和服务业的互动融合发展。鼓励支持制造业进入金融服务的领域，拓展一些融资租赁和消费信贷等类似的业务，例如汽车制造业可以利用互联网获得的信息来开拓车载类的信息服务。

第四，完善制造业服务化的体系。加快推进相关制造服务标准的制定，如车载信息服务、工业互联网以及制造业物流等，同时加强标准化的管理。推进制造服务标准在制造业服务化转型进程中的运用，促进市场的健康发展，完善标准的建立体系。

第五，完善公共服务平台的建设。为了鼓励支持众多的中小企业的产业集群，政府可以整合相关的技术、科技以及信息等资源，建设一批综合性的公共服务平台以及服务功能区，它们囊括了工业设计、基础研发、计量认证以及试验检测等多个方面。

第五节　制造业服务化转型应具备的基本条件

制造业企业在进行服务化转型之前，需要对企业自身以及所处的外部环境进行全盘的审视，确保制造业企业已经具有了服务化转型所必需的所有的基本条件。具体来讲，这些基本条件可以从以下三个层次分别进行论述。

一、从企业层面

从企业层面来看，制造业企业实现服务化转型需要具备这四个基本条件。

第一，制造业企业要想成功转型，必须要具备稳定的现金流和盈利能力。换句话说就是企业首先要拥有生存之本，即要有足够多的可以支撑转型的本钱以及相应的投资融资的能力，否则其他都无从谈起。通过一些调查数据显示，迄今为止，淘宝商城在售商品的总数量已经超过10亿，但是仅仅只有3%—4%的在售商品有销售记录；而且目前在淘宝商城的店铺绝大部分处于亏损的状态，仅仅有3%的店铺处于盈利状态。在互联网的冲击下，中国传统企业的生意越来越难做，而且前景黯淡。如今他们连基本的生存都有问题，更别提他们会冒着破产的危险来进行转型了。从比较宏观的层面来看，中国传统企业在经历着转型的阵痛期，一方面是由于产业链上游的资源垄断，另一方面是由于客户消费需求的快速变化。实际上，如今我国的经济体制的改革相对于经济的快速发展来说仍比较落后，其中一些企业生存困难的境况就像癌细胞扩散一样，能够快速蔓延至整个经济体之中。如今互联网行业的企业，毫不夸张地说，绝大部分都是处在先生存后转型发展的状态，信奉的理念则是剩者为王。例如，360公司的免费杀毒服务；淘宝从最初的免费模式逐步转型到平台的模式，依靠竞价的排名和广告来赚取利润；腾讯的QQ也逐渐从一开始的免费模式转为前端用户的收费模式，以及当年的百团大战，都说明了企业要先有足够多的可以支撑转型的本钱以及相应的投资融资的能力，才可以进一步地转型发展。

第二，制造业企业转型之前，应深入研究分析行业市场的发展趋势以及目标客户的需求。企业需要在洞察本行业的发展趋势的基础上，慎重地进行转型，并分析企业的SWOT，明确本身的特点、外部行业的竞争格局以及客户需求的变化。例如著名的海尔集团就是通过推动企业运营模式以及一些文化上的变革来推动企业的服务化转型的，海尔公司通过深入分析目标客户的潜在需求，利用企业卓越的服务能力为客户提供很多增值化以及差异化的服务。海尔逐渐模糊了生产型企业的形象，转型成为一个集科研、生产、金融运营以及技术服务为一体的综合性企业，并且有非常高超的解读破译消费者需求的能力，不仅仅为消费者提供产品，也提供针对性的服务。除此之外，海尔集团还能对市场的变化做出快速的反应，这需要企业有很强的掌握即时信息以及整合供应链的能力。海尔把企业一部分生产的业务外包，并根据市场的需求来进行生产，这样做不仅能实现集团的零库存，更便于进行以客户为中心的业务流程的重构，实现渠道扁平化，提高了物流的效率，并能够对市场做出快速及时的反应。日本的一家世界500强企业恩斯克公司是一家设计生产轴承的企业，由于中国市场不断快速发展，恩斯克公司想要做好技术支持的工作以及产品基础的研究，尽可能满足中国特有的市场的需求。此外，恩斯克公司还将中国的技术部独立了出来，设立了专门的独立法人的研发公司，成为第一家入驻花桥商务城总部园区的标杆性的企业。目前，该公司已经逐步形成了集销售、研发以及资本运营为一体的总部。还有一些跟恩斯克相似的老牌企业建涛集团、捷安特等，将制造企业的服务业的环节从企业中的产业链中剥离，设立了区域总部和销售分公司，这也是老企业转型升级的又一条重要的途径。IBM 通过多年的企业整合，也已经成功地由一家单纯的硬件制造商转为提供硬件、网络和软件服务的整体解决方案的供应商。十几年前，在其他的 IT 厂商还在大力发展 PC 时，IBM 就已经慢慢地转型到了 IT 服务。然而当今天越来越多的厂商逐渐意识到 IT 服务战略的重要性以及超强的盈利能力时，IBM 集团却再次转型，开始注重服务产品化的战略。在 IBM 全球的盈利体系中，超过一半的收入都是来自 IT 服务。据估计，我国将会有望超过澳大利亚变为亚太地区最大的 IT 服务的市场。IBM 针对这么巨大的市场提出了服务产品化的方法，这样会使企业对于市场变化的需求把握得更加准确，提高企业快速响应市场的能力。同时也可以清楚地定义产品、质量，提高企业的服务质量，有利于 IT 服务提供商增加企业受益，早日实现规模化。著名的苹果公司采用的也是客户体验的转型升级模式，为了客户拥有更良好的体验，在设计苹果产品时，注重简洁设计、用户界面更加友好、外观更加高雅、使用场景更加方便以及持有感的舒适尊贵。这样优质的客户体验都是基于卓越设计的产品之上的，包括企业和客户的交流沟通的每一个环节。客户在走进苹果的店面时，就能明显感觉到苹果店面的与众不同，虽说桌架都是朴实无华的，但是各种苹果的产品展示以及使用都恰到好处，甚至是客户手提的购物袋，也能够给客户带来独特的体验。然而苹果也并不是第一家追求客户体验并且取得成功的公司，索尼曾经将磁带播放器打造成了个人随身音乐播放器，耐克也将运动鞋打造成了非常时尚的产品。从行业的角度来分析，因为目前技术逐渐普及，变得大众化，但竞争对手却在不断地增加，这样使得厂商的成本就没有了可以压缩的空间，利润也基本为零。此时企业要想转型发展，就必须使产品和客户之间产生共鸣，努力制造出让客户难忘的体验，即满足客户的个性化需求。如果产品可以调动消费者的一些情感，其购买的需求也就自然而然地产生了。正是基于这种情感的多样性和复杂性，这种需求就理所当然地成了唯一性的需求，产品也变成了最具有差异化与多样性的产品。研究表明，绝大多数苹果用户都认为苹果是一种时尚、个性而且较前卫的群体的标识。客户觉得在购买苹果公司的产品的时候，不仅仅是在购买产品的功能，更是为自己与产品之间产生的情感共鸣以及自我价值的实现付费，而不是像在选择其他品牌的手机或者是 IT 产品的时候，客户得到的仅仅是产品的功能。因此深入研究分析行业市场的发展趋势以及目标客户的需求，才能更有针对性地实现转型。

第三，企业应具备支持企业实现转型的资源。企业应该分析自身有哪些能够支持转型的资本，比如是否拥有能通过产学研合作获得支撑企业转型升级的产品。长航电机公司就是通过与高校之间的合作，才顺利开发出了双馈无刷变频电机，占领了此领域的技术高地，还有其他的企业在一些新兴的领域参与制定相关的标准，建立起了竞争的门槛。或是否拥有超强的产品研发的能力；或是否拥有整合营销渠道资源的能力；是否有充足的能支持企业快速拓展的研发、销售以及管理的高级人才。

香港最大的进出口企业利丰集团以优秀的供应链管理而闻名，该集团将企业最先进的供应链管理的思想运用到了管理实践中。该集团本身没有生产制造的工厂，但是它仅凭借开展其先进的供应链管理，与全球各个地区的制造业企业密切合作，保证生产制造的每个环节都是高效率的，为企业创造了超高的附加价值。利丰集团在全球范围内都保证高质量地管理供应链的全部过程，包括产品的设计采购、生产以及物流等各个流程，而且产品物美价廉并及时供货。它的这种先进的供应链管理的思想是以客户为导向的，将客户分为大小两种客户，针对不同的客户会有不同的服务措施，满足了客户的个性化需求。利丰集团经营模式的核心就是其供应链的各个节点的企业之间紧密合作，使得生产商、供应商以及零售商等之间形成优势互补，通过这种先进的供应链管理为企业赢得竞争优势。

海尔能够做到在国内家喻户晓，并在国际市场上有一席之地，其强大的品牌号召力以及渠道的力量不容忽视。海尔的承诺是“真诚到永远”，这使得消费者们能够信赖海尔，支持海尔，选择海尔。消费者选择家电的时候，海尔的强大的品牌感召力成了其主要的参考对象，海尔转型的一大法宝也正在此处，其终端影响力的释放，产生的能量不可估量。此外，海尔的另一个撒手锏是其强大的渠道力量，海尔的服务网点和渠道已经成功遍布了中国大大小小的市场，包括一些乡村都成了海尔的市场，海尔目前的门店已经超过了5000家。这些门店的分销体系为海尔创造了巨额的利润，也为海尔的转型打下坚实的基础。除此之外，海尔还能发挥其营销模式的竞争力，提升客户的产品体验。目前，家电领域的技术已经成熟，产品的同质化比较严重，市场也逐渐趋于饱和，虽然海尔是中国最具影响力的家电品牌，但是其品牌的溢价能力也大大地被削弱了。由于海尔在生产制造的环节也仅仅是基于保持利润的基础上的规模化的生产，所以海尔重新建构企业的核心竞争力的重任就落在了营销与服务上。如果企业之间的竞争逐步进入了竞争营销模式的阶段的话，那么所有的这些体系与营销模式的制高点，就在于连续不断地为客户创造价值，提高客户的满意度与产品体验。

卡特彼勒公司是全球最大的工程机械制造商，其公司的产品同样在渠道和品牌上有强大的竞争力，但是即使如此，公司仍然选择开发生产性的服务系统促进产品销售，反过来，产品品牌的强大也会促使客户更加放心地使用公司提供的生产性的服务系统。该公司拥有全球代理商网络，因此建立了服务系统，而且提供一份生产商客户服务合约。该合约是作为生产商的代理商为其目标客户提供的一种定制化的服务，该合约的服务内容非常灵活，最重要的是，它是按照客户的需求来确定的。该合约的灵活性主要体现在不仅可以是周期性的维护保养、定期的设备检查、定期的液压系统检查维护，同时也可以是全部的修理和维护保养。如此一来，代理商和制造商的销售额均可以大幅提高。此外，通过生产性的服务以及产品的优势互补，也产生了这两种方式单独销售的效用，这样一种方式，不管是对于代理商、生产商、客户，还是租赁企业、修理企业，都是双赢的好方法。因此，具备了支持企业实现转型的资源，企业的转型成功就指日可待了。

第四，企业要有支持企业快速转型的信息化的平台。信息化不仅是支撑企业运营的数字系统，同时也是制造业企业实现服务化转型的必备支撑和必要条件。就比如说，企业如果想要实现并购，那就必须首先要确保该企业自身的信息化的系统能被快速复制，这样才能够将本企业的成功管理思想延伸到被并购的企业。企业如果想要实现多工厂、多组织、多地点的集团化的运营管理，甚至说是国际化的运作，那么该企业的信息系统就必须要能够支持企业实现多工厂、多功能、多币种以及多语种的运营管理，以及实现集团化的管理。企业必须要首先建立起支持针对客户需求的客户门户，这种客户门户能够为企业提供优质的服务，这样企业才能够依靠服务来获取利润。与此同时，企业如果想要加强其供应链的同步发展，也要建立一个信息的交互平台，这个平台可以使企业与供应商进行数据通信。现如今，有了信息技术的支持，一些传统企业的产品研发生产、销售交付的流程逐步融入了服务业发展的模式中。随着服务市场规模的逐步扩大，客户的需求层次变得越来越多样化，服务的内容也变得越来越复杂，单一的企业向客户提供整体的解决方案时，同时也在整合其产业链的上下游资源，形成服务产业链的协作分工。例如，全球最大的一家企业管理软件的供应商SAP，就是通过整合IT服务企业以及专业的咨询公司的资源，提供给客户系统的一体化的企业资源计划的解决方案。互联网在商业市场的应用改变了人们的生活方式和社会的生产方式，企业今后在选择自身的商业模式的时候会充分利用互联网平台。一些生产软件的企业逐渐从向客户销售软件产品转为向客户提供软件即服务模式。这种模式是基于网络平台的模式，电子商务在本质上就是基于网络平台的一种交易服务，现如今公共服务的网络化也在逐渐普及。由于人工成本不断提高，市场规模也在逐渐扩大，因此企业要想为客户提供针对性的服务变得逐渐困难。因为信息化的普及，企业可以借助信息的技术，实现前台操作的自助化，意思就是说客户可以自助性地完成部分甚至是全部的服务项目，不仅提高了客户的体验满意度，也满足了客户个性化的需求。例如银行的自动存取款机就是通过操作的自助化转变企业的生产经营模式的。此外，陕西鼓风机集团在早些年就已经指出，在工业领域，专业化的系统的服务会逐渐成为客户消费的趋势，制造业企业需要向客户提供系统完整的解决方案。意识到这一点后，陕西鼓风机集团开始改变其单一的服务理念，转型为机械系统的服务商和供应商。企业为了最大限度地满足客户的需求，通过交钥匙的工程，进而解决了整个鼓风机系统的问题，有时甚至是整个流程的问题。而且企业建立了机械远程的故障诊断以及在线监测的系统，并通过互联网传输一些系统运行过程中的数据。企业能够做到全天二十四小时不间断地为客户提供在线服务，大幅度地降低了客户维护检修的成本。目前，企业还成立了由多家企业共同合作组成的成套的技术合作网，这一举措能够很好地优化整合管理企业的产业链以及配套的资源，大幅增加了企业的服务能力。因此这种信息化的平台给企业的转型升级带来了不少的益处。

二、从社会层面

从社会层面来看，要求相关行业系统网络里涉及的企业要有承担一定社会技术能力提供的责任，最起码应该能达到有能力获得社会技术的能力，又或者企业能够在一定的程度上增加此行业系统网络内的企业提供的社会技术能力的供给。根据戴维斯提出的“责任铁律”原则，此原则的意思就是企业所需要承担的社会责任要与企业享有的社会权利相一致，也就是说企业的权利越大，其所必须肩负的社会责任也就越大。根据此原则可知，企业逃避社会责任就必然会导致企业享有的社会权利逐渐丧失。因此，企业在通过内外部的系统环境来获取资源并实现企业自身利益时，不管是道义性承担社会责任还是工具性承担社会责任，企业都必须要尽到应尽的社会责任。因此，社会可以通过强化和倡导企业承担社会责任的企业文化，进而营造出一种享有权利的同时也应该承担义务的社会责任理念，让相关行业系统网络里涉及的企业可以主动、心甘情愿地承担提供社会技术能力的责任。企业一旦形成了这种意识与社会理念，必然也是有责任的好企业，社会也必然会给予企业转型所需要的一定程度的支持。

三、从国家层面

从国家层面上来看，为了推进行业领域内的知识与经验的共享，以及鼓励企业转型升级为社会谋福利，需要制定一些相关的政策，以鼓励相关行业系统网络里涉及的企业间的技术交流。比如说，可以通过定期地举办一些相关行业系统网络里涉及的企业进行定期的技术交流的活动，这样的活动不仅能够实现专业知识与经验的交流与共享，使得活动参与人员能够清楚地知道该行业系统网络里一些相关的社会技术能力丰富的程度，还能够推进专门技术人才的培养，为企业的转型升级储备专门的高端人才。

制造业服务化的价值形成机理也主要是通过对客户需求以及市场发展趋势的准确把握、充分利用支持企业转型升级的资源和信息化的平台，并在稳定的盈利能力的基础上与其他相关企业分工协作形成的。基于制造业服务化的这种模式，企业所提供的服务不管是消费者推动的还是技术推动的，都处在产品服务系统中的核心位置。制造业企业在这种模式的指引下，在不断地追求自身利益的基础上，自愿地为其他相关企业以及客户提供生产制造、销售外包等方面的服务。此外，企业还能凭借这些有针对性和专业化的服务等生产经营活动，形成企业之间充分信任和相互扶持以及企业的员工之间高效率的分工协作和交流互动的场面，从而使整个产业系统变得越来越可靠、稳定。制造业企业一旦具备了上述所论述的一系列的主客观条件之后，企业的服务化转型升级就已经迈出了重要的一大步。

第十章　制造企业服务化的战略演化

第一节　制造业服务化发展的战略背景

从生产型制造向服务化的转变，是现代产业分工不断细化、生产组织方式高度协同的必然趋势，也是消费升级的客观要求。但是即使是发达国家，制造业服务化领域的企业实践和理论研究也尚处于探索阶段，新模式新业态不断涌现，我国在这方面更是刚刚起步。所以，研究我国经济“新常态”下制造业服务化的发展，有着深刻的背景和意义。

一、工业化中后期和发达国家“再工业化”叠加

从人均 GDP、三次产业结构、农业从业人口比例、城镇化率等指标判断，我国已经处于工业化中后期阶段。国际经验表明，该阶段往往是曲折和极富挑战性的。在这一阶段，经济增长从主要依靠资本投入转向主要依靠技术进步，专业分工细化对生产性服务的需求明显增加，制造企业的服务占收入和利润的比重明显增加。同时也要看到，发达国家的“再工业化”进程和我国进入工业化中后期形成了叠加。2008 年金融危机以后，一些发达国家开始重视发展实体经济，重振制造业。倡导将制造与信息化的融合、制造与服务化的融合，发展智能制造和智能服务，来提升制造企业的竞争力。“再工业化”战略通过效率提升和服务转型，对后发国家的资源禀

赋和比较优势造成重大冲击，并很有可能封堵“雁行理论”的赶超路径。我国的新型工业化建设面临着严峻的挑战，亟须快速发展制造业服务化和生产性服务业。

二、新一轮科技创新和技术革命的发展

20 世纪 90 年代初期，在信息技术没有完全普及的情况下，一些跨国企业依靠核心技术和协同能力，探索服务模式创新，实现了制造业企业服务化转型。现阶段，移动互联网、云计算、大数据等技术的迅速发展，加快了发展中国家信息化和工业化的融合，为制造业服务化的发展提供了机会。从制造业看，智能和信息技术的应用提升了资源配置效率，优化了生产组织和运营管理方式，催生了平台经济的发展。虽然我国在制造业的硬件智能化、软件一体化、工业自动化领域和发达国家尚有一定差距，但在利用信息技术改造制造业方面和发达国家几乎处在同一起跑线，一些电子信息和互联网企业在生产规模、业态创新和市场应用等方面和国际先进企业几乎可以比肩。2015 年 7 月，国务院发布了关于积极推进“互联网+”行动的指导意见。用好“互联网+”的优势，进一步加速“两化”深度融合，切实助力制造业服务化，不仅可以摆脱全球产业价值链的低端锁定，也能为我国制造业迅速弥补差距、实现跨越式发展找到可行路径。

三、增长方式的转变和消费模式的升级

改革开放以来，中国经济连续 30 多年保持了 10%左右的增速，经济社会发展取得了举世瞩目的成就。其中，第二产业特别是制造业可谓功不可没，增加值超越美国成为全球制造第一大国，支撑和保障了载人航天、探月工程、载人深潜、北斗卫星导航系统、超级计算机、高速铁路等一系列国家重点项目和重大工程。但是，我国制造业总体仍处于国际产业链的

中低层，存在着严重的“高端不足、低端过剩”现象，转型升级迫在眉睫。从制造业发展的供求关系看，一方面是全球市场需求升级态势明显，消费者不仅仅是购买企业生产的产品，更重视伴随购买产品的差异化供给和个性化服务；另一方面是企业普遍重生产、轻服务，经营模式过于单一，供给与需求错位的问题日益凸显，亟须转变制造业发展方式。从劳动生产率指标看，我国制造业人均增加值大概是发达国家的5%，制造业的附加值率也只有发达国家的50%，存在巨大的提升空间。因此，在继续加大物质形态投入的同时，既要从产品的研发设计和服务创新等关键点入手，来提升生产环节的品质和效益；也要向高附加值环节延伸，才能有效推动中国制造的“三大转变”，实现可持续发展。

第二节　制造业服务化的现状及特征

一、我国制造业服务化的现状

（一）制造企业在不同程度上开展了服务业务

2015年，中国工业经济联合会的调研结果显示，在抽样的企业中，四成以上独立开展了服务业务，六成以上与其他机构合作开展了服务业务。但业务主要集中在简单易进入的基本服务领域，包括产品开发、质量检验、售后服务等。而创新设计、产品全生命周期管理、供应链管理优化、融资租赁、合同能源管理、总集成总承包等高附加值服务，在开展广度和深度上还有较大提升空间。

（二）制造企业的服务化投入水平较低

制造业生产活动主要依靠能源、原材料等生产要素的投入。随着社会的发展和科技的进步，服务要素在生产中的地位越来越高，生产中所需的服务资源也逐步增长。在制造业的发展过程中，服务投入的程度决定着制造业的竞争力。目前，我国东南沿海发达地区的制造业主要从事的是组装、加工，其服务化的投入很少，导致我国整体制造业服务化水平较低。

（三）服务对于制造业的利润贡献还很低

单纯就服务的收入来看，中国机械工业联合会与德勤联合发布的《2014 中国装备制造业服务创新调查》报告中显示，78%的被调查企业服务收入占总营业收入比重不足 10%，只有 6%的企业服务收入占比超过 20%，这一比值和全球制造业平均 26%的调查数据差距较大。就净利润而言，81%的被调查企业服务净利润贡献率不足 10%，其余企业的服务净利润贡献率基本上在 10%~20%之间。考虑到调查取样的因素，全国制造业的服务收入和利润贡献水平可能还要更低一些。

（四）智能装备制造业的服务化步伐不断加快

在市场需求和政策推动下，一些行业内特色优势企业及知识密集型企业已经成为服务化的先行者，在装备制造业、通信设备、信息技术、汽车、智能设备等制造业出现一些成功案例。这些先进企业重点发展独立的服务业务单元及基于客户需求的整体解决方案，并积极运用资本杠杆实施业务多元化战略，实现了提高质量增加效率的目标，打造了竞争的新优势。

二、我国制造业服务化的特征

（一）在经营导向上，客户导向和需求导向贯穿整个生产组织

传统制造企业内部往往强调产品和工艺导向，客户需求和产品技术之

间信息传导慢、有效衔接难。而制造业服务化模式通过流程再造和信息支撑，使内部生产经营各个环节都能围绕客户导向和需求导向开展业务，实现了企业内部生产经营目标的一致性和管理节奏的协调性。只有这样，企业在与外部环境的交流互动中，才能不断优化生产环节、改进产品服务系统，创造更大的价值。

（二）在价值实现上，实体价值和服务价值都成为重要的价值来源

传统制造企业主要通过物质投入和产品生产实现价值增值，实体价值的增值空间有限。制造业服务化基于生产并向客户提供具有高附加值的产品服务，通过差异化和聚焦战略推动价值链向微笑曲线两端延伸，同时通过优化供应链管理、开展服务外包等举措提升劳动效率。这种实体价值和服务价值混合的实现方式，大幅度拓宽了制造业的价值实现空间，构建并形成了不易模仿、不易复制的企业核心竞争优势。

（三）在生产组织上，面向客户的主动协同成为企业运作的重要模式

传统的制造模式在生产组织上强调自上而下的生产动员和资源组织方式，而制造业服务化改变了原来的管理方式，通过构建响应市场需求、及时服务客户的生产服务网络，健全了企业各环节基于顾客相关需求的动态化、主动化服务体系。围绕客户需求，以各自业务功能及协作流程为契合点，实现制造资源、知识资源和服务资源的有效整合。

（四）在驱动因素上，自主创新成为核心驱动力

制造业和服务业的融合加速了生产体系的重构。为实现面向客户价值的制造业服务化，企业必须在资源管理、产品生产、运营流程等多个层面探索创新，广泛应用新技术特别是信息技术推动生产方式的转变，促进发展动力向创新驱动转变，不断提高企业的协同水平和服务水平，才能增强抗风险能力和核心竞争力。

第三节　制造业服务化的发展模式

一、基于制造的服务

制造企业将研发设计、工艺流程、供应链、商业运营等环节进行模块化分解，实施轻资产战略，以服务外包、业务流程协作、协同创新等形式与第三方专业服务机构协作，剥离非核心业务，专注于制造业核心环节。

二、基于产品的服务

在制造业服务化初期，这种模式主要体现为通过差异化服务，以增强客户的满意度与产品黏性。这种“产品+服务”模式经过不断创新日趋成熟，由简单、碎片化的售后服务拓展为完善的售前、售中、售后、“24小时随即响应”的服务模式，再延伸至个性化定制、设备融资租赁、再制造、云服务、产品全生命周期管理，以及线上线下（O2O）、直销（B2C）等新型高级模式。

三、基于过程的服务

主要体现为面向顾客需求，集成了前期调研、规划、研发设计、设备集成、融资、施工、运营，以及循环再利用等全流程解决方案，提供一揽子服务体系。

四、面向市场的服务

制造企业不再是仅仅通过“产品+服务”模式维护客户，而是以客户价值实现最大化为目标，将业务领域拓展至整个行业市场的工程总承包、项目运营管理、合同能源管理等各方面。

融合类型	融合模式	涵 盖 范 畴
基于制造的服务（制造+服务）	外包服务	(1)企业内部管理服务、企业业务运作服务、供应链管理服务等商务流程外包 (2)系统操作服务、系统应用服务、基础技术服务等信息技术外包 (3)研发设计、咨询等知识流外包
	协同制造	基于敏捷制造、虚拟制造、网络制造、全球制造的生产模式，以互联网络模式实现整个供应链企业共享客户、设计、生产经营信息
	协同创新	(1)研发机构、企业、高等院校建立协同创新联盟 (2)建立开放企业平台 (3)产业+孵化器
基于产品的服务（产品+服务包）	云服务	集系统销售、零配件、售后服务、信息服务和实时监测为一体的物联网服务体系
	个性化定制(C2B)	根据客户需求进行生产制造
	设备融资租赁	企业提供融资方案，以租赁的形式进行设备运营
	再制造	对废旧产品实施修复与改造进行二次利用
	创新的营销模式	线上线下(O2O)、直销模式(B2C)等
	全生命周期管理	从需求、规划、设计、生产、经营、运行、使用、维修保养、直到回收再用处置

续表

融合类型	融合模式	涵盖范畴
基于服务过程	整体解决方案	研发、方案设计、设备集成、金融、施工等一体化解决方案
面向市场的服务	工程总承包(EPC)	BOT、BT、TOT、TBT、PPP 等模式
	合同能源管理	通过与客户签订节能服务合同，为客户提供节能改造的相关服务，并从客户节能改造后获得的节能效益中收回投资和取得利润的一种商业运作模式

第四节　制造业服务化的发展趋势

一、服务投入和产出的比重不断提升

全球制造业服务化呈现出投入服务化与产出服务化的并存趋势，主要表现如下：

(1)制造业中间投入呈现服务化趋势，即制造业中间投入中服务要素不断增加。从 OECD 主要成员国制造业在 20 世纪不同时期的服务投入占中间投入的比重可见，在中间投入中服务投入均呈现明显的上升趋势。

(2)制造业产出呈现服务化趋势，即制造业产出中服务产出所占比重不断升高。在 OECD 成员国制造业产出中服务产出所占比重，由 20 世纪 70 年代的 15%迅速上升到 21 世纪初的 30%；尤其是航空、国防、汽车制造和电子信息等产业的服务收入占总收入比重较高。

目前，大型跨国企业纷纷凭借资金、技术、人才、市场等多方面优势，积极寻求服务化路径，大力发展传统制造业向制造业服务化转型；通过服务方式的多元化、产品生产过程的创新等，采用差异化服务，拓展新

的利润渠道，增强企业的竞争力。制造业服务化逐步被跨国企业认定为一种新兴战略。通用电气、耐克、IBM、RR、卡特彼勒、米其林等国际知名企业率先实现了由生产型制造向服务型制造的全面转变，开创了制造企业服务化的先河，为全球制造企业的转型发展提供了成功经验。剑桥大学对全球上市企业进行调查，发现全球制造业提供的服务类型包括产品设计和研发服务、系统解决方案服务、零售和分销服务、维修和支持服务、安装和运行服务等，且来自服务的营收占比逐年提升。通用、IBM、惠普等美国信息及制造企业的财务数据更直观地展现了这一趋势。2016 年，通用电气营业收入 1237 亿美元。其中，资本融资(融资租赁、个人贷款、银行卡、汽车贷款与租赁等)、家庭和商业解决方案、能源管理、运输服务等制造业服务领域的营业收入为 524 亿美元，占整体营业收入的 42.36%，比 2010 年增长 6%。

IBM 由全球技术服务部(GTS)、全球商务服务部(GBS)、系统与技术部、软件部和全球金融部四大部门构成。其中，全球商务服务部为最大部门，主要面向全球提供 IBM 软件、硬件信息技术服务、商务程序服务，以及专业性服务与外购申请服务。2016 年 IBM 营业收入 799 亿美元。其中，全球性服务盈利 520 亿美元，占整体收入的 65%。惠普制造服务收入来源主要分为打印机技术服务、企业基础设施外包与应用程序服务、业务流程外包、金融服务、企业投资等板块。2016 年惠普整体营业收入为 983 亿美元，其中制造业服务领域营业收入 501 亿美元，占整体收入的 51%。

二、向产业链上下游服务延伸

面对信息技术硬件市场的激烈竞争，许多跨国集团逐步剥离硬件制造部门，转向信息技术产业后端高附加值领域的整体解决服务商。例如，IBM 公司先后剥离了硬盘、PC 机、打印机、X86 服务器、芯片等硬件制造部门，仅保留了大型服务器、超级计算机、专业图形工作站，以及少量的存储设备等生产部门，转向 IT 技术解决方案和软件服务提供商，并围绕物联网、大数据等云服务平台的整体解决方案实施战略布局。

汽车、LED照明、医疗、机械、电气设备等行业以“互联网思维”推动整体业务向产业链后端转移。例如，1999—2011年，飞利浦公司围绕LED全产业链实施全球布局，转向LED照明业务的后端整体解决方案服务商；其上游企业并购了Lumileds、Bodine、TIR等光源及部件企业，中游企业重组了Genlyte、LTI、Teletro等控制元件企业，下游企业兼并了Selcon、LitiLuce、BurtonMedical、OptimumLighting、ColorKinetics等应用环节公司。2014年，飞利浦公司以智能互联模式颠覆原有照明系统，相继开发出CitiTouch远程道路照明管理系统、颠覆性的POE智能互联办公照明系统、可搭载苹果手表的智能互联照明系统、Teletrol等首创性智能照明系统；通过云端远程监测控制系统，实现照明智能互联、能源管理和能耗计量等能源管理整体解决方案，全面将照明业务产业链延伸至合同能源管理领域。

三、面向客户需求提供整体解决方案

根据发达国家制造业的转型经验，早期制造业盈利主要集中在产业链的核心硬件和系统集成环节，主要表现为以产品为导向的“产品+服务”模式；随着产业核心制造环节的竞争加剧，制造业从产品为导向的服务模式向以客户需求为导向的服务模式转化，其服务涵盖了商业咨询、方案设计、系统集成、金融服务、运营服务等环节的整体解决方案。例如，IBM公司、戴尔公司、微软公司及华为公司等都已向提供整体服务方案转型。

四、新一代信息技术成为重要推动力

以物联网、云计算、大数据、嵌入式仿真、高性能计算为代表的新一代信息技术的进步，打破了制造业与服务业的原有边界，新的制造业商业模式应运而生。为了有效塑造未来发展竞争优势，以美国、欧盟、日本等为首的发达国家和地区积极推动工业物联网战略布局。自2011年以来，美国先后颁布并实施“先进制造伙伴计划”及“总统创新伙伴计划”，将基于物联网的网络物理系统“工业互联网”作为战略支撑点，提出建立涵盖物联网、工业云计算、大数据应用等新一代高效动态智能系统。欧盟已形成涵盖战略框架、技术路线、行动方案等方面的物联网政策体系，并以创新型联盟等形式推动物联网向多领域渗透。欧盟在《第七科研框架计划》中明确提出“云智造”(Cloud Manufacturing)概念。德国则在其“工业 4.0”中提出，将信息软件、传感器、通信系统嵌入等物联网技术嵌入制造业，提升制造企业智能制造与智能服务水平。日本于 2015 年 1 月启动《机器人新战略》，对物联网实施战略布局。其中，相关工作重点包括梳理物联网升级新制造模式示范案例、探讨标准化模式，以及调研物联网与信息物理系统(CPS)在智能工厂中的应用潜力等。韩国先后推出 U-Korea、REID 先导计划、REID 全面推动计划，以及 SUN 领域测试计划。其中，REID 推广战略重点在医药、服装、汽车、家电、物流、食品加工等领域。

第四部分　未来研究的讨论

第十一章　管理启示与展望

第一节　管理启示

根据本文的实证研究结论，围绕中国制造企业服务化实施的类别、发展的趋势以及对企业能力、竞争优势的影响作用，提出以下对策建议：

第一，中国制造必须迈向中高端，实现全产业链转型升级。在国际分工中，由于西方发达国家的制造业较先进，我国仍处于中低端阶段。我国与西方发达国家相比，最大的弱势就在于制造业的创新能力不足。制造业现如今的生产模式即高耗能、高污染、高投入、低效益逐渐成为制造业发展的障碍。目前，我国制造业主要是低质量、低加工度、低附加值。尤其是制造业较倚重加工、制造，因此也制约了附加值的提升。提升产品的附加值不仅可以增加产品的吸引力和核心价值，还能通过售后维修服务、产品升级等满足客户的需求，因此通过提高产品的价格，增强了企业的盈利能力。由“微笑曲线”理论可知，微笑曲线的中间也是曲线底部是加工、制造环节，左边是研发设计和右边是销售服务。现如今，加工制造环节产生的利润较低，而研发设计和销售服务的附加价值较高，所以制造业应加强研发创新，强化以客户为导向的营销与服务，即向微笑曲线的两端发展才是正确的抉择。

第二，中国制造企业必须转变业务模式，创新服务增强竞争力。纵观全球的各个行业，无论是制造业企业还是其他服务型企业，都逐渐通过与产品有关的服务来增加附加价值，因此获得高额的利润。一些传统的典型制造业企业也通过转变业务模式和创新服务模式来增强企业的竞争力。制造业企业的价值创造逐渐由原来的有形产品转向无形的服务，定位为服务导向的价值理念，服务在制造业企业中所占比重越来越大。因此，制造企业服务化就成了一种普遍的发展趋势，企业从两个方向拓宽并重新建立企业的核心竞争优势和价值链，不仅摆脱了微笑曲线的低端锁定，而且提升了企业的核心价值，增加了企业的利润额。那么制造业服务化转型，就是一个动态转变的过程，制造业企业由以制造为中心转变为以服务为中心，实现了企业价值并获得了企业的核心竞争优势，更好地服务顾客，满足顾客的需求。

制造业服务化使得制造业与服务业之间的界限变得越来越模糊，比如新旧知识的广泛融合，价值创造中的无形要素越来越重要，制造业企业逐渐提供更多的服务活动等。依靠服务业务的发展来增加企业的竞争优势，逐步向服务型经济转变，企业的产品附加值中很大一部分是由服务提供的。我国的制造业要想成功转型，需要完成以下几个方面的转变：一是由劳动资源密集型转向智力密集型；二是由高消耗型转向集约环保型；三是由狭义外向型转向全面开放型；四是由简单规模扩张型转向综合效益提升型；五是由加工制造型转向创新创造型；六是由跟随引进型转向自主引领型。

第三，中国制造企业服务化转型必须因事制宜，稳步推进。制造业服务化是有一定特征的，可以从产出与投入的一些特征进行识别。从投入的角度看，制造业企业的生产制造所需的服务一般都是知识和技术密集型的；从产出的角度看，服务化就是在企业提供的最终产品中有形产品的比重越来越少，而无形服务部分的比重却在逐步上升，最终为客户提供系统的整体解决方案的转化过程。此外，从产品和服务提供方式上来看，服务化也是制造企业向客户提供与产品有关的服务过程。

制造业企业的转型并没有一个固定的转型模式，因此企业需要进行自身的具体情况，分析企业转型所存在的风险和机遇，并在企业转型的过程中控制风险，依据企业本身的特点来制定转型策略，最起码保证企业在转型的过程中，不影响自身的正常发展。即制造业的转型一要深入研究行业市场的发展趋势和目标客户的需求；二要有稳定的现金流和充分的盈利能力，有自己的生存之本；三要拥有支撑企业转型的信息平台与资源。

第四，中国制造业必须实施创新驱动，全方位提升服务水准。中国制造业企业开展的服务种类较多，与国际发展的趋势基本保持一致。全球制造业的上市公司开展的主要是系统解决方案、研发设计和维修支持等服务。依据上述的研究结果得出，从制造企业服务化提供的具体服务种类来看，制造企业提供的服务涉及17大类，咨询、设计与开发、安装与执行、维修保养及售后、采购、销售和贸易、进出口、物流、金融、租赁、外包和运营、财产和不动产、广告与出版、工程项目、解决方案、回收再制造以及其他等。同时也可以利用投入产出分析测量制造业服务化在国家层面的表现。一个国家的投入产出表能表明某一行业的最终产品在研发设计、生产销售等环节使用了多少其他行业的产出和中间投入。而且如果从国家战略的层面上推动制造业服务化的创新，那么从经济绩效上来讲，服务创新的价值并不比技术创新低，甚至有时会超过技术创新。

第五，中国制造业必须融合全球高科技平台，创建发展新业态。制造业服务化是制造业升级的一个重要途径。随着大型装备复杂化程度的加深和企业生产过程智能化、自动化程度的提高，产业价值链中制造环节所占比重越来越低，而产品研发设计、安装、维修服务等各个环节所占比重逐渐提高。有相关的资料表明，在发达国家的制造业市场上，产品生产所创造的价值并不是很高，仅仅占产品总价值的三分之一左右，而与产品相关的服务创造的价值则占总价值的三分之二左右。由于我国的制造业中加工制造业占了较大的比重，要想实现中国制造的高端转型，只有将中国服务与创造加入中国制造中去，朝着产业价值链即微笑曲线的两端延展。因此，要高度重视“互联网+”为制造业服务化的转型发展所带来的机遇。

现如今，在互联网迅猛发展的推动下，全球的制造业服务化已经进入了加速发展的阶段。企业也进一步增加其服务价值，创新其服务形态，例如网络协同研发、工业互联网、基于工业云的供应链管理等新型的服务形态和服务模式。企业的服务主体也更加多元化，依靠云计算、云服务等平台，许多中小企业也开展了针对满足客户需求的服务，进而增强了企业竞争力。

第二节 研究创新点、局限性及展望

一、主要创新点

在借鉴了前人研究成果的基础上，本书的主要创新之处可总结为以下几点：

第一，识别出制造企业服务化战略的不同特征和分类，为避免制造企业服务化转型的盲目性和防范转型风险提供理论指导。从而更深入研究了服务化的本质含义，为其对企业竞争优势的影响研究做出有意义的尝试，从实践上为处于激烈竞争中的企业通过实施服务化转型增强自身竞争优势指出努力的方向。

第二，采用人工检索上市公司年报的方法，对中国制造企业服务化现状及趋势进行了深入的分析。通过对截面数据进行分析，系统地梳理了中国制造企业服务化的现状、特征、模式以及发展趋势。本书在前人的研究基础上，进一步完善了已有服务化文献中服务化水平测量的方法，对服务化的特征和类别进行了分析，丰富了服务化的文献。

第三，企业能力的中介作用。提出制造企业开展服务化有利于提升企业能力的观点，以及企业能力对提升竞争优势起到的中介作用，为企业战略能力理论构造了新思路，也为企业制造服务转型战略提供了理论指导。服务化水平对企业能力有正向影响，即服务化程度越高，企业能力(盈利能力、创新能力、营销能力、环保能力)越强；同时，企业能力对企业竞争优势有正向影响，即企业能力(盈利能力、创新能力、营销能力、环保能力)越强，企业竞争优势越明显。企业能力在服务化程度对竞争优势影响中起中介作用。

第四，组织特征的调节作用。提出组织特征在服务化水平对企业能力的影响中起到部分调节作用。其中企业规模具有正向调节作用，即企业规模越大，服务化水平对企业能力的促进作用越明显；员工教育程度的调节作用不显著，服务化水平对企业能力的促进作用不受到员工教育程度的影响；管理者任职年限具有正向调节作用，即管理者任职年限越长，服务化水平对企业能力的促进作用越明显。

二、研究的局限性

本书系统地分析了中国制造企业服务化的现状、特征、模式以及发展趋势，并探讨了服务化对企业竞争优势的影响，企业能力起到的中介作用以及组织特征的调节作用。利用面板数据对相关研究假设进行了检验，初步取得了一些创新性的探索，但研究仍存在一些不足。

首先，研究模型没有考虑外部因素的影响，例如国家的支持政策以及不同地区的制度因素。本书的研究问题是制造企业服务化，因此将重点放在了研究实施服务化对企业能力和竞争优势的影响。但服务化实施的效果还可能与政策和制度有着密切联系，特别是在中国鼓励制造企业进行转型的背景下，国家重视产业升级和供给侧改革，制度对企业战略决策的实施有着深远的影响。

其次，本书仅考虑了服务化水平对企业能力的影响，即服务化水平越高，企业能力(盈利能力、创新能力、营销能力、环保能力)越强。没有研究是否企业能力越强，越能促使企业进行服务化转型？而在服务化转型过程中，能力越强的企业实施新战略的成功概率越高。

再次，本书采用的研究样本企业为中国沪深两市上市公司，对于没有上市的制造企业来说，研究结论不一定适用。相对非上市企业来说，上市企业有明显的行业竞争优势，实施服务化战略的各种资源更加充分。那么，非上市制造企业实施服务化的现状是如何的呢？实施服务化是否能提高企业的竞争优势？这些问题没有进一步探讨。

最后，本书仅基于上市公司公布的相关数据对假设进行了验证，没有采用问卷调查或案例分析的方法来探究服务化在某一个制造企业的发展现状及影响。

三、研究展望

综合上述的研究结论和研究不足，对于服务化未来的研究，可以从以下几个方面加强：

第一，进一步分析企业能力是否调节服务化对竞争优势的影响效果，是否驱动了制造企业实施服务化，以及企业能力与服务化战略的匹配机制。由此丰富制造企业服务化的理论，更进一步探讨服务化与企业能力之间的关系、服务化与竞争优势之间的关系，建立服务化战略模式。

第二，研究企业管理创新对服务化的作用。由于制造企业实施服务化战略是一个漫长且复杂的过程，也是一种新的、前所未有的改变；组织内部的变革会涉及企业的各个层面和部门，涉及管理团队、生产人员、销售人员以及服务人员，每个员工的表现都会对服务化的实施产生影响。因此，未来的研究可以从企业内部员工入手，分析企业内部管理创新对服务化战略实施的作用。

第三，探索制造企业服务化不同环境下的差异。将服务化的研究深入不同国家或省份，研究服务化对当地经济的贡献，比较不同地区服务化发展的差异性。还可以研究文化、政治、经济、地理区位等不同背景对服务化战略实施所发挥的作用。

第四，探索制造企业服务化的行业差异。把服务化的研究细分行业进行，比较不同行业的制造企业采取服务化战略的差异性，以及哪些制造行业需要服务化转型，不同制造行业的服务化转型应发展哪些服务类别。

第五，后续研究可以扩大研究对象的范围，更加全面地选择服务化样本。未来研究也可以选择非上市制造企业作为研究对象，探索非上市企业在服务化实施过程中对企业能力、竞争优势的影响；将非上市企业与上市企业服务化战略进行对比，找出相同之处和不同之处，进一步使服务化的研究结论应用到更多的企业。

第六，未来研究还可以拓展研究方法的选择，采取多种方法相结合的方式。可以采用多种方法相结合开展更细致的研究，将案例分析、问卷调查与面板数据相结合，更全面地分析和总结服务化成功或者失败的个案，找出制造企业发展服务化存在的共性问题，给制造企业的实践提供理论依据。

参考文献

[1]白永秀，赵勇. 后危机时代中国装备制造业的发展趋势及对策[J]. 福建论坛(人文社会科学版)，2010(7)：4-8.

[2]蔡丽娟. 大数据时代视阈下佛山制造业服务化研究[J]. 现代商业，2016(12)：74-75.

[3]蔡三发，李珊珊. 基于灰色关联分析的制造业服务化水平评估体系研究[J]. 工业工程与管理，2016，21(6)：1-9.

[4]陈建军，陈菁菁. 生产性服务业与制造业协调发展研究综述——基于产业及空间层面的解释[J]. 社会科学战线，2011(9)：40-47.

[5]陈洁雄. 制造业服务化与经营绩效的实证检验——基于中美上市公司的比较[J]. 商业经济与管理，2010(4)：33-41.

[6]陈丽娴，沈鸿. 制造业服务化如何影响企业绩效和要素结构——基于上市公司数据的 PSM-DID 实证分析[J]. 经济学动态，2017(5)：64-77.

[7]陈漫，张新国. 经济周期下的中国制造企业服务转型：嵌入还是混入[J]. 中国工业经济，2016(8)：93-109.

[8]陈佩宁，储智鹏. 我国关于制造业服务化的概念及演进的文献综述研究[J]. 经贸实践，2015(13)：355.

[9]崔纯. 中国生产性服务业促进装备制造业发展研究[D]. 沈阳：辽宁大学，2013.

[10]崔海明. 中国制造企业服务化商业模式创新水平及其影响因素研究[D]. 南京：东南大学，2016.

[11]董保宝，李全喜. 竞争优势研究脉络梳理与整合研究框架构建——基于资源与能力视角[J]. 外国经济与管理，2013，35(3)：2-11.

[12]杜晓静. 河北省装备制造业服务化转型的制约因素和发展策略[J]. 河北学刊，2014(3)：216-219.

[13]段炼，赵德海. 现代服务业、制造业服务化与战略性新兴产业[J]. 科学管理研究，2011(4)：16-19.

[14]方润生，郭朋飞，李婷. 基于陕鼓集团案例的制造企业服务化转型演进过程与特征分析[J]. 管理学报，2014，11(6)：889-897.

[15]方涌，贺国隆. 制造业服务化研究述评[J]. 工业技术经济，2014，33(4)：36-43.

[16]冯晓玲，丁琦. 中国“制造业服务化”发展路径探讨[J]. 亚太经济，2011(6)：73-78.

[17]高传胜，李善同. 经济服务化的中国悖论与中国推进经济服务化的战略选择[J]. 经济经纬，2007(4)：15-19.

[18]顾乃华，夏杰长. 对外贸易与制造业投入服务化的经济效应——基于2007年投入产出表的实证研究[J]. 社会科学研究，2010(5)：17-21.

[19]郭腾飞. 浙江省制造业服务化程度与绩效关系研究[D]. 杭州：浙江理工大学，2016.

[20]郭跃进. 论制造业的服务化经营趋势[J]. 中国工业经济，1999(3)：64-67.

[21]国务院发展研究中心发达国家再制造业化战略及对我国的影响课题组. 李伟，刘鹤，等. 发达国家再制造业化战略及对我国的影响[J]. 管理世界，2013(2)：13-17.

[22]胡查平，汪涛，王辉. 制造业企业服务化绩效——战略一致性和社会技术能力的调节效应研究[J]. 科学学研究，2014(1)：84-91.

[23]胡查平，汪涛. 制造业服务提供中的社会技术能力及其对企业绩效的影响[J]. 中国科技论坛，2013(11)：55-60.

[24]胡查平. 制造业企业服务化战略的生成逻辑与作用机制[D]. 武汉：武

汉大学，2014.
[25]胡迟. 论后金融危机时期我国制造业的转型升级之路[J]. 经济纵横，2011(1)：52-56.
[26]黄群慧，霍景东. 全球制造业服务化水平及其影响因素——基于国际投入产出数据的实证分析[J]. 经济管理，2014(1)：1-11.
[27]黄群慧，霍景东. 中国制造业服务化的现状与问题——国际比较视角[J]. 学习与探索，2013(8)：90-96.
[28]霍景东，黄群慧. 影响工业服务外包的因素分析——基于22个工业行业的面板数据分析[J]. 中国工业经济，2012(12)：44-56.
[29]吉亚辉，张夏娜. 甘肃省生产性服务业与制造业的互动研究——基于投入产出法[J]. 开发研究，2013(2)：55-58.
[30]季小立，陈雯，朱鸿渐. 苏南国家自主创新示范区制造业服务化创新策略[J]. 科学管理研究，2016，34(5)：57-60+68.
[31]简兆权，伍卓深. 制造业服务化的路径选择研究——基于微笑曲线理论的观点[J]. 科学学与科学技术管理，2011(12)：137-143.
[32]简兆权，伍卓深. 制造业服务化的内涵与动力机制探讨[J]. 科技管理研究，2011(22)：104-107.
[33]简兆权，刘晓彦，李雷. 制造业服务化组织设计研究述评与展望[J]. 经济管理，2017，39(8)：194-208.
[34]江曼琦，席强敏. 生产性服务业与制造业的产业关联与协同集聚[J]. 南开学报(哲学社会科学版)，2014(1)：153-160.
[35]姜铸，张永超，刘妍. 制造企业组织柔性与企业绩效关系研究——以服务化程度为中介变量[J]. 科技进步与对策，2014(14)：80-84.
[36]姜铸，李宁. 服务创新、制造业服务化对企业绩效的影响[J]. 科研管理，2015，36(5)：29-37.
[37]蒋峦，谢卫红，蓝海林. 企业竞争优势理论综述[J]. 软科学，2005(4)：14-18.
[38]孔伟杰. 制造业企业转型升级影响因素研究——基于浙江省制造业企

业大样本问卷调查的实证研究[J]. 管理世界，2012(9)：120-131.
[39]李海涛. 制造企业服务增强与企业绩效关系[D]. 哈尔滨：哈尔滨工业大学，2014.
[40]李靖华，马丽亚，黄秋波. 我国制造企业“服务化困境”的实证分析[J]. 科学学与科学技术管理，2015(6)：36-45.
[41]李美云. 论服务业的跨产业渗透与融合[J]. 外国经济与管理，2006(10)：25-33.
[42]李文强，陈宪. 新型工业化理论研究的发展[J]. 上海经济研究，2011(5)：16-24.
[43]李晓亮. 制造业服务化的演化机理及其实现路径——基于投入与产出双重维度的扩展分析[J]. 内蒙古社会科学(汉文版)，2014(5)：114-117.
[44]李艳竹. 制造业服务化背景下商业模式创新与企业绩效关系研究[D]. 西安：西安工程大学，2016.
[45]梁光雁. 现代制造业企业的服务创新研究[D]. 上海：东华大学，2011.
[46]林风霞，刘仁庆. 中国制造业服务化的模式选择与对策研究[J]. 中州学刊，2017(11)：31-36.
[47]林木西，崔纯. 生产性服务业与装备制造业的互动发展[J]. 当代经济研究，2013(12)：28-34+93+2.
[48]刘斌，王乃嘉. 制造业投入服务化与企业出口的二元边际——基于中国微观企业数据的经验研究[J]. 中国工业经济，2016(9)：59-74.
[49]刘斌，魏倩，吕越，祝坤福. 制造业服务化与价值链升级[J]. 经济研究，2016，51(3)：151-162.
[50]刘继国，李江帆. 国外制造业服务化问题研究综述[J]. 经济学家，2007(3)：119-126.
[51]刘继国. 制造业企业投入服务化战略的影响因素及其绩效：理论框架与实证研究[J]. 管理学报，2008(2)：237-242.

[52]刘冀生，许宏强. 企业竞争优势的经济学分析[J]. 南开管理评论，2001(5)：39-44.
[53]刘建国. 商业模式创新、先动市场导向与制造业服务化转型研究[J]. 科技进步与对策，2016，33(15)：56-61.
[54]刘宇，胡伟. 基于价值链的制造业产业集群知识服务供应链运营模式研究[J]. 科技管理研究，2013(21)：133-137.
[55]罗建强，赵艳萍，程发新. 我国制造业转型方向及其实现模式研究——延迟策略实施的视角[J]. 科学学与科学技术管理，2013(9)：55-62.
[56]罗建强，彭永涛，张银萍. 面向服务型制造的制造企业服务创新模式研究[J]. 当代财经，2014(12)：67-76.
[57]罗建强，王嘉琳. 服务型制造的研究现状探析与未来展望[J]. 工业技术经济，2014，33(6)：153-160.
[58]罗建强，赵艳萍，程发新. 我国制造业转型方向及其实现模式研究——延迟策略实施的视角[J]. 科学学与科学技术管理，2013，34(9)：55-62.
[59]吕越，李小萌，吕云龙. 全球价值链中的制造业服务化与企业全要素生产率[J]. 南开经济研究，2017(3)：88-110.
[60]马刚. 企业竞争优势的内涵界定及其相关理论评述[J]. 经济评论，2006(1)：113-121.
[61]马志强，张提，朱永跃. 服务化转型背景下制造企业研发人员胜任力研究[J]. 科技进步与对策，2013(22)：146-151.
[62]闵连星. 中国上市制造企业服务化战略实证研究：因素及其与企业绩效关系[D]. 成都：西南交通大学，2016.
[63]裴小兵，何书垚，高华. 装备制造业服务化实施过程中的风险分析[J]. 科技进步与对策，2017，34(21)：44-50.
[64]彭水军，李虹静. 中国服务业发展悖论——基于服务需求视角的实证分析[J]. 厦门大学学报(哲学社会科学版)，2014(4)：24-33.
[65]綦良群，赵少华，蔡渊渊. 装备制造业服务化过程及影响因素研究——

基于我国内地30个省市截面数据的实证研究[J]. 科技进步与对策，2014(14)：47-53.

[66]邱灵. 服务业与制造业互动发展的国际比较与启示[J]. 经济纵横，2014(2)：97-103.

[67]邵安菊. 上海装备制造企业服务化转型的路径与对策研究[J]. 经济体制改革，2014(4)：110-114.

[68]石学刚，齐二石，姜宏. 制造业服务化对提升制造型企业创新能力的作用研究[J]. 天津：天津大学学报(社会科学版)，2012，14(4)：295-299.

[69]石学刚. 基于制造业服务化视角的我国制造企业创新能力研究[D]. 天津：天津大学，2012.

[70]宋歌. 河南省装备制造业提升发展战略研究[J]. 开发研究，2013(5)：46-49.

[71]宋宁华. 制造企业信息化水平综合评价研究[D]. 天津：天津大学，2004.

[72]田毓峰. 制造业服务化中关系绩效影响因素研究[J]. 科技管理研究，2011(4)：60-62.

[73]汪金祥，廖慧艳，吴世农. 企业竞争优势的度量、来源与经济后果——基于中国上市公司的实证研究[J]. 经济管理，2014，36(11)：58-67.

[74]汪应洛. 创新服务型制造业，优化产业结构[J]. 管理工程学报，2010(S1)：2-5.

[75]王丹，郭美娜. 上海制造业服务化的类型、特征及绩效的实证研究[J]. 上海经济研究，2016(5)：94-104.

[76]王术峰，李松庆. 制造业服务化程度与绩效关系分析[J]. 商业经济研究，2016(13)：206-208.

[77]王小波，李婧雯. 中国制造业服务化水平及影响因素分析[J]. 湘潭大学学报(哲学社会科学版)，2016(5)：53-60.

[78]王雪原，刘成龙，张玉峰. 制造企业服务化类型与灵活性匹配分析[J]. 科技进步与对策，2017，34(11)：73-80.

[79]魏江，周丹. 生产性服务业与制造业互动机理研究——以乐清低压电器产业链为例[J]. 科学学研究，2010(8)：1171-1180.

[80]魏丽华，冷宣荣. 中部地区吸引区域性战略投资者发展新兴战略性产业的作用机制探析[J]. 湖北社会科学，2010(5)：59-62.

[81]吴茜茜. 珠三角制造业服务化趋势分析与路径研究[D]. 广州：广东外语外贸大学，2015.

[82]吴义爽，徐梦周. 制造企业"服务平台"战略、跨层面协同与产业间互动发展[J]. 中国工业经济，2011(11)：48-58.

[83]夏杰长，刘奕，顾乃华. 制造业的服务化和服务业的知识化[J]. 国外社会科学，2007(4)：8-13.

[84]肖挺，聂群华，刘华. 制造业服务化对企业绩效的影响研究——基于我国制造企业的经验证据[J]. 科学学与科学技术管理，2014(4)：154-162.

[85]肖文娜. 面向消费者的制造业服务化成熟度模型研究[D]. 天津：河北工业大学，2015.

[86]徐长闯. 基于商业模式创新的制造业服务化的研究[D]. 南京：南京财经大学，2014.

[87]许和连，成丽红，孙天阳. 制造业投入服务化对企业出口国内增加值的提升效应——基于中国制造业微观企业的经验研究[J]. 中国工业经济，2017(10)：62-80.

[88]许立帆. 中国制造业服务化发展思考[J]. 经济问题，2014(12)：79-84.

[89]杨玲. 生产性服务进口贸易促进制造业服务化效应研究[J]. 数量经济技术经济研究，2015，32(5)：37-53.

[90]尤宏兵，许立帆. 资源、环境约束与中国制造业发展之路[J]. 社会科学家，2014(10)：88-92.

[91]于斌斌，胡汉辉. 产业集群与城市化共生演化的机制与路径——基于

制造业与服务业互动关系的视角[J]. 科学学与科学技术管理，2014(3)：58-68.

[92]詹浩勇. 生产性服务业集聚与制造业转型升级研究[D]. 成都：西南财经大学，2013.

[93]张恒梅，王曼莹. 中国制造业以服务化转型构建新竞争优势研究[J]. 经济纵横，2017(11)：72-77.

[94]张捷，张媛媛，莫扬. 对外贸易对中国产业结构向服务化演进的影响——基于制造-服务国际分工形态的视角[J]. 财经研究，2013(6)：16-27.

[95]张敬伟，王迎军. 竞争优势及其演化研究现状评介与未来展望[J]. 外国经济与管理，2010，32(3)：1-10.

[96]张月友，刘志彪. 发达国家经济服务化动因与我国服务业发展[J]. 财经科学，2012(10)：92-99.

[97]赵霞. 国际服务外包对中国制造业生产率影响的实证研究——基于东道国的视角[J]. 经济与管理研究，2013(7)：86-95.

[98]赵勇，齐讴歌，曹林. 装备制造业服务化过程及其保障因素——基于陕鼓集团的案例研究[J]. 科学学与科学技术管理，2012(12)：108-117.

[99]赵勇，齐讴歌. 制造业企业向服务提供商转变的共演模型——基于陕西鼓风机(集团)有限公司的案例研究[J]. 软科学，2012(12)：122-126.

[100]周大鹏，制造业服务化研究——成因、机理与效应[D]. 上海：上海社会科学院，2010 .

[101]周大鹏. 制造业服务化对产业转型升级的影响[J]. 世界经济研究，2013(9)：17-22.

[102]周杰，薛有志，尚志文. 制造企业服务化、技术创新产出与企业经营绩效关系研究[J]. 山西财经大学学报，2017，39(9)：46-57.

[103]周念利，郝治军，吕云龙. 制造业中间投入服务化水平与企业全要素生产率——基于中国微观数据的经验研究[J]. 亚太经济，2017

(1)：138-146+176.

[104]周艳春，赵守国.制造企业服务化的理论依据及动因分析[J].科技管理研究，2010(3)：169-171.

[105]周艳春.制造企业服务化战略实施及其对绩效的影响研究[D].西安：西北大学，2010.

[106]周长富，杜宇玮.代工企业转型升级的影响因素研究——基于昆山制造业企业的问卷调查[J].世界经济研究，2012(7)：23-28+86-88.

[107]朱高峰，唐守廉，惠明，李燕，唐一薇.制造业服务化发展战略研究[J].中国工程科学，2017，19(3)：89-94.

[108]朱永跃，马志强，唐青，等.国内外制造业服务化研究述评——基于文献计量分析[J].预测，2013(5)：75-80.

[109]庄宗明，孔瑞.美国制造业变革的特征及其影响[J].世界经济，2006(3)：90-96.

[110]AAKER D A. Marketing in a silo world：The new CMOchallenge[J]. California Management Review，2008，51(1)：144-156.

[111]AAS T H，PEDERSEN P E. The impact of service innovation on firm level financial performance[J]. The Service Industries Journal，2011，31(13)：2071-2090.

[112]AMASON A C. Distinguishing the effects of functional and dysfunctional conflict on strategic decision making：Resolving a paradox for top management teams[J]. Academy of Management Journal，1996，39(1)：123-148.

[113]AMBROSINI V，BOWMAN C，COLLIER N. Dynamic capabilities：An exploration of how firms renew their resource base[J]. British Journal of Management，2009，20 (s1)：S9-S24.

[114]ANCONA D G，CALDWELL D F. Bridging the boundary：External activity and performance inorganisational teams [J]. Administrative Science Quarterly，1992，37：634-666.

[115] ANGWIN D, PAROUTIS S, MITSON S. Connecting up strategy: Are senior strategy directors the missing link? [J]. California Management Review, 2009, 51(3): 74-94.

[116] ANTIOCO M, MOENAERT R K, LINDGREEN A, et al. Organizational antecedents and consequences of service business orientations in manufacturing companies [J]. Journal of the Academy of Marketing Science, 2008, 36 (3): 337-358.

[117] APPLEGATE L M, ELAM J J. New information systems leaders: A changing role in a changing world[J]. MIS Quarterly, 1992, 16: 469-490.

[118] ARMISTEAD C, CLARK G. A framework for formulating after-sales support strategy[J]. International Journal of Operations and Production Management, 1991, 11 (3): 111-124.

[119] AURICH J C, MANNWEILER C, SCHWEITZER E. How to design and offer servicessuccessfully[J]. CIRP Journal of Manufacturing Science and Technology, 2010, 2 (3): 136-143.

[120] BAINES T S, LIGHTFOOT H W, EVANS S, et al. State-of-the-art in product-servicesystems[J]. Journal of Engineering Manufacture, 2007, 221(10): 1543-1552.

[121] BAINES T S, LIGHTFOOT H W, BENEDETTINI O, et al. The servitization of manufacturing: A review of literature and reflection on future challenges[J]. Journal of Manufacturing and Technology Management, 2009, 20(5): 547-567.

[122] BAINES T S, LIGHTFOOT H W, SMART P, et al. Servitization of manufacture: Exploring the deployment and skills of people critical to the delivery of advanced services[J]. Journal of Manufacturing Technology Management, 2013, 24(4): 637-646.

[123] BAINES T S, LIGHTFOOT H W. Servitization of the manufacturing firm: Exploring the operations practices and technologies that deliver advanced

services[J]. International Journal of Operations & Production Management, 2013, 34(1): 2-35.

[124]BANTEL K A, JACKSON S E. Top management and innovations in banking: Does the composition of the top team make a difference? [J]. Strategic Management Journal, 1989, 10(S1): 107-124.

[125]BANTEL K A. Strategic clarity in banking: Role of top management team demography [J]. Psychological Reports, 1993, 73 (3): 1187-1201.

[126]BARKEMA H G, SHVYRKOV O. Does top management team diversity promote or hamper foreign expansion? [J]. Strategic Management Journal, 2007, 28: 663-680.

[127]BARKER V L, DUHAIME I M. Strategic change in the turnaround process: Theory and empirical evidence[J]. Strategic Management Journal, 1997, 18(1): 13-38.

[128]BARNEY J B. Firm resources and sustained competitive advantage[J]. Journal of Management, 1991, 17 (1): 99-120.

[129]BENEDETTINI O, SWINK M, NEELY A. Examining the influence of service additions on manufacturing firms' bankruptcy likelihood[J]. Industrial Marketing Management, 2017, 60: 112-125.

[130]BETTENCOURT L A, STEPHEN W. From goods to great: Service innovation in a product-dominant firm[J]. Business Horizons, 2013, 56(3): 277-283.

[131]BEZRUKOVA K, JEHN K A, ZANUTTO E L, et al. Do work-group faultlines help or hurt? A moderated model of faultlines, team identifi-cation, and group performance[J]. Organization Science, 2009, 20: 35-50.

[132]BOEKER W. Strategic changeable influence of managerial characteristics and organizational growth[J]. Academy of Management Journal, 1997, 40 (1): 152-170.

[133]BÖHM E, EGGERT A, THIESBRUMMEL C. Service transition: A viable

option for manufacturing companies with deteriorating financial performance? [J]. Industrial Marketing Management, 2017, 60: 101-111.

[134] BOULDING W, STAELIN R. Environment, market share and market power [J]. Management Science, 1990, 36 (10): 1160-1177.

[135] BOWEN D E, SIEHL C, SCHNEIDER B. A framework for analyzing customer service orientations in manufacturing [J]. Academy of Management Review, 1989, 14(1): 75-95.

[136] BOYT T, HARVEY M. Classification of industrial services: A model with strategic implications [J]. Industrial Marketing Management, 1997, 26 (4): 291-300.

[137] BRAX S A, VISINTIN F. Meta-model of servitization: The integrative profiling approach [J]. Industrial Marketing Management, 2017, 60: 17-32.

[138] BRAX S A, JONSSON K. Developing integrated solution offerings forremote diagnostics: A comparative case study of two manufacturers [J]. International Journal of Operations & Production Management, 2009, 29 (5): 539-560.

[139] BREENE R T S, NUNES P F, SHILL W E. The chief strategy officer [J]. Harvard Business Review, 2007, 85(10): 84-93.

[140] CAINELLI G, EVANGELISTA R, SAVONA M. Innovation and economic performance in services: A firm-level analysis [J]. Cambridge Journal of Economics, 2006, 30: 435-458.

[141] CARLSSON G, KARLSSON K. Age, cohorts and the generation of generations [J]. American Sociological Review, 1970, 35: 710-18.

[142] CARPENTER M A, SANDERS W G. Top management team compensation: The missing link between CEO pay and firm performance? [J]. Strategic Management Journal, 2002, 23(4): 367-375.

[143] CARPENTER M A, GELETKANYCZ M A, SANDERS W G. Upper echelons research revisited: Antecedents, elements, and consequences of top

management team composition [J]. Journal of Management, 2004, 30: 749-778.

[144] CERTO S T, LESTER R H, DALTON C M, et al. Top management teams, strategy and financial performance: A meta-analytic examination [J]. Journal of Management Studies, 2006, 43 (4): 813-839.

[145] CHEN J, HUANG T, ASTRID Y. Service delivery innovation: Antecedents and impact on firm performance [J]. Journal of Service Research, 2009, 12(1): 36-55.

[146] CHUN M, MOONEY J. CIO roles and responsibilities: Twenty-five years of evolution and change [J]. Information and Management, 2009, 46: 323-334.

[147] CHUNG K H, PRUITT S W. A simple approximation of tobin's q[J]. Financial Management, 1994, 23 (3): 70-74.

[148] COREYNEN W, MATTHYSSENS P, VAN BOCKHAVEN W. Boosting-servitization through digitization: Pathways and dynamic resource configurations for manufacturers [J]. Industrial Marketing Management, 2017, 60: 42-53.

[149] CORSARO D, RAMOS C, HENNEBERG S C, et al. The impact of network configurations on value constellations in business markets: The case of an innovation network [J]. Industrial Marketing Management, 2012, 41: 54-67.

[150] CROCKER J, MAJOR B. Social stigma and self-esteem: The self-protective properties of stigma[J]. Psychology Review, 1989, 96: 608-30.

[151] DAMANPOUR F. Organizational complexity and innovation: Developing and testing multiple contingency models[J]. Management Science, 1996, 42(5): 693-716.

[152] DAVIES A, BRADY T, HOBDAY M. Charting a path towards integrated solutions[J]. MIT Sloan Management Review, 2006, 47(3): 39-48.

[153]DAVIES A, BRADY T, HOBDAY M. Organizing for solutions: Systems sellervs. systems integrator[J]. Industrial Marketing Management, 2007, 36: 183-193.

[154] DAVIES A. Moving base into high value integrated solutions: A value stream approach [J]. Industrial and Corporate Change, 2004, 13(5): 727-756.

[155] DAY G. The capabilities on market-driven organizations[J]. Journal of Marketing, 1994, 58, 3: 37-52.

[156]DE DREU C K W, WEST M A. Minority dissent and team innovation[J]. Journal of Applied Psychology, 2001, 86: 1191-1201.

[157]De Vries E J. Innovation in services in networks of organizations and in the distribution of services[J]. Research Policy, 2006, 35(7): 1037-1051.

[158]DELEERSNYDER B, DEKIMPE M G, SARVARY M, et al. Weathering tight economic times: The sales evolution of consumer durables over the business cycle[J]. Quantative Marketing Econom, 2004, 2(4): 347-383.

[159]DJELLAL F, GALLOUJ F. Patterns of Innovation Organisation in Service Firms: Postal survey results and theoretical models[J]. Science and Public Policy, 2001, 28(1): 57-67.

[160]DREJER I. Identifying innovation in surveys of services: A schumpeterian perspective[J]. Research Policy, 2004, 33(3): 551-562.

[161]DWYER S, RICHARD O C, CHADWICK K. Genger diversity in management and firm performance: The influence of growth orientation and organizational culture [J]. Journal of Business Research, 2003, 56(12): 1009-1019.

[162]EARL M J, SCOTT I A. What is a chief knowledge officer? [J]. Sloan Management Review, 1999, 40(2): 29-38.

[163]EARLEY P C, MOSAKOWSKI E. Creating hybrid team cultures: An empirical test of transnational team functioning[J]. Academy Management

Journal, 2000, 43: 26-49.

[164] EISENHARDT K M, MARTIN J A. Dynamic capabilities: What are they? [J]. Strategic Management Journal, 2000, 21 (10): 1105-1121.

[165] EISENHARDT K M, SCHOONHOVEN C B. Organizational growth-linking founding teams, strategy, environment, and growth among United States semiconductor ventures, 1978-1988[J]. Administrative Science Quarterly, 1990, 35 (3): 504-529.

[166] ELRON E. Top management teams within multinational corporations: Effects of cultural heterogeneity [J]. The Leadership Quartly, 1997, 8 (4): 393-412.

[167] ENNS H G, HUFF S L, HIGGINS C A. CIO lateral influence behaviors: Gaining peers' commitment to strategic information systems[J]. MIS Quarterly, 2003, 27(1): 155-176.

[168] FANG E, PALMATIER R W, STEENKAMP J E M. Effect of service transition strategies on firm value[J]. Journal of Marketing, 2008, 72: 1-14.

[169] FANG E. Customer participation and the trade-off between new product innovativeness and speed to market [J]. Journal of marketing, 2008, 72 (7): 90-104.

[170] FINKELSTEIN S, HAMBRICK D C. TOP management team tenure and organizational outcomes: The moderating role of managerial discretion[J]. Administrative Science Quarterly, 1990, 35: 484-503.

[171] FORBES D P, MILLIKEN F J. Cognition and corporate governance: Understanding boards of director as strategic decision making groups[J]. Academy of Management Review 1999, 24: 489-505.

[172] FORKMANN S, RAMOS C, HENNEBERG S C, et al. Understanding the service infusion process as a business model reconfiguration[J]. Industrial Marketing Management, 2017, 60: 151-166.

[173] FRAMBACH R T, WELS-LIPS I, GÜNDLACH A. Proactive product serv-

ice strategies: An application in the european health market[J]. Industrial Marketing Management, 1997, 26(4): 341-352.

[174] FROHLICH M, DIXON R. A taxonomy of manufacturing strategies revisited[J]. Journal of Operations Management, 2001, 19: 541-558.

[175] GADREY J, GALLOUJ F, WEINSTEIN O. New modes of innovation: How services benefit industry[J]. International Journal of Service Industry Management, 1995, 6(3): 4-16.

[176] GALLOUJ F, SAVONA M. Innovation in services: A review of the debate and a research agenda[J]. Journal of Evolutionary Economics, 2009, 19(2): 149-172.

[177] GALLOUJ F, WEINSTEIN O. Innovation in Services[J]. Research Policy, 1997, 26(4/5): 537-556.

[178] GALLOUJ F. Innovation in services and the attendance old and new myths[J]. Journal of Socioeconomics, 2002, 31(2): 137-154.

[179] GARRATT R. Learning is the core of organisational survival: Action learning is the key integrating process[J]. Journal of Management Development, 1987, 6(2): 38-44.

[180] GEBAUER H, EDVARDSSON B, GUSTAFSSON A, et al. Match or mismatch: Strategy-structure configurations in the service business of manufacturing companies[J]. Journal of Service Research, 2010, 13(2): 198-215.

[181] GEBAUER H, EDVARDSSON B, BJURKO M. The impact of service orientation in corporate culture on business performance in manufacturing companies[J]. Journal of Service Management, 2010, 21: 237-259.

[182] GEBAUER H, FLEISCH E, FRIEDLI T. Overcoming the service paradox in manufacturing companies[J]. European Management Journal, 2005, 23(1): 14-26.

[183] GEBAUER H, FLEISCH E. An investigation of the relationship between

behavioral processes, motivation, investments in the service business and service revenue [J]. Industrial Marketing Management, 2007, 36(3): 337-348.

[184] GEBAUER H, PAIOLA M, SACCANI N. Characterizing service networks for moving from products to solutions [J]. Industrial Marketing Management, 2013, 42(1): 31-46.

[185] GEBAUER H. Identifying service strategies in product manufacturing companies by exploring environment-strategy configurations [J]. Industrial Marketing Management, 2008, 37 (3): 278-291.

[186] GEIGER M A, NORTH D S. Does hiring a new CFO change things? An investigation of changes in discretionary accruals [J]. Accounting Review, 2006, 81(4): 781-809.

[187] GENG X, CHU X, XUE D, et al. An integrated approach for rating engineering characteristic's final importance in product-service system development [J]. Journal Computers and Industrial Engineering, 2010, 59 (4): 585-594.

[188] GERSICK C J G. Pacing strategic change: The case of a new venture [J]. The Academy of Management Journal, 1994, 37(1): 9-45.

[189] GERSTNER L V, ANDERSON M H. The chief financial officer asactivist [J]. Harvard Business Review, 1976, 54(9-10): 100-106.

[190] GOFFIN K C. Customer support and new product development [J]. International Journal of Operations and Production Management, 2012, 1 (3): 275-301.

[191] GRIMM C M, SMITH K G. Management and organizational change: A note on the railroad industry [J]. Strategy Management Journal, 1991, 1 (2): 557~562.

[192] GRÖNROOS C. Service management and marketing: A customer relationship management approach [M]. 2nd ed. Chichester: Wiley, 2000.

[193]GRUBIC T. Servitization and remote monitoring technology: A literature review and research agenda[J]. 2014, 25(1): 100-124.

[194]GRUENFELD D H, MANNIX E A, WILLIAMS K Y, et al. Group composition and decision making: How member familiarity and information distribution affect process and performance[J]. Organ. Behav. Human Decision Processes, 1996, 67: 1-15.

[195]GUPTA S, LEHMAN D R. Managing customers as investments[M]. Upper Saddle River, NJ: Wharton School Publishing, 2005.

[196]HALEBLIAN J, FINKELSTEIN S. Top management team size, CEO dominance, and firm performance: The moderating roles of environmental turbulence and discretion[J]. The Academy of Management Journal, 1993, 36(4): 844-863.

[197]HAMBRICK D C, CANNELLA A. CEOs who have COOs: Contingency analysis of an unexplored structural form[J]. Strategic Management Journal, 2004, 25: 959-979.

[198]HAMBRICK D C, FUKUTOMI G D. The seasons of a CEO's tenure[J]. Academic Management, 1991, 1(6): 719-742.

[199]HAMBRICK D C, MASON P A. Upper echelons: The organization as a reflection of its top managers[J]. Academy of Management Review, 1984, 9: 193-206.

[200] HAMBRICK D C. Upper echelons theory: an update[J]. Academy of Management Review, 2007, 32 (2): 334-343.

[201]HELANDER A, MÖLLER K. How to become a solution provider: System supplier's strategic tools[J]. Journal of Business-to-Business Marketing, 2008, 15(3): 247-287.

[202]HELFAT C E, LIEBERMAN M B. The birth of capabilities: Market entry and the importance of pre-history[J]. Industrial and Corporate Change, 2002, 11(4): 725-760.

[203] HIPP C, GRUPP H. Innovation in the service sector: The demand forservice specific innovation measurement concepts and typologies [J]. Research Policy, 2005, 34: 517-535.

[204] HIPP C. Collaborative innovation in services [M]//Gallouj F, Djellal F. The handbook of innovation and services: A multi-disciplinary perspective. Cheltenham: Edward Elgar, 2010.

[205] HODRICK R J, PRESCOTT E C. Postwar U. S. business cycles: An empirical investigation [J]. Money, Credit, Banking, 1997, 29 (1): 1-16.

[206] HOGG M A, TERRY D J. Social identity and social catego-rization processes in organizational contexts [J]. Academy Management Review, 2000, 25: 121-140.

[207] HOLLENSTEIN H. Innovation modes in the Swiss service sector: A cluster analysis based on firm-level data [J]. Research Policy, 2003, 32 (5): 845-863.

[208] HONG Y, KIM Y, CIN B C. Product-service system and firm performance: The mediating role of product and process technological innovation [J]. Emerging Markets Finance and Trade, 2015, 51 (5): 975-984.

[209] INDJEJIKIAN R, MATEJKA M. CFO fiduciary responsibilities and annual bonus incentives [J]. Journal of Accounting Research, 2009, 47 (4): 1061-1093.

[210] JACKSON S E, JOSHI A, ERHARDT N L. Recent research on teams and organizational diversity: SWOT analysis and implications [J]. Management, 2003, 29: 801-830.

[211] JACOB F, ULAGA W. The transition from product to service in business markets: An agenda for academic inquiry [J]. Industrial Marketing Management, 2011, 37(3): 247-253.

[212] JACOBSON R. Unobservable effects and business performance [J]. Mar-

keting Science, 2008, 9 (1): 74-85.

[213]JANSEN J, VAN DEN BOSCH F, VOLBERDA H W. Exploratory innovation, exploitative innovation, and performance: Effects of organizational antecedents and environmental moderators [J]. Management Science, 2006, 52(11): 1661-1674 .

[214]JEHN K A, NORTHCRAFT G B, NEALE M A. Why differences make a difference: A field study of diversity, conflict, and performance in workgroups [J]. Administrative Science Quarterly, 1999, 44: 741-63.

[215]JOSHI A, ROH H. The role of context in work team diversity research: A meta-analytic review [J]. Academy of Management Journal, 2009, 52 (3): 599-627.

[216]KAMP B, PARRY G. Servitization and advanced business services as levers for competitiveness [J]. Industrial Marketing Management, 2017, 60: 11-16.

[217]KANG M J, WIMMER R. Product service systems as systemic cures for obese consumption and production [J]. Journal of Cleaner Production, 2008, 16 (11): 1146-1152.

[218]KASTALLI I V, VAN LOOY B. Servitization: Disentangling the impact of service business model innovation on manufacturing firm performance[J]. Journal of Operations Management, 2013, 31(4): 169-180.

[219]KECK S L. Top management team structure: Differential effects by environment context[J]. Organization Science, 1997, 8(2): 143-156.

[220]KESNER I F, SEBORA T C. Executive succession: Past, present and future[J]. Journal of Management, 1994, 20: 327-372.

[221]KESTEMONT, B, M KERKHOVE. Material flow accounting of an indian-village[J]. Biomass and Bioenergy, 2010, 34 (8): 1175-1182.

[222]KIESLER S, SPROUL L. Managerial response to changing environments: Perspectives and problem sensing from social cognition[J]. Administrative

Science Quarterly, 1982, 27(4): 548-570.

[223] KINDSTRÖM D, KOWALKOWSKI C. Development of industrial service offerings: A process framework [J]. Journal of Service Management, 2009, 20(2): 156-172.

[224] KOHTAMÄKI M, PARTANEN J, PARIDA V, et al. Non-linear relationship between industrial service offering and sales growth: The moderating of network capabilities [J]. Industrial Marketing Management, 2013, 42 (8): 1374-1385.

[225] KOWALKOWSKI C, GEBAUER H, KAMP B, et al. Servitization and deservitization: Overview, concepts, and definitions [J]. Industrial Marketing Management, 2017, 60: 4-10.

[226] KOWALKOWSKI C, GEBAUER H, OLIVA R. Service growth in product firms: Past, present, and future [J]. Industrial Marketing Management, 2017, 60: 82-88.

[227] KRISHNAN H, MILLER A, JUDGE W Q. Diversification and top management team complementarity: Is performance improved by merging similar or dissimilar teams? [J]. Strategic Management Journal, 1997, 18 (5): 361-374.

[228] KUIJKEN B, GEMSER G, WIJNBERG N M. Effective product-service systems: A value-based framework [J]. Industrial Marketing Management, 2017, 60: 33-41.

[229] LAU D, MURNIGHAN J K. Demographic diversity and faultlines: The compositional dynamics of organizational groups [J]. Academy Management Review, 1998, 23: 325-340.

[230] LAU D, MURNIGHAN J K. Interactions within groups and subgroups: The dynamic effects of demographic faultlines [J]. Acad Management, 2005, 48: 645-659.

[231] LEE R, GREWAL R. Strategic responses to new technologies and their im-

pact on firm performance[J]. Journal of Marketing, 2004, 68 (10): 157-171.

[232]LEONARD-BARTON L D. A dual methodology for case studies: Synergistic use of a longitudinal single site with replicated multiplesites[J]. Organization Science, 1990, 1(3): 248-266.

[233]LI J T, HAMBRICK D C. Factional groups: A new vantage on demographic faultlines, conflict, and disintegration in work teams [J]. Academy Management Journal, 2005, 48 794-813.

[234]LI M S, ZANG H M, LI Z, et al. Economy-wide material input/output and dematerialization analysis of Jilin Province (China) [J]. Environmental Monitoring and Assessment, 2010, 165 (1-4): 263-274.

[235]LI M, YE L R. Information technology and firm performance: Linking with environmental, strategic and managerial contexts [J]. Information and Management, 1999, 35: 43-51.

[236] LISBOA A, SKARMEAS D, LAGES C. Innovative capabilities: Their drivers and effects on current and future performance[J]. Journal of Business Research, 2011, 64(11): 1157-1161.

[237]LIU M. Manufacturing servitization and revitalizing industrial clusters: A case study of Taiwan's LIIEP[J]. Journal of the Asia Pacific Economy, 2015, 20(3): 423-443.

[238] LOCKETT H, JOHNSON M, EVANS S, et al. Product service systems and supply network relationships: An exploratory casestudy[J]. Journal of Manufacturing Technology Management, 2011, 22 (3): 293-313.

[239] LOOMBA A. Linkages between product distribution and service support functions[J]. International Journal of Physical Distribution and Logistics Management, 1996, 26 (4): 4-22.

[240]LOVELACE K, SHAPIRO D L, WEINGART L R. Maximizing cross-functional new product teams' innovativeness and constraint adherence: A con-

flict communications perspective [J]. Academy of Management Journal, 2001, 44(4): 779-793.

[241] LUOTO S, BRAX S A, KOHTAMÄKI M. Critical meta-analysis of servitization research: Constructing a model-narrative to reveal paradigmatic assumptions[J]. Industrial Marketing Management, 2017, 60: 89-100.

[242] MALMENDIER U, TATE G. CEO Over confidence and corporate investment[J]. The Journal of Finance, 2005, 60(6): 2661-2700.

[243] MANSURY M A, LOVE J H. Innovation, productivity and growth in US business services: A firm-level analysis[J]. Technovation, 2008, 28(1/2): 52-62.

[244] MANZINI E, VEZOLLI C A. Strategic design approach to develop sustainable product service systems: Examples taken from the 'environmentally friendly innovation' Italian prize [J]. Journal of Cleaner Production, 2003, 11 (8): 851-857.

[245] MARCEL J J. Why top management team characteristics matter when employing a chief operating officer: A strategic contingency perspective[J]. Strategic Management Journal, 2009, 30: 647-658.

[246] MARKIDES C, WILLIAMSON P J. Related Diversification, Core Competences and Corporate Performance [J]. Strategic Management Journal, 1996, 15 (1): 149-65.

[247] MARTINEZ V, BASTL M, KINGSTON J, et al. Challenges in Transforming Manufacturing Organizations into Product-service Providers[J]. Journal of Manufacturing Technology Management, 2010, 21(4): 449-469.

[248] MARTÍN-PEÑA M L, BIGDELI A Z. Servitization: Academic research and business practice[J]. Universia Business Review, 2016 (49): 18-31.

[249] MATHIEU V. Product services: From a service supporting the product to service supporting the client[J]. Journal of Business & Industrial Marketing, 2001a, 16 (1): 39-58.

[250] MATHIEU V. Service strategies within the manufacturing sector: Benefits, costs and partnership[J]. International Journal of Service Industry Management, 2001b, 12: 451-75.

[251] MATTHYSSENS P, VANDENBEMPT K, WEYNS S. Transitioning and co-evolving to upgrade value offerings: A competence-based marketing view [J]. Industrial Marketing Management, 2009, 38(5): 504-512.

[252] MATTHYSSENS P, VANDENBEMPT K. Moving from basic offerings to value-added solutions: Strategies, barriers, and alignment[J]. Industrial Marketing Management, 2008, 37: 316-328.

[253] MAXWELL D, SHEATE W, VAN DERVORST R. Functional and systems aspects of the sustainable product and service development approach for industry[J]. Journal of Cleaner Production, 2006, 14 (17): 1466-1479.

[254] MEDCOF J W. The organizational influence of the chief technology officer [J]. R&D Management, 2008, 38: 406-420.

[255] MEIER H, VÖLKER O, FUNKE B. Industrial product-service system (IPS2): Paradigm shift by mutually determined products and services[J]. International Journal of Advance Manufacturing Technology, 2011, 59(9-12): 1175-1191.

[256] MELE C, DELLA V. Corte Resource-based view and Service-dominant logic: Similarities, differences and further research[J]. Journal of Business Marking Management , 2013, 6(4): 192-213.

[257] MESSICK D M, MACKIE D M. Intergroup relations[J]. Annual Review Psychology, 1989, 40: 45-81.

[258] MIAN S. On the choice and replacement of chief financial officers[J]. Journal of Financial Economics, 2001, 60: 143-175.

[259] MICHEL J G, HAMBRICK D C. Diversification posture and top management team characteristics[J]. The Academy of Management Journal, 1992, 35(1): 9-37.

[260] MICHEL M, NAUDÉ P, SALLE R, et al. Business-to-business marketing [M]. 3rd ed. Basingstoke: Palgrave Mac Millan, 2003.

[261] MILLER D. Stale in the saddle: CEO tenure and the match between organization and environment[J]. Management Science, 1991, 37: 34-52.

[262] MIZIK N, JACOBSON R. Myopic marketing management: Evidence of the phenomenon and its long-term performance consequences in the SEO context[J]. Marketing Science, 2007, 26(3): 361-379.

[263] MÖLLER K, TÖRRÖNEN P. Business suppliers' value creation potential: A capability-based analysis[J]. Industrial Marketing Management, 2003, 32: 109-118.

[264] MÖLLER K. Role of competences in creating customer value: A value-creation logic approach[J]. Industrial Marketing Management, 2006, 35: 913-924.

[265] NATH P, MAHAJAN V. Chief marketing officers: A study of their presence in firms' top management teams[J]. Journal of Marketing, 2008, 72: 65-81.

[266] NEELY A. Exploring the financial consequences of the servitization of manufacturing[J]. Operations Management Research, 2008, 1(2): 103-118.

[267] NEMETH C J. Differential contributions of majority and minority influence [J]. Psychology Review, 1986, 93: 23-32.

[268] NEU W A, BROWN S W. Forming successful business-to-business services in goods-dominant firms[J]. Journal of Service Research, 2005, 8 (3): 3-17.

[269] NEWBERT S L. Empirical research on the resource-based view of the firm: An assessment and suggestions for future research[J]. Strategic Management Journal, 2007, 28: 121-146.

[270] NG D W. A modern resource based approach to unrelated diversification

[J]. Journal of Management Studies, 2007, 44: 1481-1502.

[271] O'REILLY C A, CALDWELL D F, BARNETT W P. Work group demography, social integration and turnover[J]. Administrative Science Quarterly, 1989, 34: 21-37.

[272] OLIVA R, KALLENBERG R. Managing the transition from products to services[J]. International Journal of Service Industry Management, 2003, 14(2): 160-172.

[273] ORDANINI A, PARASURAMAN A. Service innovation viewed through a service-dominant logic: A conceptual framework and empirical analysis[J]. Journal of Service Research, 2011, 14(1): 3-23.

[274] PALMATIER R W, DANT R P, EVANS R. Factors influencing the effectiveness of relationship marketing: A Meta-Analysis[J]. Journal of Marketing, 2006, 70 (10): 136-153.

[275] PAVITT K, ROBSON M, TOWNSEND J. Technological accumulation, diversification and organisation in UK companies[J]. Management Science, 1989, 35(1): 81-99.

[276] PAVITT K. Sectoral patterns of technical change: Towards a theory and a taxonomy[J]. Research Policy, 1984, 13(6): 343-373.

[277] PELLED L H, EISENHARDT K M, XIN K R. Exploring the black box: An analysis of work group diversity, conflict, and performance[J]. Administrative Science Quarterly, 1999, 44(1): 1-28.

[278] PELLED L H. Demographic diversity, conflict, work group outcomes: An intervening process theory[J]. Organizational Science, 1996, 7: 615-631.

[279] PORTER M. Competitive advantage: Creating and sustaining superior performance[M]. London: Free Press, 1998.

[280] PRASNIKAR J, LISJAK M, BUHOVAC A R, et al. Identifying and exploiting the inter-relationships between technological and marketing capabilities[J]. Long Range Planning, 2008, 41: 530-554.

[281] PRESTON D S, KARAHANNA E, ROWE F. Development of shared understanding between the chief information officer and top management team in U. S. and French organizations: A cross-cultural comparison[J]. IEEE Transactions on Engineering Management, 2006, 53: 191-206.

[282] RADDATS C, EASINGWOOD C. Services growth options for B2B product-centric businesses[J]. Industrial Marketing Management, 2010, 39(8): 1334-1345.

[283] RANDEL A E, JAUSSI K S. Functional background identity, diversity, and individual performance in cross-functional teams[J]. Academy Management Journal, 2003, 46: 763-774.

[284] RAO V R, AGARWAL M K, DAHLHOFF D. How is manifest branding strategy related to the intangible value of a corporation? [J]. Journal of Marketing, 2004, 68 (10): 126-141.

[285] RAPPAPORT A. CFOs and strategists: Forging a common framework[J]. Harvard Business Review, 1992, 70(5-6): 84-91.

[286] REIS C, CASTILLO M A S, DOBON S R. Diversity and business performance: 50 years of research[J]. Service Business, 2007, 1, 257-274.

[287] RUBERA G, KIRCA A H. Firm innovativeness and its performance outcomes: A meta-analytic review and theoretical integration[J]. Journal of Marketing, 2012, 76 (May): 130-147.

[288] SALONEN A. Service transition strategies of industrial manufacturers[J]. Industrial Marketing Management, 2011, 40: 683-690.

[289] SAMLI C A, JACOBS L W, WILLS J. What presale and postsale services do you need to be competitive? [J]. Industrial Marketing Management, 1992, 21(1): 33-41.

[290] SANTAMARÍA L, JESÚS NIETO M, MILES I. Service innovation in manufacturing firms: Evidence from Spain[J]. Technovation, 2012, 32(2): 144-155.

[291] SAWHNEY M, BALASUBRAMANIAN S, KRISHNAN V V. Creating growth with services[J]. MIT Sloan Management Review, 2004, 34: 34-43.

[292] SAWYER J E, HOULETTE M A, YEALEY E L. Decision performance and diversity structure: Comparing faultlines in convergent, crosscut, and racially homogeneous groups[J]. Organizational Behavior Human Decision Processes, 2006, 99: 1-15.

[293] SCHWEIGER D M, SANDBERG W R. The utilization of individual capabilities in group approaches to strategic decision-making [J]. Strategic Management Journal, 1989, 10: 31-44.

[294] SCHWENK C R. Effects of devil's advocacy and dialectical inquiry on decision making: A meta-analysis[J]. Organizational Behavior Human Decision Processes, 1990, 47: 161-176.

[295] SHIN S J, ZHOU J. When is educational specialization heterogeneity related to creativity in research and development teams? Transformational leadership as a moderator [J]. Journal of Applied Psychology, 2007, 92: 1709-1721.

[296] SLATER S F, NARVER J C. Market orientation and the learning organization[J]. Journal of Marketing, 1995, 59(7): 63-74.

[297] SMITH K G, SMITH K A, OLIAN J D, et al. Top management team demography and process: the role of social integration and communication [J]. Administrative Science Quarterly, 1994, 39: 412-438.

[298] SPOHRER J. IBM's service journey: A summary sketch [J]. Industrial Marketing Management, 2017, 60: 167-172.

[299] SPRING M, ARAUJO L. Product biographies inservitization and the circular economy[J]. Industrial Marketing Management, 2017, 60: 126-137.

[300] SPRING M, ARAUJO L. Service, services and products: Rethinking operations strategy[J]. International Journal of Operations & Production Man-

agement, 2010, 29, 5: 444-467.

[301] SRIVASTAVA R K, FAHEY L, CHRISTENSEN K. The resource-based view and marketing: The role of market-based assets in gaining competitive advantage[J]. Journal of Management, 2001, 27 (6): 777-802.

[302] SRIVASTAVA R K, SHERVANI T A, FAHEY L. Market-based assets and shareholder value: A framework for analysis[J]. Journal of Marketing, 1998, 62 (1): 2-18.

[303] STEENKAMP J E M, FANG E. The impact of economic contractions on the effectiveness of r&d and advertising: Evidence from U. S. companies spanning three decades[J]. Marketing Science, 2011, 30 (7-8): 628-645.

[304] STEPHENS C S, LEDBETTER W N, MITRA A, et al. Executive or functional manager? The nature of the CIO's job[J]. MIS Quarterly, 1992, 16: 449-467.

[305] STEVENS E, DIMITRIADIS S. New service development through the lens of organizational learning: Evidence form longitudinal case studies[J]. Journal of Business Research , 2004, 57, 1074-1084.

[306] STEVENS J M, STEENSMA H K, HARRISON D A, et al. Symbolic of substantive document? The influence of ethics codes on financial executives' decisions[J]. Strategic Management Journal, 2005, 26: 181-195.

[307] STORY V M, RADDATS C, BURTON J, et al. Capabilities for advanced services: A multi-actor perspective[J]. Industrial Marketing Management, 2017, 60: 54-68.

[308] TEECE D. Explicating dynamic capabilities: The nature and microfoundations of (sustainable) enterprise performance[J]. Strategic Management Journal, 2007, 28(13): 1319-1350.

[309] TEECE D J, DOSI G, WINTER S G. Understanding corporate coherence:

Theory and evidence[J]. Journal of Economic Behavior and Organization, 1994, 23(1): 1-30.

[310] TEECE D J, PISANO G, SHUEN A. Dynamic capabilities and strategic management[J]. Strategic Management Journal, 1997, 18: 509-533.

[311] TETHER B S, TAJAR A. Beyond industry-university links: Sourcing of specialist knowledge for innovation from consultants, private research organisations and the public science base[J]. Research Policy, 2008, 37 (6-7): 1079-1095.

[312] TETHER B S. The sources and aims of innovation in services: Variety between and within sectors[J]. Economics of Innovation and New Technology, 2003, (12): 481-505.

[313] THAKUR R, HALE D. Service innovation: A comparative study of U. S. and Indian service firm[J]. Journal of Business Research, 2012, 66(8): 1108-1123.

[314] THATCHER S M B, JEHN K A, ZANUTTO E. Cracks in diversity research: The effects of faultlines on conflict and performance[J]. Group Decision Negotiation, 2003, 12: 217-241.

[315] THOMAS A, RAMASWAMY K. The performance impact of strategy manager coalignment: An empirical examination[J]. Strategy Management, 1991, 1 (2): 509-522.

[316] TIHANYI L, ELLSTRAND A E, DAILY C M, et al. Composition of the top management team and firm international diversification[J]. Journal of Management, 2000, 26: 1157-1177.

[317] TJOSVOLD D, LAW K S, SUN H. Effectiveness of Chinese teams: the role of conflict types and conflict management approaches[J]. Management and Organization Review, 2006, 2(2): 231-252.

[318] TOIVONEN M, TUOMINEN T. Emergence of innovations inservices[J]. Service Industries Journal, 2009, 29(7): 887-902.

[319]TSUI A S, EGAN T D, O'REILLY C A. Being different: Relational demography and organizational attachment[J]. Adminstrative Science Quartity, 1992, 37: 549-577.

[320]TUKKER A, TISCHNER U. New business for old europe: Product service development, competitiveness and sustainability[M]. Sheffield: Greenleaf Publishing, 2006.

[321]TUKKER A. Eight types of product-service system: Eight ways to sustainability? Experiences from Suspronet[J]. Business Strategy and the Environment, 2004, 13(4): 246-260.

[322]TZINER A, EDEN D. Effects of crew composition on crew performance: Does the whole equal the sum of its parts? [J]. Journal of Applied Psychology, 1985, 70: 85-94.

[323]ULAGA W, REINARTZ W J. Hybrid offerings: How manufacturing firms combine goods and services successfully[J]. Journal of Marketing, 2011, 75(6): 5-23.

[324]VALTAKOSKI A. Explaining servitization failure and deservitization: A knowledge-based perspective[J]. Industrial Marketing Management, 2017, 60: 138-150.

[325]VAN KNIPPENBERG D, DE DREU C, HOMAN A C. Work group diversity and group performance: An integrative model and research agenda[J]. Journal of Applied Psychology, 2004, 89: 1008-1022.

[326]VAN KNIPPENBERG D, SCHIPPERS M C. Work group diversity[J]. Annual Review of Psychology, 2007, 58: 515-541.

[327]VANDERMERWE S, RADA J. Servitization of business: Adding value by adding services[J]. European Management Journal, 1988. 6(4): 314-324.

[328]VARGO S L, LUSCH R F. Evolving to a new dominant logic for marketing [J]. Journal of Marketing, 2004, 68(1): 1-17.

[329] VARGO S L, LUSCH R F. Service-dominant logic: Continuing the evolution [J]. Journal of the Academy of Marketing Science, 2008, 36(1): 1-10.

[330] VENDRELL-HERRERO F, BUSTINZA O F, PARRY G, et al. Servitization, digitization and supply chain interdependency[J]. Industrial Marketing Management, 2017, 60: 69-81.

[331] VISNJIC I, WIENGARTEN F, NEELY A. Only the brave: Product innovation, service business model innovation, and their impact on performance[J]. Journal of Product Innovation Management, 2016, 33(1): 36-52.

[332] WEBBER S, L DONAHUE. Impact of highly and less job-related diversity on work group cohesion and performance: A meta-analysis[J]. Journal of Management, 2001, 27: 141-162.

[333] WIERSEMA M F, BANTEL K A. Top management team demography and corporate strategic change[J]. Academy of Management Journal, 1992, 35: 91-121.

[334] WINDAHL C, LAKEMOND N. Developing integrated solutions: The importance of relationships within the network[J]. Industrial Marketing Management, 2006, 35(7): 806-818.

[335] WINDAHL C, LAKEMOND N. Integrated solutions from a service-centered perspective: Applicability and limitations in the capital goods industry [J]. Industrial Marketing Management, 2010, 39(8): 1278-1290.

[336] WISE R, BAUMGARTNER P. Go downstream: The new profit imperative in manufacturing[J]. Harvard Busi-ness Review, 1999, 77 (5): 133-141.

[337] WYNSTRA F, VAN WEELE A, WEGGEMANN M. Managing supplier involvement in product development: Three critical issues [J]. European Management Journal, 2001, 19(2): 157-167.

[338]YANG X, MOORE P, PU J S, et al. A practical methodology for realizing product service systems for consumer products [J]. Computers and Industrial Engineering, 2009, 56 (1): 224-235.

[339]ZENGER T, LAWRENCE B. Organizational demography: The differential effects of age and tenure distributions on technical communications [J]. Academy of Management Journal, 1989, 32: 353-376.

[340]ZHANG Y. The presence of a separate COO/president and its impact on strategic change and CEO dismissal[J]. Strategic Management Journal, 2006, 27: 283-300.

[341]ZHOU K Z, LI C B. How does strategic orientation matter in Chinese firms? [J]. Asia Pacific Journal of Management, 2007, 24: 447-466.

附录一　企业样本基本信息

本论文分析了178家上市的制造企业2005—2016年的数据。下表列出所有样本企业的基本信息。

证券代码	证券简称	上市日期	企业所在地	企业所有制形式	所属行业
000016	深康佳A	1992年3月27日	广东省	中央国有企业	计算机、通信和其他电子设备制造业
000021	深科技	1994年2月2日	广东省	中央国有企业	计算机、通信和其他电子设备制造业
000050	深天马A	1995年3月15日	广东省	中央国有企业	计算机、通信和其他电子设备制造业
000055	方大集团	1996年4月15日	广东省	民营企业	金属制品业
000063	中兴通讯	1997年11月18日	广东省	公众企业	计算机、通信和其他电子设备制造业
000066	中国长城	1997年6月26日	广东省	中央国有企业	计算机、通信和其他电子设备制造业
000070	特发信息	2000年5月11日	广东省	地方国有企业	电气机械及器材制造业
000157	中联重科	2000年10月12日	湖南省	公众企业	专用设备制造业

续表

证券代码	证券简称	上市日期	企业所在地	企业所有制形式	所属行业
000158	常山北明	2000年7月24日	河北省	地方国有企业	纺织业
000400	许继电气	1997年4月18日	河南省	中央国有企业	电气机械及器材制造业
000418	小天鹅A	1997年3月28日	江苏省	民营企业	电气机械及器材制造业
000521	美菱电器	1993年10月18日	安徽省	地方国有企业	电气机械及器材制造业
000528	柳工	1993年11月18日	广西壮族自治区	地方国有企业	专用设备制造业
000530	大冷股份	1993年12月8日	辽宁省	公众企业	通用设备制造业
000538	云南白药	1993年12月15日	云南省	公众企业	医药制造业
000550	江铃汽车	1993年12月1日	江西省	中央国有企业	汽车制造业
000581	威孚高科	1998年9月24日	江苏省	地方国有企业	汽车制造业
000597	东北制药	1996年5月23日	辽宁省	地方国有企业	医药制造业
000625	长安汽车	1997年6月10日	重庆市	中央国有企业	汽车制造业
000630	铜陵有色	1996年11月20日	安徽省	地方国有企业	有色金属冶炼及压延加工业
000636	风华高科	1996年11月29日	广东省	地方国有企业	计算机、通信和其他电子设备制造业
000666	经纬纺机	1996年12月10日	北京市	中央国有企业	专用设备制造业
000678	襄阳轴承	1997年1月6日	湖北省	地方国有企业	通用设备制造业
000680	山推股份	1997年1月22日	山东省	地方国有企业	专用设备制造业
000682	东方电子	1997年1月21日	山东省	地方国有企业	电气机械及器材制造业

续表

证券代码	证券简称	上市日期	企业所在地	企业所有制形式	所属行业
000698	沈阳化工	1997年2月20日	辽宁省	中央国有企业	石油加工、炼焦及核燃料加工业
000700	模塑科技	1997年2月28日	江苏省	民营企业	汽车制造业
000726	鲁泰A	2000年12月25日	山东省	民营企业	纺织业
000733	振华科技	1997年7月3日	贵州省	中央国有企业	计算机、通信和其他电子设备制造业
000756	新华制药	1997年8月6日	山东省	地方国有企业	医药制造业
000778	新兴铸管	1997年6月6日	河北省	中央国有企业	金属制品业
000786	北新建材	1997年6月6日	北京市	中央国有企业	非金属矿物制品业
000792	盐湖股份	1997年9月4日	青海省	地方国有企业	化学原料及化学制品制造业
000800	一汽轿车	1997年6月18日	吉林省	中央国有企业	汽车制造业
000807	云铝股份	1998年4月8日	云南省	地方国有企业	有色金属冶炼及压延加工业
000811	冰轮环境	1998年5月28日	山东省	地方国有企业	通用设备制造业
000821	京山轻机	1998年6月26日	湖北省	民营企业	专用设备制造业
000823	超声电子	1997年10月8日	广东省	地方国有企业	计算机、通信和其他电子设备制造业
000825	太钢不锈	1998年10月21日	山西省	地方国有企业	黑色金属冶炼及压延加工业
000830	鲁西化工	1998年8月7日	山东省	地方国有企业	化学原料及化学制品制造业
000836	鑫茂科技	1997年9月29日	天津市	民营企业	电气机械及器材制造业

续表

证券代码	证券简称	上市日期	企业所在地	企业所有制形式	所属行业
000877	天山股份	1999 年 1 月 7 日	新疆维吾尔自治区	中央国有企业	非金属矿物制品业
000878	云南铜业	1998 年 6 月 2 日	云南省	中央国有企业	有色金属冶炼及压延加工业
000890	法尔胜	1999 年 1 月 19 日	江苏省	民营企业	金属制品业
000895	双汇发展	1998 年 12 月 10 日	河南省	外资企业	农副食品加工业
000901	航天科技	1999 年 4 月 1 日	黑龙江省	中央国有企业	铁路、船舶、航空航天和其他运输设备制造业
000915	山大华特	1999 年 6 月 9 日	山东省	其他企业	医药制造业
000919	金陵药业	1999 年 11 月 18 日	江苏省	地方国有企业	医药制造业
000923	河北宣工	1999 年 7 月 14 日	河北省	地方国有企业	专用设备制造业
000938	紫光股份	1999 年 11 月 4 日	北京市	中央国有企业	计算机、通信和其他电子设备制造业
000949	新乡化纤	1999 年 10 月 21 日	河南省	地方国有企业	化学纤维制造业
000957	中通客车	2000 年 1 月 13 日	山东省	地方国有企业	汽车制造业
000959	首钢股份	1999 年 12 月 16 日	北京市	地方国有企业	黑色金属冶炼及压延加工业
000960	锡业股份	2000 年 2 月 21 日	云南省	地方国有企业	有色金属冶炼及压延加工业
000969	安泰科技	2000 年 5 月 29 日	北京市	中央国有企业	金属制品业
000970	中科三环	2000 年 4 月 20 日	北京市	中央国有企业	计算机、通信和其他电子设备制造业

续表

证券代码	证券简称	上市日期	企业所在地	企业所有制形式	所属行业
000973	佛塑科技	2000年5月25日	广东省	地方国有企业	橡胶和塑料制品业
000977	浪潮信息	2000年6月8日	山东省	地方国有企业	计算机、通信和其他电子设备制造业
000980	众泰汽车	2000年6月16日	安徽省	民营企业	汽车制造业
000989	九芝堂	2000年6月28日	湖南省	民营企业	医药制造业
000999	华润三九	2000年3月9日	广东省	中央国有企业	医药制造业
600006	东风汽车	1999年7月27日	湖北省	中央国有企业	汽车制造业
600010	包钢股份	2001年3月9日	内蒙古自治区	地方国有企业	黑色金属冶炼及压延加工业
600019	宝钢股份	2000年12月12日	上海市	中央国有企业	黑色金属冶炼及压延加工业
600031	三一重工	2003年7月3日	北京市	民营企业	专用设备制造业
600055	万东医疗	1997年5月19日	北京市	民营企业	专用设备制造业
600060	海信电器	1997年4月22日	山东省	地方国有企业	计算机、通信和其他电子设备制造业
600062	华润双鹤	1997年5月22日	北京市	中央国有企业	医药制造业
600066	宇通客车	1997年5月8日	河南省	民营企业	汽车制造业
600073	上海梅林	1997年7月4日	上海市	地方国有企业	食品制造业
600079	人福医药	1997年6月6日	湖北省	民营企业	医药制造业
600085	同仁堂	1997年6月25日	北京市	地方国有企业	医药制造业

续表

证券代码	证券简称	上市日期	企业所在地	企业所有制形式	所属行业
600089	特变电工	1997年6月18日	新疆维吾尔自治区	民营企业	电气机械及器材制造业
600100	同方股份	1997年6月27日	北京市	中央国有企业	计算机、通信和其他电子设备制造业
600104	上汽集团	1997年11月25日	上海市	地方国有企业	汽车制造业
600105	永鼎股份	1997年9月29日	江苏省	民营企业	电气机械及器材制造业
600117	西宁特钢	1997年10月15日	青海省	地方国有企业	黑色金属冶炼及压延加工业
600135	乐凯胶片	1998年1月22日	河北省	中央国有企业	化学原料及化学制品制造业
600141	兴发集团	1999年6月16日	湖北省	地方国有企业	化学原料及化学制品制造业
600148	长春一东	1998年5月20日	吉林省	中央国有企业	汽车制造业
600151	航天机电	1998年6月5日	上海市	中央国有企业	计算机、通信和其他电子设备制造业
600166	福田汽车	1998年6月2日	北京市	地方国有企业	汽车制造业
600169	太原重工	1998年9月4日	山西省	地方国有企业	专用设备制造业
600171	上海贝岭	1998年9月24日	上海市	中央国有企业	计算机、通信和其他电子设备制造业
600172	黄河旋风	1998年11月26日	河南省	民营企业	非金属矿物制品业
600183	生益科技	1998年10月28日	广东省	公众企业	计算机、通信和其他电子设备制造业
600186	莲花健康	1998年8月25日	河南省	民营企业	食品制造业
600195	中牧股份	1999年1月7日	北京市	中央国有企业	医药制造业

续表

证券代码	证券简称	上市日期	企业所在地	企业所有制形式	所属行业
600196	复星医药	1998 年 8 月 7 日	上海市	民营企业	医药制造业
600202	哈空调	1999 年 6 月 3 日	黑龙江省	地方国有企业	电气机械及器材制造业
600206	有研新材	1999 年 3 月 19 日	北京市	中央国有企业	有色金属冶炼及压延加工业
600218	全柴动力	1998 年 12 月 3 日	安徽省	地方国有企业	通用设备制造业
600219	南山铝业	1999 年 12 月 23 日	山东省	其他企业	有色金属冶炼及压延加工业
600226	瀚叶股份	1999 年 11 月 16 日	浙江省	民营企业	化学原料及化学制品制造业
600232	金鹰股份	2000 年 6 月 2 日	浙江省	民营企业	纺织业
600235	民丰特纸	2000 年 6 月 15 日	浙江省	地方国有企业	造纸及纸制品业
600237	铜峰电子	2000 年 6 月 9 日	安徽省	民营企业	计算机、通信和其他电子设备制造业
600238	海南椰岛	2000 年 1 月 20 日	海南省	民营企业	酒、饮料和精制茶制造业
600260	凯乐科技	2000 年 7 月 6 日	湖北省	集体企业	计算机、通信和其他电子设备制造业
600261	阳光照明	2000 年 7 月 20 日	浙江省	民营企业	电气机械及器材制造业
600262	北方股份	2000 年 6 月 30 日	内蒙古自治区	中央国有企业	专用设备制造业
600267	海正药业	2000 年 7 月 25 日	浙江省	地方国有企业	医药制造业
600268	国电南自	1999 年 11 月 18 日	江苏省	中央国有企业	电气机械及器材制造业
600271	航天信息	2003 年 7 月 11 日	北京市	中央国有企业	计算机、通信和其他电子设备制造业
600285	羚锐制药	2000 年 10 月 18 日	河南省	民营企业	医药制造业

续表

证券代码	证券简称	上市日期	企业所在地	企业所有制形式	所属行业
600288	大恒科技	2000 年 11 月 29 日	北京市	民营企业	计算机、通信和其他电子设备制造业
600298	安琪酵母	2000 年 8 月 18 日	湖北省	地方国有企业	食品制造业
600300	维维股份	2000 年 6 月 30 日	江苏省	民营企业	酒、饮料和精制茶制造业
600302	标准股份	2000 年 12 月 13 日	陕西省	地方国有企业	专用设备制造业
600305	恒顺醋业	2001 年 2 月 6 日	江苏省	地方国有企业	食品制造业
600307	酒钢宏兴	2000 年 12 月 20 日	甘肃省	地方国有企业	黑色金属冶炼及压延加工业
600309	万华化学	2001 年 1 月 5 日	山东省	地方国有企业	化学原料及化学制品制造业
600312	平高电气	2001 年 2 月 21 日	河南省	中央国有企业	电气机械及器材制造业
600315	上海家化	2001 年 3 月 15 日	上海市	公众企业	化学原料及化学制品制造业
600336	澳柯玛	2000 年 12 月 29 日	山东省	地方国有企业	电气机械及器材制造业
600343	航天动力	2003 年 4 月 8 日	陕西省	中央国有企业	专用设备制造业
600351	亚宝药业	2002 年 9 月 26 日	山西省	民营企业	医药制造业
600352	浙江龙盛	2003 年 8 月 1 日	浙江省	民营企业	化学原料及化学制品制造业
600353	旭光股份	2002 年 11 月 20 日	四川省	民营企业	计算机、通信和其他电子设备制造业
600356	恒丰纸业	2001 年 4 月 19 日	黑龙江省	地方国有企业	造纸及纸制品业
600362	江西铜业	2002 年 1 月 11 日	江西省	地方国有企业	有色金属冶炼及压延加工业
600363	联创光电	2001 年 3 月 29 日	江西省	民营企业	计算机、通信和其他电子设备制造业

续表

证券代码	证券简称	上市日期	企业所在地	企业所有制形式	所属行业
600378	天科股份	2001 年 1 月 11 日	四川省	中央国有企业	化学原料及化学制品制造业
600379	宝光股份	2002 年 1 月 16 日	陕西省	中央国有企业	电气机械及器材制造业
600391	航发科技	2001 年 12 月 12 日	四川省	中央国有企业	铁路、船舶、航空航天和其他运输设备制造业
600400	红豆股份	2001 年 1 月 8 日	江苏省	民营企业	纺织服装、服饰业
600409	三友化工	2003 年 6 月 18 日	河北省	中央国有企业	化学原料及化学制品制造业
600416	湘电股份	2002 年 7 月 18 日	湖南省	地方国有企业	通用设备制造业
600418	江淮汽车	2001 年 8 月 24 日	安徽省	地方国有企业	汽车制造业
600422	昆药集团	2000 年 12 月 6 日	云南省	民营企业	医药制造业
600426	华鲁恒升	2002 年 6 月 20 日	山东省	地方国有企业	化学原料及化学制品制造业
600439	瑞贝卡	2003 年 7 月 10 日	河南省	民营企业	皮革、毛皮、羽毛及其制品和制鞋业
600448	华纺股份	2001 年 9 月 3 日	山东省	地方国有企业	纺织业
600456	宝钛股份	2002 年 4 月 12 日	陕西省	地方国有企业	有色金属冶炼及压延加工业
600458	时代新材	2002 年 12 月 19 日	湖南省	中央国有企业	橡胶和塑料制品业
600459	贵研铂业	2003 年 5 月 16 日	云南省	地方国有企业	有色金属冶炼及压延加工业
600468	百利电气	2001 年 6 月 15 日	天津市	地方国有企业	电气机械及器材制造业
600475	华光股份	2003 年 7 月 21 日	江苏省	地方国有企业	通用设备制造业

续表

证券代码	证券简称	上市日期	企业所在地	企业所有制形式	所属行业
600487	亨通光电	2003 年 8 月 22 日	江苏省	民营企业	电气机械及器材制造业
600488	天药股份	2001 年 6 月 18 日	天津市	地方国有企业	医药制造业
600498	烽火通信	2001 年 8 月 23 日	湖北省	中央国有企业	计算机、通信和其他电子设备制造业
600501	航天晨光	2001 年 6 月 15 日	江苏省	中央国有企业	汽车制造业
600517	置信电气	2003 年 10 月 10 日	上海市	中央国有企业	电气机械及器材制造业
600518	康美药业	2001 年 3 月 19 日	广东省	民营企业	医药制造业
600519	贵州茅台	2001 年 8 月 27 日	贵州省	地方国有企业	酒、饮料和精制茶制造业
600522	中天科技	2002 年 10 月 24 日	江苏省	民营企业	电气机械及器材制造业
600526	菲达环保	2002 年 7 月 22 日	浙江省	地方国有企业	专用设备制造业
600528	中铁工业	2001 年 5 月 28 日	四川省	中央国有企业	专用设备制造业
600535	天士力	2002 年 8 月 23 日	天津市	民营企业	医药制造业
600558	大西洋	2001 年 2 月 27 日	四川省	地方国有企业	金属制品业
600560	金自天正	2002 年 9 月 19 日	北京市	中央国有企业	专用设备制造业
600573	惠泉啤酒	2003 年 2 月 26 日	福建省	地方国有企业	酒、饮料和精制茶制造业
600590	泰豪科技	2002 年 7 月 3 日	江西省	公众企业	电气机械及器材制造业
600596	新安股份	2001 年 9 月 6 日	浙江省	民营企业	化学原料及化学制品制造业
600597	光明乳业	2002 年 8 月 28 日	上海市	地方国有企业	食品制造业

续表

证券代码	证券简称	上市日期	企业所在地	企业所有制形式	所属行业
600618	氯碱化工	1992 年 11 月 13 日	上海市	地方国有企业	化学原料及化学制品制造业
600630	龙头股份	1993 年 2 月 9 日	上海市	地方国有企业	纺织业
600651	飞乐音响	1990 年 12 月 19 日	上海市	地方国有企业	电气机械及器材制造业
600660	福耀玻璃	1993 年 6 月 10 日	福建省	外资企业	非金属矿物制品业
600688	上海石化	1993 年 11 月 8 日	上海市	中央国有企业	石油加工、炼焦及核燃料加工业
600690	青岛海尔	1993 年 11 月 19 日	山东省	集体企业	电气机械及器材制造业
600702	沱牌舍得	1996 年 5 月 24 日	四川省	民营企业	酒、饮料和精制茶制造业
600731	湖南海利	1996 年 8 月 2 日	湖南省	地方国有企业	化学原料及化学制品制造业
600750	江中药业	1996 年 9 月 23 日	江西省	地方国有企业	医药制造业
600761	安徽合力	1996 年 10 月 9 日	安徽省	地方国有企业	专用设备制造业
600764	中电广通	1996 年 11 月 4 日	北京市	中央国有企业	计算机、通信和其他电子设备制造业
600775	南京熊猫	1996 年 11 月 18 日	江苏省	中央国有企业	计算机、通信和其他电子设备制造业
600776	东方通信	1996 年 11 月 26 日	浙江省	中央国有企业	计算机、通信和其他电子设备制造业
600789	鲁抗医药	1997 年 2 月 26 日	山东省	地方国有企业	医药制造业
600801	华新水泥	1994 年 1 月 3 日	湖北省	外资企业	非金属矿物制品业
600808	马钢股份	1994 年 1 月 6 日	安徽省	地方国有企业	黑色金属冶炼及压延加工业
600809	山西汾酒	1994 年 1 月 6 日	山西省	地方国有企业	酒、饮料和精制茶制造业

续表

证券代码	证券简称	上市日期	企业所在地	企业所有制形式	所属行业
600812	华北制药	1994 年 1 月 14 日	河北省	地方国有企业	医药制造业
600819	耀皮玻璃	1994 年 1 月 28 日	上海市	地方国有企业	非金属矿物制品业
600836	界龙实业	1994 年 2 月 24 日	上海市	民营企业	印刷和记录媒介复制业
600839	四川长虹	1994 年 3 月 11 日	四川省	地方国有企业	计算机、通信和其他电子设备制造业
600841	上柴股份	1994 年 3 月 11 日	上海市	地方国有企业	通用设备制造业
600888	新疆众和	1996 年 2 月 15 日	新疆维吾尔自治区	民营企业	计算机、通信和其他电子设备制造业

附录二　企业样本员工人数信息

下表列出所有样本企业的 2005—2016 年员工人数信息。

证券代码	证券简称	2005 年	2006 年	2007 年	2008 年	2009 年	2010 年	2011 年	2012 年	2013 年	2014 年	2015 年	2016 年
000016	深康佳 A	20124	21100	18468	17217	19846	20424	19724	20798	20542	18776	18541	17390
000021	深科技	5370	4231	6035	7335	13955	17489	18688	17279	14881	17506	20476	36787
000050	深天马 A	3746	5056	6194	6662	6063	7474	8195	7184	7479	13300	13264	13398
000055	方大集团	1885	1094	1128	1122	2175	2289	2923	2880	2081	3019	2327	2349
000063	中兴通讯	30811	39266	48261	61350	70345	85232	89786	78402	69093	75609	84622	81468
000066	中国长城	2935	3447	4455	4079	4421	4941	33593	42371	40558	39510	38711	36288
000070	特发信息	726	700	828	993	1136	1371	1598	1776	1945	2081	3380	4442
000157	中联重科	6656	7888	12301	18681	18511	22356	28833	31707	27028	20314	19141	15154
000158	常山北明	21289	20984	20477	18079	17337	17951	16741	13042	8768	5826	5782	5911

续表

证券代码	证券简称	2005 年	2006 年	2007 年	2008 年	2009 年	2010 年	2011 年	2012 年	2013 年	2014 年	2015 年	2016 年
000400	许继电气	2549	2565	2636	2649	2758	6054	6020	5479	5169	5990	5919	5890
000418	小天鹅 A	1340	962	1597	1153	970	1423	1073	8747	8541	8497	7872	7686
000521	美菱电器	2716	2781	3021	3493	3394	3796	4048	15070	13256	14352	18290	18967
000528	柳工	3998	6447	6447	9419	9909	12351	13362	13325	12269	10657	8647	7976
000530	大冷股份	1782	1729	1676	1120	1159	1161	1306	2133	2126	2030	1872	1876
000538	云南白药	2112	2437	2401	3498	3687	3828	3942	12855	5135	7036	8151	8396
000550	江铃汽车	7079	7258	8008	8346	8324	9830	10219	11024	13227	14036	15698	16865
000581	威孚高科	2766	2385	2361	5830	5205	5297	5340	5179	5140	5134	5029	5210
000597	东北制药	7658	6398	8036	7573	11313	9684	9576	9191	9099	9004	8580	8265
000625	长安汽车	8242	8167	7961	8691	9321	12230	15201	15176	30877	34260	37457	41173
000630	铜陵有色	8354	8582	13078	14883	15781	15498	15844	15966	16129	16272	16051	16054
000636	风华高科	7562	7881	8250	7483	8605	8637	7805	6861	6219	5330	7026	7137
000666	经纬纺机	11721	12514	12014	13737	13346	13769	14253	14316	12522	11987	11847	10121
000678	襄阳轴承	2100	1910	2088	2168	2313	2355	2452	2410	2358	2429	4373	4359
000680	山推股份	3325	3223	3270	3330	3332	3365	3944	8677	8076	7762	7137	5844
000682	东方电子	1313	1442	1460	1583	1702	1842	2241	2900	3068	3844	3998	4245
000698	沈阳化工	3268	3083	3312	5107	5306	4997	4298	4024	3734	3389	3899	3654

续表

证券代码	证券简称	2005 年	2006 年	2007 年	2008 年	2009 年	2010 年	2011 年	2012 年	2013 年	2014 年	2015 年	2016 年
000700	模塑科技	1450	2131	2137	1563	1862	2042	2021	2398	2248	2455	3278	2574
000726	鲁泰 A	11260	13962	16562	16755	16400	16019	16559	16725	16754	16822	22445	21019
000733	振华科技	4068	6638	6390	6693	6666	7286	7486	7584	6353	9185	8905	8805
000756	新华制药	4746	4793	5005	4992	5298	5903	6014	6066	6093	6602	6348	6346
000778	新兴铸管	13598	13618	12673	14756	14727	17640	21339	21840	21259	21153	18804	18437
000786	北新建材	1282	1319	2055	2620	3360	3647	4028	11742	11355	11593	10695	10282
000792	盐湖股份	1502	1495	1506	1528	1546	3769	11047	14108	17180	18359	17987	17526
000800	一汽轿车	6987	7108	7114	7297	7391	7836	8103	7460	6893	7067	7484	7840
000807	云铝股份	3223	3404	3524	3659	3749	3920	3973	4007	3806	9264	8703	9134
000811	冰轮环境	1579	1689	1656	1644	1613	1716	1842	1824	1759	1776	1515	1360
000821	京山轻机	2148	2162	1977	1773	1617	1707	1737	1718	2207	2161	2620	2280
000823	超声电子	4347	5049	5476	5264	5391	5146	5752	5965	6082	6394	6332	6296
000825	太钢不锈	4959	21633	22114	27087	26887	26553	21929	21846	26672	23697	18606	19080
000830	鲁西化工	8572	8658	8692	8773	10059	10135	11723	11914	12667	12527	12594	12460
000836	鑫茂科技	1494	1494	1625	1586	2009	2371	2392	1277	1324	1242	1140	1111
000877	天山股份	1250	1206	1212	2148	2418	2401	2502	6545	12051	11325	10508	9086
000878	云南铜业	2691	2644	12050	9937	10170	12236	14573	14255	12249	11587	10973	10507

续表

证券代码	证券简称	2005 年	2006 年	2007 年	2008 年	2009 年	2010 年	2011 年	2012 年	2013 年	2014 年	2015 年	2016 年
000890	法尔胜	2784	2882	2962	2812	2788	2793	2545	2493	2231	2217	2122	893
000895	双汇发展	8962	11144	12428	13141	12753	14571	14739	61050	68986	68159	51227	50431
000901	航天科技	1203	1311	630	801	862	1927	1873	2095	2049	2277	2465	5679
000915	山大华特	354	378	245	230	214	236	285	2382	2469	2501	2467	2596
000919	金陵药业	3217	3079	3113	3219	3388	3504	3586	4373	4544	4578	5325	5244
000923	河北宣工	3406	2568	2465	2417	2317	2185	2250	2208	2054	1925	1583	1393
000938	紫光股份	526	523	538	521	473	375	401	595	844	1229	1601	10567
000949	新乡化纤	7346	8407	8623	8526	8626	10160	10700	10416	9756	8921	9092	9276
000957	中通客车	1770	2057	2115	2472	2576	2599	2779	3069	3156	3165	4720	4950
000959	首钢股份	8336	7835	7684	7780	7855	6764	3182	2965	2218	9606	9685	16979
000960	锡业股份	11921	13834	13958	15027	15014	15297	16150	16239	16880	14075	15366	14725
000969	安泰科技	1780	1989	2108	2295	2421	3052	3466	3056	6251	6414	5972	6605
000970	中科三环	5665	5627	4242	3562	3894	5123	5116	5021	5167	5169	5138	5203
000973	佛塑科技	4837	5663	5482	5328	5063	4502	4279	4179	4124	3876	3886	3891
000977	浪潮信息	2261	1060	1084	1053	1024	1069	1210	1439	2101	2816	3243	3938
000980	众泰汽车	1785	2015	2224	2306	2338	3398	3071	2998	2739	2894	3198	4388
000989	九芝堂	1085	1143	1413	1755	2036	1785	1550	3120	3035	3079	3800	4106

续表

证券代码	证券简称	2005年	2006年	2007年	2008年	2009年	2010年	2011年	2012年	2013年	2014年	2015年	2016年
000999	华润三九	353	382	379	536	603	8521	13232	12395	12541	12483	12285	13271
600006	东风汽车	7675	7716	7738	8254	8515	9018	9429	10113	10290	10560	10542	10313
600010	包钢股份	7028	7186	31211	31308	30998	30838	30766	29512	31389	31764	33459	31198
600019	宝钢股份	38875	38720	40059	43789	42318	42308	41919	32598	37487	37838	38089	37183
600031	三一重工	5210	6322	9231	16656	21598	42367	51827	34887	28414	22887	16119	13760
600055	万东医疗	1038	1117	1115	981	964	927	981	1124	1432	1338	786	800
600060	海信电器	5426	9180	10032	10860	12679	13801	15776	22999	23668	20939	20175	19789
600062	华润双鹤	11800	10055	10502	9977	11213	11211	11103	13030	11901	12123	14843	12876
600066	宇通客车	2910	3225	3501	3907	4122	5216	7116	9127	11415	14965	15810	17806
600073	上海梅林	3530	2328	2824	2847	3063	2785	6831	8222	7920	7993	8323	7903
600079	人福医药	2747	2556	2700	3078	3656	4627	6491	7225	7800	8934	12344	13030
600085	同仁堂	3293	3166	3006	2887	2897	2905	2897	12402	12948	14251	14764	15414
600089	特变电工	1755	9239	7317	8856	10021	11639	14407	14345	14570	15488	16748	16299
600100	同方股份	3308	3195	2889	2395	2159	1802	1871	14703	17850	19682	19241	13342
600104	上汽集团	4132	3154	5472	4173	4373	5536	5379	6146	144955	151820	163817	171395
600105	永鼎股份	1017	1035	972	895	905	859	881	830	864	1086	951	3294
600117	西宁特钢	6321	7937	7904	8044	7838	8474	9788	10375	8301	10907	10747	10311

续表

证券代码	证券简称	2005年	2006年	2007年	2008年	2009年	2010年	2011年	2012年	2013年	2014年	2015年	2016年
600135	乐凯胶片	1838	1407	1469	1536	1786	1702	1617	1572	1557	1606	1698	1867
600141	兴发集团	3772	3348	3633	3568	3991	4318	5104	5833	6327	7334	8639	8593
600148	长春一东	989	1073	1157	1155	1032	1110	1067	1018	1022	998	944	961
600151	航天机电	2136	2353	1345	1385	2432	2865	2430	2271	1671	2009	2166	2822
600166	福田汽车	15148	15425	21358	21582	25686	31879	37575	29845	30412	29483	29334	30864
600169	太原重工	6275	5599	5602	7327	7553	7598	7930	8603	8626	8492	8207	7659
600171	上海贝岭	577	564	857	692	695	721	713	541	464	339	282	284
600172	黄河旋风	3926	3987	4086	3642	3451	3642	3020	3069	3148	3224	4007	3566
600183	生益科技	1816	1965	2433	2488	2617	2785	3117	5488	7596	9018	8629	8415
600186	莲花健康	7372	7528	7359	7590	7693	7835	8034	7045	6878	6276	6251	6242
600195	中牧股份	1707	1699	1709	1860	2073	2159	2336	4089	3983	4256	4301	4371
600196	复星医药	6974	9639	8294	8580	9611	11484	13192	14357	16791	18081	17842	19523
600202	哈空调	910	718	739	784	846	853	840	912	914	862	805	713
600206	有研新材	559	631	698	647	658	662	634	587	572	980	982	1066
600218	全柴动力	3099	3049	2711	2402	2636	3068	2783	2780	2787	2767	3317	3144
600219	南山铝业	7380	7410	8835	9795	10196	10923	12959	12264	13811	13766	14870	18275
600226	瀚叶股份	2260	2555	2633	2048	2141	2175	1570	2822	2861	2529	2229	2059

续表

证券代码	证券简称	2005年	2006年	2007年	2008年	2009年	2010年	2011年	2012年	2013年	2014年	2015年	2016年
600232	金鹰股份	6608	6981	6893	5862	4832	4072	3689	4882	4833	4257	4435	4430
600235	民丰特纸	2038	1999	1702	1613	1899	1882	1883	1931	1904	1794	1715	1648
600237	铜峰电子	1735	1678	1673	1600	1608	1576	1489	1866	1844	1829	1761	1767
600238	海南椰岛	542	583	572	534	563	582	765	1162	944	963	839	885
600260	凯乐科技	1356	1371	1925	1715	1650	1530	1625	1935	1812	1755	2215	2458
600261	阳光照明	4267	5690	6124	6886	7612	7808	7586	7194	8199	8406	9411	9643
600262	北方股份	540	577	1048	1074	1106	1142	1173	1518	1446	1385	1173	848
600267	海正药业	2609	2626	2835	3661	3875	3705	3867	7680	8428	8854	9293	9441
600268	国电南自	1469	1586	1637	2784	2780	2984	4147	4976	4985	4825	4741	4598
600271	航天信息	629	697	802	9287	9834	11583	12850	13795	14117	17730	21449	22440
600285	羚锐制药	2194	1938	2183	1324	1276	1227	1482	1838	1901	1895	1935	2191
600288	大恒科技	2800	2800	2800	2548	2502	2534	2374	3252	3078	2257	2494	2556
600298	安琪酵母	778	787	854	900	967	1108	1331	1544	6316	5095	5412	7059
600300	维维股份	1792	2160	2291	2651	2665	2552	2741	2700	2634	2493	2413	2297
600302	标准股份	2051	2051	2194	2099	1985	2004	2273	2639	2734	2470	2086	1963
600305	恒顺醋业	630	668	713	781	1366	1404	1759	1567	1761	2317	2471	2574
600307	酒钢宏兴	2715	3341	3288	3328	16275	16387	17154	23961	25747	25674	24614	23044

续表

证券代码	证券简称	2005 年	2006 年	2007 年	2008 年	2009 年	2010 年	2011 年	2012 年	2013 年	2014 年	2015 年	2016 年
600309	万华化学	1309	790	924	1981	2167	2531	4097	5336	6430	7250	7592	7888
600312	平高电气	2499	2807	3124	3235	3439	3504	3572	3649	3651	5537	5634	16964
600315	上海家化	1011	1016	995	972	951	1024	1044	1121	1176	1523	2080	2276
600336	澳柯玛	2018	3469	3790	4194	5977	6699	6368	6074	6409	5836	5616	5443
600343	航天动力	865	873	1509	1640	1706	1844	3045	2912	2648	2695	2558	2558
600351	亚宝药业	2653	2627	2750	2819	3182	3300	3986	4696	5112	5481	6066	5640
600352	浙江龙盛	3890	5097	5325	5800	6691	7062	7215	9169	9515	10261	8340	7926
600353	旭光股份	1742	1712	1489	1361	1323	1308	1335	1239	1230	1391	1639	1651
600356	恒丰纸业	1760	1738	1796	1839	1953	2448	2148	2122	2083	2197	2132	2198
600362	江西铜业	13030	13405	13621	23405	22917	27879	22500	22596	22425	21366	20873	21489
600363	联创光电	8190	8464	4831	4611	4939	4679	4439	4017	4586	5081	5295	5302
600378	天科股份	884	898	951	1112	1146	1175	890	874	342	904	870	795
600379	宝光股份	1573	1489	1513	1359	1428	1211	1352	1648	1602	1530	1505	1515
600391	航发科技	2396	2294	2298	2366	2318	2276	3613	4604	4620	4805	5180	5275
600400	红豆股份	4915	5039	5059	5057	4893	5826	5290	5169	5039	4538	3974	4285
600409	三友化工	3225	3734	4492	4741	5381	5499	12794	12957	14720	15373	15578	16142
600416	湘电股份	5366	5512	4940	5277	5513	5756	6045	7667	7593	7499	7758	7821

续表

证券代码	证券简称	2005 年	2006 年	2007 年	2008 年	2009 年	2010 年	2011 年	2012 年	2013 年	2014 年	2015 年	2016 年
600418	江淮汽车	6591	7671	8564	10359	11070	16555	17693	20254	16466	20763	27411	28732
600422	昆药集团	1638	1593	1460	1235	2716	2606	2870	2931	3386	3292	4228	4636
600426	华鲁恒升	1738	1819	1893	2059	2758	2782	2892	3151	3321	3349	3416	3511
600439	瑞贝卡	6890	8996	10019	10300	10955	12222	11659	9652	9640	9643	9626	8732
600448	华纺股份	3007	3052	3060	2894	2929	3000	2900	3000	3196	3621	3970	4073
600456	宝钛股份	1853	2138	2189	2899	2972	2973	3009	3446	3465	3372	3361	3316
600458	时代新材	603	663	768	1078	1638	2162	2453	2686	2720	6859	6981	7103
600459	贵研铂业	324	927	990	912	509	543	550	608	666	834	924	899
600468	百利电气	587	1425	1201	1346	1190	1086	1530	1459	1508	1625	1582	1908
600475	华光股份	1616	1529	1433	1451	1454	1486	1470	2288	2179	2410	2279	2267
600487	亨通光电	974	1216	1458	1656	1011	999	6443	7526	6792	7022	9438	15361
600488	天药股份	1510	1490	1500	1451	1445	1503	1372	1377	1452	1386	1338	1310
600498	烽火通信	1858	2263	2283	5063	6135	6524	6642	8465	8867	9352	10751	12521
600501	航天晨光	2148	2230	2161	2223	2326	2743	2899	3152	3289	3001	2859	2737
600517	置信电气	405	668	579	1054	1190	1159	1024	1138	1921	1910	2847	2471
600518	康美药业	1036	1096	1241	1481	2247	3029	4110	5230	6230	7061	8880	10037
600519	贵州茅台	5686	6418	7306	8363	9149	10062	11456	13717	16800	17487	21115	21237

续表

证券代码	证券简称	2005 年	2006 年	2007 年	2008 年	2009 年	2010 年	2011 年	2012 年	2013 年	2014 年	2015 年	2016 年
600522	中天科技	1056	2208	2498	2705	4015	4780	4832	4942	4729	5439	7908	9835
600526	菲达环保	621	659	858	921	1493	1599	1723	1779	2033	2933	3789	3992
600528	中铁工业	822	14807	891	17548	1425	19317	19628	19373	19012	19193	18683	18250
600535	天士力	3167	3184	3458	3316	3411	3786	4131	6641	8801	10464	10836	10455
600558	大西洋	1140	1333	1495	1523	1696	1868	1768	3225	3097	2296	2168	2138
600560	金自天正	569	644	767	721	687	582	571	596	603	566	503	456
600573	惠泉啤酒	1693	1694	1756	1722	1730	2397	2753	2706	3017	3056	2631	2444
600590	泰豪科技	1525	2120	2121	2261	2627	2591	2911	2854	2943	2216	2336	3040
600596	新安股份	1903	1996	2014	1880	1881	1847	1940	5747	5685	6029	5772	5448
600597	光明乳业	2217	2262	2278	2298	2313	2686	2594	3675	4080	4459	5372	5345
600618	氯碱化工	3995	3795	3557	3325	3022	2438	2316	2840	2570	1741	1324	915
600630	龙头股份	5429	3421	3024	4057	4022	3549	3149	2767	2302	2082	2018	2279
600651	飞乐音响	2077	4648	4754	4136	3813	4569	4412	4031	3795	3471	3933	5643
600660	福耀玻璃	6072	7924	10595	10722	11754	15601	17125	17871	19334	21157	21833	26109
600688	上海石化	25481	22922	19252	17597	17131	16369	15655	15007	15007	13313	12032	11088
600690	青岛海尔	14053	30645	32782	35105	34688	53412	59814	57977	55762	54286	63802	74570
600702	沱牌舍得	3389	4128	4007	3605	3345	3326	3450	3822	3974	3676	3549	3633

续表

证券代码	证券简称	2005 年	2006 年	2007 年	2008 年	2009 年	2010 年	2011 年	2012 年	2013 年	2014 年	2015 年	2016 年
600731	湖南海利	1750	1782	1812	2084	2185	2054	2038	2182	2203	2172	2299	2346
600750	江中药业	1044	1773	1979	2569	3271	3699	3676	3826	3373	3450	3364	3325
600761	安徽合力	4179	4409	4728	5027	5078	5480	5529	5629	6128	6174	5811	5661
600764	中电广通	594	721	684	664	679	595	563	587	572	654	540	420
600775	南京熊猫	2025	1999	1900	3262	3276	3147	3630	3378	3303	4138	4079	3819
600776	东方通信	2525	2209	2536	2723	2864	2535	2767	2859	2991	3038	3053	2803
600789	鲁抗医药	5277	5276	4817	4712	5353	5637	4591	6773	6433	6195	5940	5938
600801	华新水泥	6695	6946	7228	7975	9385	11034	12515	12904	13574	14056	13822	14259
600808	马钢股份	44421	44104	43654	43014	42183	41538	41287	49797	41220	40382	39432	32106
600809	山西汾酒	4039	4110	4032	4279	4506	4811	6573	7524	7551	7650	6876	7024
600812	华北制药	14912	14276	13510	13278	14795	15616	16054	15820	15450	13390	11871	10886
600819	耀皮玻璃	1007	1004	971	783	298	2363	2566	2155	2184	2928	3032	2880
600836	界龙实业	1893	2153	2353	2212	2115	2296	2165	2115	2081	2011	2337	2086
600839	四川长虹	30023	27580	30118	46023	54285	57196	60398	61626	61942	61660	59588	60439
600841	上柴股份	3492	3966	3704	3625	3253	3013	2595	2294	2115	2127	1905	1878
600888	新疆众和	2383	2312	2396	2450	2963	3210	4150	4267	4015	3905	3691	3030

后　记

随着科学技术、经济等方面的全面发展，我国的生产力逐步得到释放，制造业得到快速发展。特别是在20世纪90年代后，我国的制造业逐渐成熟。进入21世纪以来，制造业的竞争开始变得激烈。可以说，中国制造业承接了世界的产业结构转移并历经发展后，引来了制造业的服务化时代，出现了明显的服务化趋势。

如果说制造服务化有助于企业培育差异化竞争优势，那么我们可以将制造服务化的路径回归至迈克尔·波特的“价值链”框架中来。迈克尔·波特运用价值链模型来解释企业获取成本领先或是差异化竞争优势的来源，服务化是制造企业寻求差异化竞争的表现形式之一。纵观制造企业服务化的历程，大致经历了从“制造时代”到“服务时代”再到“后服务时代”三个阶段。

通过中美制造企业案例对比研究发现，以GE和IBM为代表的美国大型制造企业自20世纪80年代末和90年代初开始了制造向服务转型的服务化历程，经历了大约10年战略调整期和10年服务业务大发展期，通过20年的服务化历程，最终成功实现了战略转型。随着数字技术和数字经济的发展，美国大型制造企业已经从“服务时代”向“后服务时代”迈进。实际上美国制造企业的制造业剥离，一定程度上是由中国制造企业承接的，比如联想收购IBM的PC制造业务。承接国际上转移出来的制造业务，推动了中国制造企业的快速发展，上汽、宝钢、和上海电气等自改革开放之后，尤其是20世纪80年代末到2010年，获得了飞速发展，可以称为中国企业的“制造时代”。为了提升竞争力，有基础的大型制造企业纷纷开始了提升产品服务能力和开发新经济增长点的尝试，拉开了中国制造企业服务化的大幕。

基于此，从2014年开始，我开始关注中国制造企业服务化的相关问题。本书的写作过程源于多年的苦心积累，本身也是一个痛苦的修炼过程，如何有助于解决中国制造企业服务化转型过程中存在的际问题，如何在学习、借鉴先贤思想的基础上发展理论创新，如何充实和完善全书的理论框架和逻辑结构，如何发展一些易用且有实效的模型、方法与工具，如何选编一些具有借鉴意义的经典案例，如何让书稿易读易用，对企业的经营管理者有切实的帮助，其中的每一个问题都曾深深困扰我，每个问题的改善背后都是心血的付出。才疏道浅，因此写起来尤为谨慎，字字斟酌，只愿尽心，唯恐误人。无数个不眠之夜殚精竭虑，愿星星知我心，望读者知我意。创作、整理与传播知识是有功德的事情，本书的创作也受益于前贤，并引用了一些公开发表的资料与数据。尽管多数材料经过仔细的查证和标注，有的资料限于条件，仍未能全部注明出处，在此唯有对原作者真诚致谢，也望海涵。因水平有限，书中不妥之处，还望读者不吝交流与指教。

本书的出版前后历时七年，回想自己开始动笔的那一刻，就是自己不断成长的过程，其间充满彷徨与艰辛、失落与沮丧、成功与喜悦收获与幸福，这是一种难得的人生体验，也是一种另类的美！光阴似箭，日月如梭，失去了才更加觉得珍贵，过去了才更加值得回味，这一段岁月必将在自己短暂的人生旅程中留下浓厚的一笔。

书籍的编撰过程通常离不开协作与配合，本书也不例外。非常感谢那些在我撰写本书的过程中分享他们想法和见解的人。本书的创作与出版得益于中南财经政法大学教授、博士生导师张新国老师的鼓励与支持、关心与指导。感谢中南财经政法大学工商管理学院师长们的指导和帮助！感谢茅台学院对本书出版的支持！

最后，心怀感恩，谨以此书献给我的亲人、师长和朋友，一路上有你们，满身温暖，满心欢喜，充满激情，充满希望！

童 俊

2022年5月